Gonglu Yunshu Shuniu Guihua yu Sheji

公路运输枢纽规划与设计

向红艳　主编
朱顺应　主审

人民交通出版社股份有限公司
China Communications Press Co.,Ltd.

内 容 提 要

本书以公路运输枢纽为研究对象，系统阐述了公路运输枢纽的建设必要性、存在问题、分类、层次结构划分、调查与分析、运输需求预测分析方法、规划设计方法、方案评价方法、管理信息系统、仿真技术等。

本书可作为高等院校交通运输工程、交通工程和物流工程等本科及硕士研究生教学用书，也可供有关科研机构和交通管理部门工作人员参考使用。

图书在版编目(CIP)数据

公路运输枢纽规划与设计/向红艳主编. —北京：人民交通出版社股份有限公司，2015.5

ISBN 978-7-114-12032-9

Ⅰ.①公… Ⅱ.①向… Ⅲ.①公路运输-交通运输中心-规划 ②公路运输-交通运输中心-设计 Ⅳ.①U492.1

中国版本图书馆 CIP 数据核字(2015)第 021262 号

书　　名：公路运输枢纽规划与设计
著 作 者：向红艳
责任编辑：刘永芬　陈　鹏
出版发行：人民交通出版社股份有限公司
地　　址：(100011)北京市朝阳区安定门外外馆斜街 3 号
网　　址：http://www.ccpress.com.cn
销售电话：(010)59757973
总 经 销：人民交通出版社股份有限公司发行部
经　　销：各地新华书店
印　　刷：北京市密东印刷有限公司
开　　本：787×1092　1/16
印　　张：10.5
字　　数：290 千
版　　次：2015 年 5 月　第 1 版
印　　次：2015 年 5 月　第 1 次印刷
书　　号：ISBN 978-7-114-12032-9
定　　价：30.00 元
(有印刷、装订质量问题的图书由本公司负责调换)

前　言

公路运输是国民经济的基础性、服务性产业，公路运输的发展关系到我国经济社会发展的全局。我国已进入全面建设小康社会，加快推进社会主义现代化的新阶段，随着经济社会快速发展和人民生活水平的不断提高，迫切需要尽快建立能力充分、组织协调、运行高效、服务优质、安全环保的公路运输系统，与其他运输方式共同构筑布局协调、衔接顺畅、优势互补的现代综合交通运输体系，为社会和公众提供便捷、通畅、高效、安全的运输服务。

公路运输枢纽就是在公路交通网络节点上形成的物流、旅客流及客货信息流的转换中心。1992 年，交通部组织编制了《全国公路主枢纽布局规划》，确定了全国 45 个公路主枢纽的布局方案。经过 20 多年的努力，我国公路运输枢纽建设取得了重要进展，有效地缓解了公路运输场站设施严重落后的状况，显著地提升了公路运输服务能力和水平。2004 年 12 月国务院审议通过了《国家高速公路网规划》。为适应新时期公路交通发展的要求，加快与国家高速公路网相协调，与铁路、水路、民航等其他运输方式紧密衔接，建设布局合理、运转高效的国家公路运输枢纽，交通部对《全国公路主枢纽布局规划》进行了修编，制定《国家公路运输枢纽布局规划》，并于 2007 年 4 月发布实施。该规划是对国家高速公路网规划的进一步完善，国家公路运输枢纽与国家公路网共同构筑全国便捷、高效的公路快速运输网络。

我国开展公路运输枢纽研究时间较短，对公路运输枢纽规划与设计的理论与方法研究仍处于初级阶段，特别对公路运输枢纽概念分类、发展过程、空间结构等问题缺乏深层次的理论研究，对公路运输枢纽布局规划与总体规划的关键技术和方法还需进行深入研究。公路运输需求的持续增长，城市总体规划、交通发展规划、土地利用规划、运输安全与环境政策等变化对公路运输枢纽的规划与建设提出新的要求。如何编制载体城市公路运输枢纽总体规划。如何确定枢纽内场站系统布局，才能主动适应与满足载体城市经济社会发展的需要？如何科学计算公路运输场站规模、合理确定公路运输场站工艺方案，才能实现“人便于行、货畅其流”的运输发展目标？如何正确处理运输与经济发展、运输与社会发展、运输与人的全面发展的关系，才能为社会和公众提供环境优美、秩序优良、服务优质的运输服务？如何统筹协调运输与经济社会、城市与农村、区域之间、运输与资源、运输与自然环境的和谐发展，提高运输基础设施的供给能力，才能实现公路运输可持续发展和政府交通投资的效益最大化？这一系列问题成为当前公路运输枢纽规划与设计中亟待解决的重点。因此，需要从推动区域经济发展、适应城市化发展进程、促进城乡交通一体化、为社会和公众提供便捷公路运输服务的角度研究公路运输枢纽规划设计相关理论、方法与关键技术，为公路运输枢纽规划、设计、建设和运营提供坚实的技术支持。

本书由重庆交通大学向红艳主编。具体分工为：第一、二、三、四、七章由向红艳、张清泉、任小聪、何柳云编写；第五章由王代瑜、任小聪编写；第六章由杨亚璪、何柳云编写；第八、九章由胥耀方、张清泉编写。

本书由武汉理工大学朱顺应教授主审。朱教授提出了很多有益的意见和建议，再次对朱顺应教授表示衷心的感谢。本书在编写过程中，参考了有关标准、规范、教材和论著，在此谨向有关编著者们表示衷心感谢。

重庆市交通开发投资集团、重庆市综合交通规划研究院，为本书的编写工作提供了有力支持和宝贵资料，在此对他们表示衷心的感谢。

由于公路运输枢纽规划理论还处于探索发展中，加之编者水平有限，疏漏之处在所难免，敬请使用本书的师生以及各位专家、学者批评指正。

编　者

2014 年 9 月于重庆

目　　录

绪　论

公路运输是国民经济的基础性、服务性产业,公路运输的发展关系到我国经济社会发展的全局。我国已进入全面建设小康社会,加快推进社会主义现代化的新阶段,随着经济社会快速发展和人民生活水平的不断提高,迫切需要尽快建立能力充分、组织协调、运行高效、服务优质、安全环保的公路运输系统,与其他运输方式共同构筑布局协调、衔接顺畅、优势互补的现代综合交通运输体系,为社会和公众提供便捷、通畅、高效、安全的运输服务。为适应公路运输需求持续增长和公路运输业快速发展的需要,1992 年交通部组织编制了《全国公路主枢纽布局规划》,确定 45 个国家公路运输枢纽布局规划方案。此后,各城市相继开展公路运输枢纽总体规划编制工作,1999 年底已全部完成了规划编制与审批工作而进入实施阶段。经过十几年的努力,我国公路运输枢纽建设取得了重要进展,有效地缓解了公路运输场站设施严重落后的状况,显著地提升了公路运输服务能力和水平。2004 年 12 月,国务院审议通过了《国家高速公路网规划》。为适应新时期公路运输发展的要求,加快与国家高速公路网相协调,与铁路、水运、民航等其他运输方式紧密衔接,交通部在原《全国公路主枢纽布局规划》的基础上,组织编制了《国家公路运输枢纽布局规划》,并于 2007 年 4 月发布实施。《国家公路运输枢纽布局规划》是对国家高速公路规划的进一步完善,有利于通过国家公路运输枢纽与国家高速公路网共同构筑便捷、高效的全国性公路干线运输网络。

一、公路运输枢纽规划建设的必要性

公路运输枢纽规划是以交通运输规划理论与方法为基础,对区域范围内公路运输枢纽和城市范围内的公路运输场站进行合理布局,提出与区域经济社会发展相协调、与城市化趋势相适应的公路运输枢纽规划方案。公路运输枢纽场站设计应以运输组织及工业工程学相关理论与方法为基础,以公路运输场站为对象,研究公路运输场站的功能、组成、工艺、流线组织、设施规模、设备配置、平面布局及方案优化等的技术方法。其建设的必要性主要有:

1.规划建设国家公路运输枢纽是实现社会经济全面协调发展的重要举措

国家公路运输枢纽是沟通区域之间、城乡之间的重要纽带,对促进区域交通协调发展和城乡交通一体化具有重要作用。公路运输枢纽是行业文明的窗口和行业管理的源头,对形成规范有序、公平竞争的运输市场,保障人民群众安全便捷出行具有重要作用。规划建设国家公路运输枢纽是实现社会经济全面协调发展的重要举措。

2.规划建设国家公路运输枢纽是实施和完善国家高速公路网,促进交通运输向现代服务业发展的迫切需要

经过多年的建设,我国交通基础设施发展迅速,供给能力明显提高,交通运输发展已经进入由粗放型向集约型、由能力增加为主向以提高服务质量为重点转变的关键阶段。充分发挥交通基础设施的效率和提高交通运输服务水平是推进交通行业向现代服务业转变、建设创新型交通行业、实现交通又好又快发展的重要任务。

公路运输枢纽是公路运输网络的重要节点和运输生产的重要环节,是实现公路运输集约化、专业化、信息化的基本平台,是促进多式联运、集装箱运输、现代物流化快速发展的重要基础保证。在我国高速公路网加快形成的历史阶段,规划建设国家公路运输枢纽,增强国家高速公路网的有效供给能力,构建以高速公路网为依托的公路快速运输系统,对提高公路运输整体效益和服务水平,加快现代交通运输业发展

具有重要作用。

3.规划建设国家公路运输枢纽是建立现代综合交通运输体系的基础条件

建立现代综合交通运输体系,充分发挥各种运输方式的组合效率和整体优势,构建和谐交通,是新时期交通运输发展的重要任务。国家公路运输枢纽不仅是公路运输系统的重要组成部分,也是公路与水运、铁路、机场等多种运输方式之间、公路交通与城市公共交通之间有机衔接的重要节点。我国城镇化进程的不断加快及现代物流业的快速发展,对公路客、货运输服务的效率和质量都提出了更高的要求。国家公路运输枢纽的规划建设将为实现客运的"零距离换乘"和物流过程的"无缝衔接"、促进综合运输发展搭建重要的平台。目前,我国综合交通运输发展正处于关键阶段,借鉴国际上经济发达、交通现代化程度较高国家的发展经验,规划建设国家公路运输枢纽是整合交通资源,建立与发展现代综合交通运输体系的基础条件和必要保障。

4.规划建设国家公路运输枢纽是提高公共交通资源利用效率,建立资源节约型、环境友好型交通运输行业的必然要求

随着经济社会的发展和人民生活水平的提高,公路旅客出行和货运需求日益增长。目前,我国的城镇化水平约为41%,城镇人口超过5亿人,预计到2020年我国城镇化率将超过50%,城镇人口将超过7.4亿。据统计,我国城镇居民的年均出行次数是农村居民的8~9倍,城市人口规模的扩大将导致公路客货运输量的显著增长。

贯彻落实全面、协调、可持续的科学发展观,大力发展公共交通是减轻资源、环境压力,建立资源节约型、环境友好型交通运输行业的必然要求。规划建设国家公路运输枢纽,建设提供公共客、货运输服务的场站设施,是加快发展公共交通的基础条件和重要环节,对实现公共交通的可持续发展具有重大的现实和战略意义。

二、公路运输枢纽规划存在的问题

我国公路运输枢纽的规划建设已取得了显著成绩,但随着这项工作的深入,也暴露出公路运输枢纽规划与设计中存在的问题。在实际发展过程中,原有公路运输枢纽规划不能很好地适应公路运输需求增长、城市化进程加快、能源与环境问题日益严峻等问题对公路运输枢纽规划建设提出的新要求。很多城市对原公路运输枢纽总体规划方案进行了修订,如上海、广州、西安、南宁等。交通运输部也对原有的国家公路运输枢纽布局规划方案进行了调整。公路运输枢纽规划中存在的问题主要有以下几个方面:

1.对公路运输枢纽基础理论研究不够深入

对公路运输枢纽的功能、构成要素及与所包含公路运输场站的相互关系等基础理论问题认识不清,导致了在实际规划中以场站系统代替枢纽系统,过于注重公路运输场站建设,忽视了对公路运输场站运营模式、站间连接系统及信息系统等的规划;对公路运输枢纽发展形态、空间结构及数量分布等问题缺乏深入研究,必然导致难以确定公路运输枢纽的布局模式、功能定位、层次类别等,使公路运输枢纽规划方案的实施不能体现其在整个公路运输系统中的中枢作用。

2.公路运输场站布局与城市规划和城市用地协调性差

在公路运输枢纽总体规划中进行场站布局时,缺乏对所规划载体城市的产业布局、空间扩张、城市道路网及公交线网规划等进行深入分析,导致部分公路运输枢纽总体规划与城市总体规划不协调。有些规划的公路运输场站没有纳入城市总体规划之中而难以实施;有些规划的公路运输场站投入运营后致使交通拥堵严重;有些规划的公路运输场站远离城市对外交通干道而进出不便;也有些规划的公路运输场站建成后经营困难等。公路运输枢纽总体规划与城市发展的协调性差,严重影响了公路运输枢纽作为城市重要对外基础设施的功能和作用的充分发挥。

目前运输枢纽场站的建设用地性质不明确、政策复杂、来源多种多样,随着城市一体化的发展,行政

区划做了新的调整,原有场站严重不足,运输枢纽、场站规划与城市发展总体规划不协调;城区不断扩大,市区用地日趋紧张和宝贵,严重制约了运输枢纽和场站的发展。

3.公路运输场站布局与交通网和其他运输方式衔接不紧密

公路运输枢纽是公路运输网络在城市实现线路转换和货物集散场所的集合。因此,公路运输枢纽的层级结构要与公路网相匹配,公路运输场站布局要同经过该城市的公路线路走向、建设等级相一致。公路运输枢纽要依托公路网及城市道路网进行布局才能保证公路运输枢纽、公路运输场站布局的稳定性。由于对公路运输枢纽层次结构与功能定位缺乏明确认识,容易使公路运输枢纽布局规划与公路网规划不一致,公路运输枢纽的场站布局与城市道路网规划不一致。

规划科学性不强,与其他运输方式有效衔接、综合协调发展的能力不足。由于管理体制等原因,大多公路运输场站、城市公交场站和物流园区规划各成体系、各取所需,缺乏统筹考虑、综合布局等。规划中的运输枢纽、场站建设用地严重不足,部分运输枢纽、场站规划成为一些部门或企业单纯申请国家补助资金的理由和依据。

4.公益性和公共基础设施的定位不突出,可持续发展能力不足

目前我国公路运输枢纽、场站的部分公益性特征和公共基础设施定位不清,投资不足。由于公路运输成本高、利润低、劳动力密集且效益较低,而基础设施投资大、收益低,社会资金投入有限。公路运输枢纽建设仅靠运输企业有限的利润扩大规模,发展综合交通运输体系非常困难,影响综合交通运输体系的建设速度和可持续发展。

5.建设标准滞后,技术进步不快,规范发展和优质服务的能力不足

目前已有的场站建设与发展不相适应。由于城市用地日趋紧张,客运站级别划分用地不到位,建设规模被压缩,现代化的服务设备和设施不能使用,有的场站基本上没有应用科技信息技术,无法形成有效的信息流,行业统计分析困难。

总之,公路运输枢纽规划与设计的研究还处于初级阶段,公路运输枢纽规划与设计的相关理论、方法与技术的研究还不够完善,特别对公路运输枢纽概念、分类、发展过程、层级划分等问题缺乏深入分析,还需要对其中的基础理论和关键技术方法进行深入研究。如何规划布局合理、功能完善的公路运输枢纽,以满足区域经济社会发展及城市化的需要?如何确定公路运输枢纽的场站布局,才能适应载体城市发展的需要?如何科学计算公路运输场站规模、合理设计公路运输场站工艺方案来实现投资效益最大化?……要解决公路运输枢纽规划与设计中亟待解决的这一系列问题,就需要从推动区域经济发展、适应城市化进程、促进城乡交通一体化角度出发,研究切合实际需要的公路运输枢纽规划与设计的相关理论、方法与关键技术,为公路运输枢纽规划建设提供理论依据与技术支持。

三、内容与安排

1.主要章节内容

公路运输枢纽的规划与设计是一个综合性专业领域,包括公路运输枢纽及公路运输场站的需求预测、布局与选址、方案评价、规模计算、工艺设计等问题。研究内容涉及交通运输规划、运输组织、建筑设计、工业工程等领域,还与汽车运输工程、运输经济研究有着密切联系,综合性强、知识面广。本书研究着重于以下几个方面:

(1)公路运输枢纽基础理论。着重从公路运输枢纽及公路运输场站的概念、功能、类别、现状、发展趋势及两者的相互关系进行研究,解决在公路运输枢纽与公路运输场站研究中迫切需要解决的理论问题,从而为公路运输枢纽布局规划与公路运输枢纽总体规划与设计的技术方法选择提供理论支持。

(2)公路运输枢纽规划关键技术。着重从现状调查、需求预测,方案设计、方案评价、系统设计等方面,对公路运输枢纽布局及公路运输场站的布局进行定性与定量分析,以确定最优公路运输枢纽规划

方案。

(3)公路运输枢纽的场站工艺设计方法。着重对公路客运场站、汽车零担货运站、物流中心、工艺流线(作业流程)组织、设施设备配置及规模计算、平面布局设计方法等进行研究,以使公路运输场站社会效益与经济效益达到最优。

2.内容安排

本书的内容安排体现理论联系实际,从公路运输枢纽基础理论分析入手,分析研究公路运输枢纽的形成机理、发展演化形态、空间层级结构与数量分布特征,系统地阐述了公路运输枢纽规划与设计的关键技术,进而对构成公路运输枢纽及其各类公路运输场站的工艺设计方法进行研究,具有较完善的知识体系结构,且适用范围广,有利于不同层面读者根据需要选取相关章节学习、参考。

本书内容由三部分组成。第一部分包括第一章至第三章,介绍公路运输枢纽基础理论,主要内容包括运输枢纽概述、运输枢纽的调查分析和运输需求预测三部分。第一章介绍了交通运输网络与枢纽的相关概念、公路运输枢纽与公路运输场站的地位和功能以及结构层次划分、公路运输枢纽形成机理、公路运输枢纽发展形态和国内外公路运输枢纽的发展现状及发展趋势;第二章介绍了运输枢纽调查的方法分类、调查步骤、调查资料的整理分析、社会经济调查和土地利用调查、城市交通运输发展状况调查、客货流起讫点调查;第三章介绍了社会经济发展预测、运输需求预测、运输方式结构预测、枢纽组织量预测公路主枢纽适站量预测。第二部分包括第四章至第七章,介绍公路运输枢纽选址规划与设计以及综合运输枢纽衔接规划设计。第四章介绍了公路运输枢纽布局规划、布局规划方案设计、公路运输枢纽场站选址、枢纽选址优化;第五章介绍了公路客运场站定义、类型、建设要求、工艺流线组织、平面布局设计、场站规模的计算方法;第六章介绍了公路货运枢纽相关内容、汽车零担货运站设计、公路集装箱货运站设计、物流中心的规划、典型案例分析;第七章介绍了评价概述、评价指标体系、评价模型与方法、衔接性与协调性评价。第三部分包括第八章、第九章,介绍公路运输枢纽管理信息系统和公路运输枢纽仿真技术。第八章介绍了公路运输管理信息体统相关内容、系统的作用、系统的设计、客运站管理信息系统及货运站管理信息系统;第九章介绍了计算机仿真方法、交通仿真软件、仿真系统功能需求分析及 PSSITH 系统。

四、主要理论与方法

1.系统分析

公路运输枢纽规划研究是一项复杂的系统工程,不仅包括公路运输枢纽本身,还包括承载公路运输枢纽的运输网络和构成公路运输枢纽的运输场站。它们之间相互联系、相互制约,只有站在与城镇体系结构和城市经济社会发展相适应、与干线公路网和城市道路网规划相协调的角度,才能深入研究公路运输枢纽规划与设计的理论、方法与技术,从而使公路运输枢纽规划与设计的理论、方法与技术的应用效果达到最优。

2.理论知识与实践经验相结合

公路运输枢纽规划与设计作为一门新的研究领域,其内容大都来源于区域经济发展、工业生产与人民生活对公路运输的需求。从唯物辩证的角度看,公路运输枢纽本身在不断发展变化,而公路运输枢纽与所在区域经济社会的关系也不断发生变化。因此,公路运输枢纽规划与设计要在加强理论研究的同时,还要结合实践不断发现存在的问题,将之上升成为指导公路运输枢纽规划实践的理论方法。

3.定性与定量分析相结合

以定性分析为主的传统规划方法,是在拥有一定资料的基础上,根据规划人员的经验、学识、洞察力和逻辑推理能力,来制订方案的方法。这种规划方法属于具有主观性的经验型决策。随着应用数学和计算机的发展,在规划中引入了定量分析方法。定量分析方法的引入使制订规划方案不单纯以经验分析为基础,而是以定量分析为主、定性分析为辅的科学化决策。公路运输枢纽规划的发展有其自身质和量的规范性。在研究公路运输枢纽规划与设计时,既要对区别于其他规划工作的自身特殊性作定量定性分析,同时也要对它与其他规划一致的共性作定性定量分析,才能对公路运输枢纽规划与设计中的问题有深刻的认识和正确的描述。

4.计算机仿真方法

计算机仿真是利用模型对实际系统进行试验研究的过程或通过建立和运行实际系统的仿真模型,来模仿系统的运行状态和规律,以实现在计算机上进行试验的全过程。对实际系统进行真实的物理试验很困难或者跟踪记录试验数据难以实现时,仿真技术就成为必不可少的工具。

第一章　运输枢纽概述

第一节　交通运输网络与枢纽

运输枢纽是国家或地区交通运输系统的重要组成部分，是不同运输方式的交通网络运输线路的交汇点，是由若干种运输所连接的固定设备和移动设备组成的整体，共同承担着枢纽所在区域的直通作业、中转作业、枢纽作业以及城市对外交通的相关作业等功能。运输枢纽多位于几种运输方式的结合部或几条运输干线的交叉点，有大量客货流集散，具有优越的地理位置和方便的交通运输条件。运输枢纽的形成和发展，带动了交通运输条件的进一步改善，同时又促进了工业、农业布局和商业贸易的发展。目前，各种运输枢纽多数已发展成为各地区大型综合性经济中心或工业、商业、军事、行政、文化中心。

一、交通运输网络

交通运输网络是指在一定空间范围（国家或地区）内由几种运输方式的线路和枢纽等固定技术装备组成的综合体。交通运输网络是运输生产的主要物质基础，其空间分布、通过能力和技术装备体现了整个交通运输体系的状况与水平，在交通运输业的发展中占有十分重要的地位。交通运输网络的结构与水平，直接影响着交通运输系统的功能。

交通运输网络具有一定的层次结构，是一个十分复杂的大系统。它既包括了全国运输网，同时还包括在全国运输网覆盖的各级地方运输网。一个高水平的运输网也必然是一个从全国到各级地方的运输网，即运输网要层次完善，结构合理，以实现其最大的功能。交通运输网络根据地理条件、行政区划分、交通设施等状况划分为国家级、省区级和地县级交通运输网络三个层次，如图 1-1～图 1-3 所示。

二、交通枢纽与运输枢纽

1.交通枢纽

狭义的交通是指与车辆运动状况相关的“人（驾驶员/行人）—车—路”之间的行为关系。广义的交通涵盖了公路、铁路、航空运输及邮电范畴。本书的运输所指为狭义的运输，即伴随旅客/货物产生位移而发生的“路—车—旅客/货物”之间的活动。广义的运输则包含所有从事货物、旅客发生位置移动的生产活动及其要素（如人、货车、船、飞机、路、运输对象等），鉴于交通及运输概念上的复杂性，本书所提及的交通与运输的概念均为狭义的概念。

基于此，可以定义交通枢纽是指不同交通线路间的平面交叉或立体交叉区域。这些区域的主要作用在于交通工具集、散或流向转换。这些区域中有些可能会伴随交通工具聚集和分散而产生大量的旅客、货物运输活动，有些仅有少量旅客、货物运输活动，有些甚至仅发生纯粹的交通工具的集、散和流向转换行为。

2.运输枢纽

图论中定义了网络由边、点和弧容量组成。同理，可推得运输网络由运输车辆运行路径、旅客/货物集散节点以及对应路径与节点间的旅客/货物流量三部分组成。当运输网络中节点的旅客/货物流量达到一定水平，且办理旅客和货物的中转、发送、到达业务，并具有所需的设施设备时，这个节点称为运输枢纽。

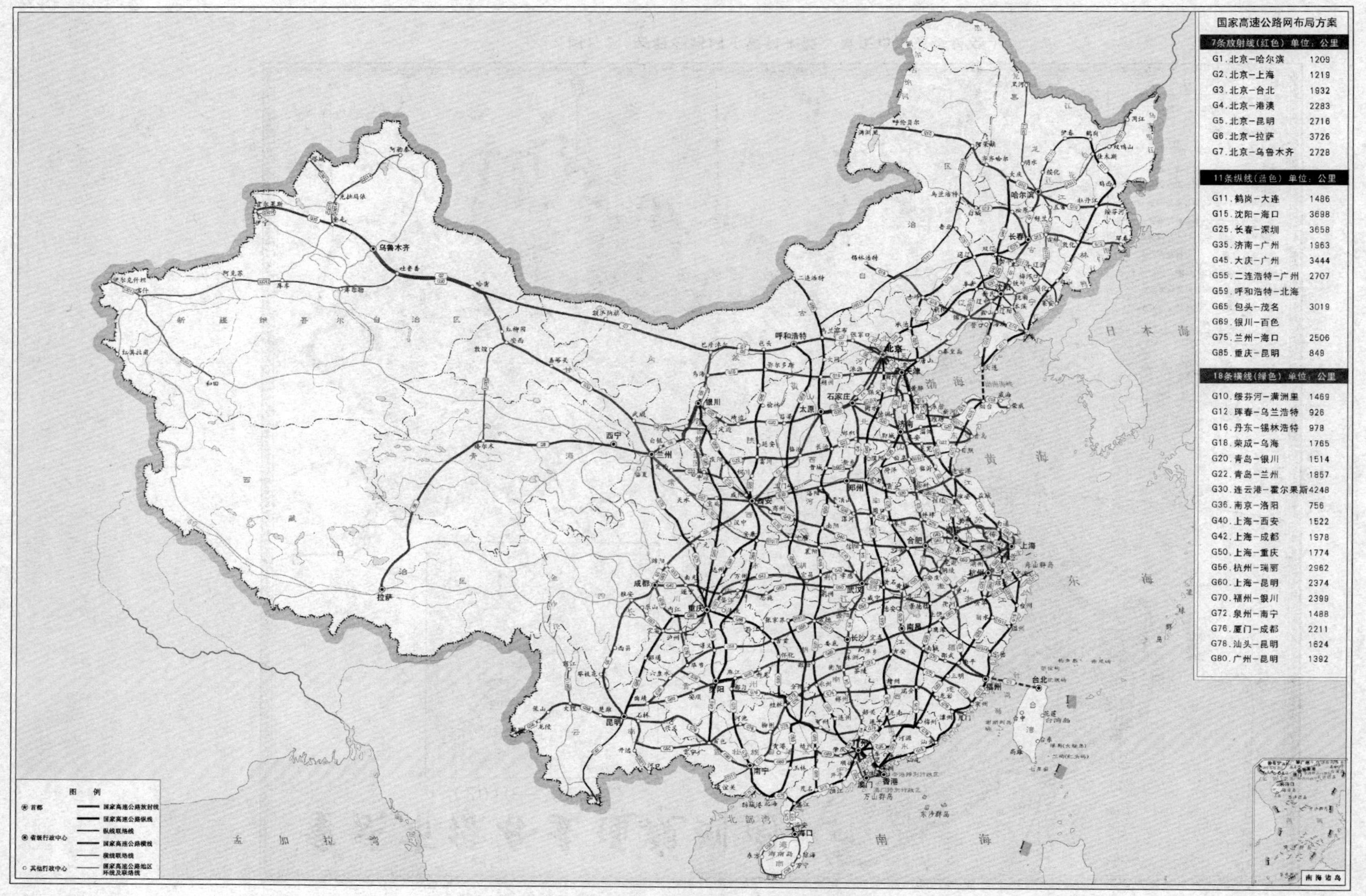

图1-1　国家级公路网（资料来源：交通运输部网站）

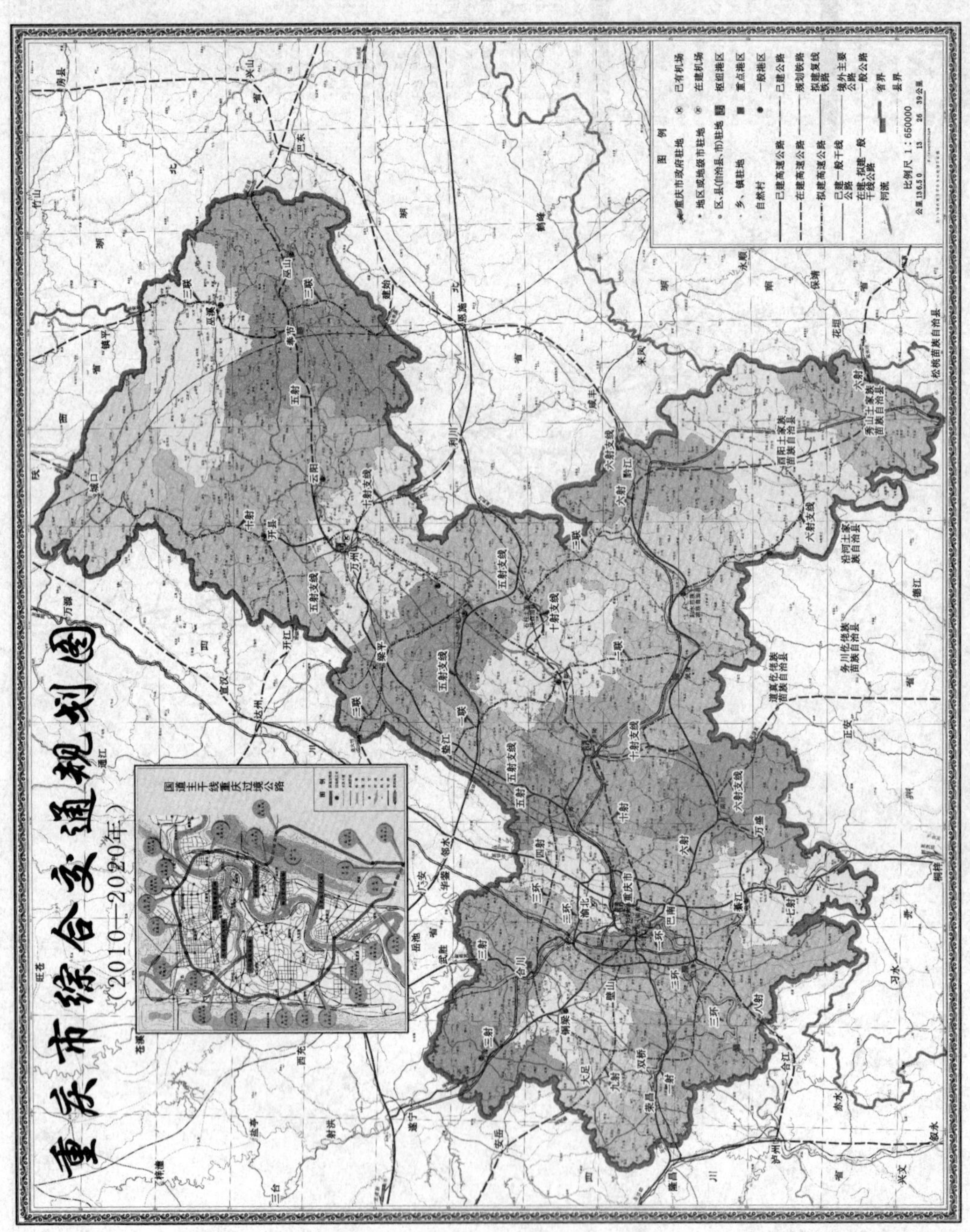

图1-2　省级公路网（资料来源：重庆市交通委员会）

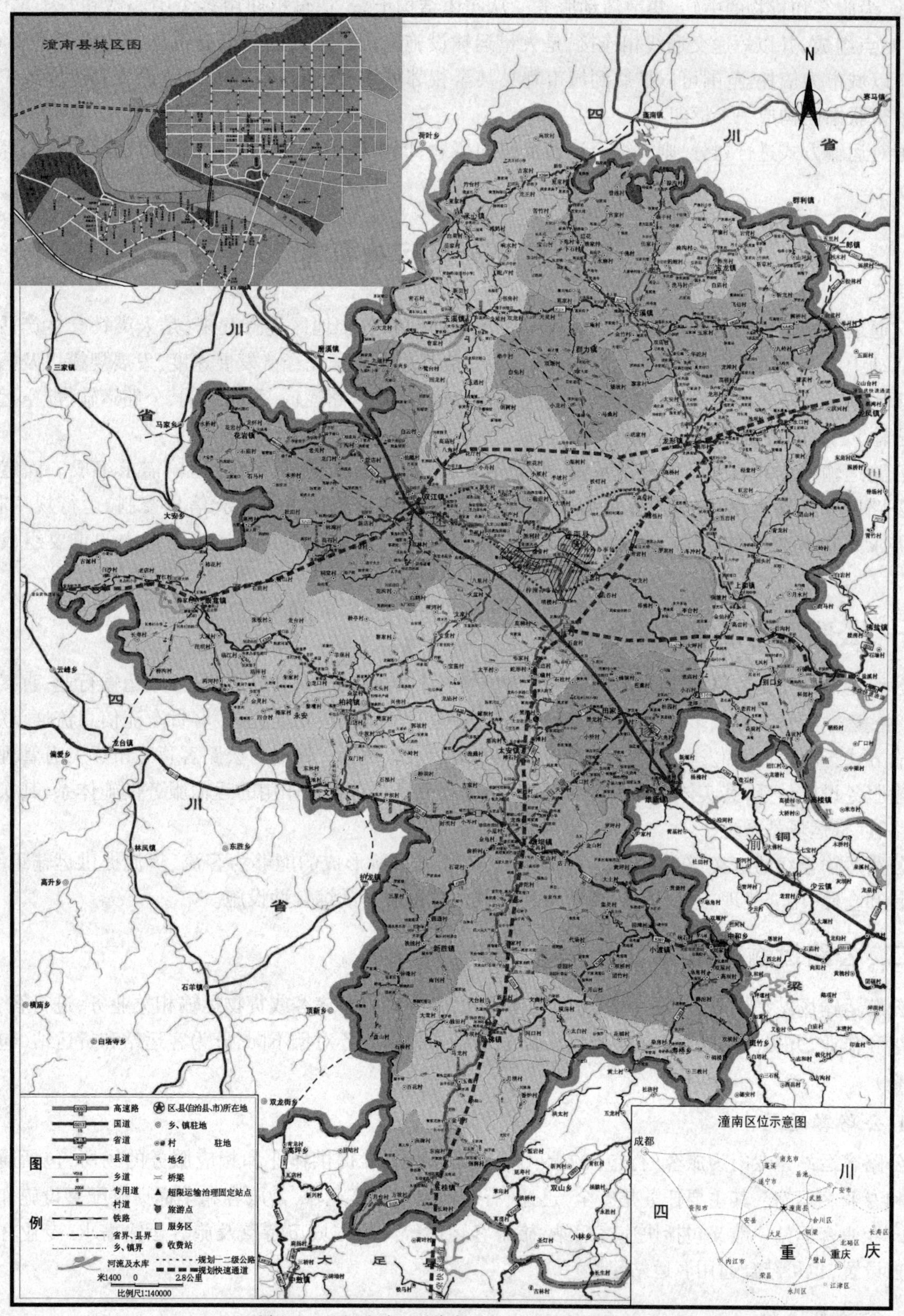

图1-3　县级公路网（资料来源：潼南县交通局）

从服务功能看,运输枢纽是运输网络的重要节点,通常位于一种或多种运输方式交通干线交叉与衔接之处,为旅客和货物的中转、集散活动服务。从实体结构上看,运输枢纽由多个中心站和若干辅助(专业化)站点组成,并以短途交通线相连接,是大量运输设施与设备组成的复杂有机体。从覆盖范围看,运输枢纽以城市为依托,范围可以扩展到城市郊县甚至相邻城市,从而与临近的设施设备和运输组织在分工上紧密联系而构成一个枢纽。

若对运输方式进行划分,则有综合运输枢纽的概念,即服务于多种运输方式的运输枢纽称为综合运输枢纽。

第二节　公路运输枢纽

交通运输是国民经济的动脉,它把国民经济各个部门和各个地区连接起来,是人类社会生产活动和生活活动中一个不可缺少的方面。交通运输发展一般都取决于国民经济发展速度、发展规模以及国民经济对运输基础设施建设的投资能力,作为现代5种运输方式(铁路运输、水路运输、公路运输、航空运输和管道运输)之一的公路运输也是如此。

公路运输作为相对独立的一个系统,由固定设施、流量实体、控制系统、运输需求组成。固定设施是指公路网和运输枢纽;流量实体是指车辆;控制系统是指道路标志、标线、信号控制、运行规章制度;运输需求是指人或物的空间位移活动和交流。可见公路运输枢纽是公路运输系统中的重要组成部分之一。

一、公路运输枢纽的概念

公路运输枢纽是公路运输网络中旅客、货物产生空间位移的起点和终点,是公路运输行业、直接为旅客、货主、运输经营者提供多种服务的场所,是设施齐全、设备配套、功能完善、客货车流信息流通,联系各种运输方式,充分利用和发挥各种运输设施功能的集运、储、贸为一体的对公路客货运市场具有管理作用的运输服务设施体系,其实体主要表现为公路客、货运市场具有管理作用的运输服务设施体系,其次表现为公路客、货运场站系统。

公路运输枢纽的定义:在公路运输网节点上,依托城市所形成的能够为客流、货流提供运输组织、中转和装卸仓储、中介代理、通信信息、商业贸易和其他辅助服务的综合性设施。

二、公路运输场站

公路运输场站是构成公路运输枢纽的实体单元,是办理公路旅客或货物运输相关业务,进行客、货运输组织和作业,并提供相应服务的场所。公路运输场站根据服务对象不同,分为客运站和货运站(包括物流中心)。

1.公路客运站

公路客运站是专门为旅客(行包)的上、下车和车辆到、发提供作业和相应服务的场所,包括通用客运站和专业客运站。其主要任务是安全、迅速、有序地组织旅客运输,为旅客和车辆提供配套设施和相关服务。专业客运站一般又包括快速客运站、旅游客运站等。根据城市特点及旅客运输需求,专业客运站可单独设置,也可结合通用客运站建设。

2.公路货运站

公路货运站是专门为货物的集散、中转、仓储、配送等提供作业以及相关服务的场所。随着现代物流的发展,公路货运站逐渐与现代物流相融合,其服务功能、作业内容和设置形式更加多样化、专业化,一般包括综合货运站、零担货运站、危险品货运站、集装箱中转站、物流中心、配送中心、物流园区等。

三、公路运输枢纽的地位和功能

1.在公路运输网络中的地位

（1）公路运输网络的客货流组织中心

在公路运输生产过程中，有大量时间和费用耗费在旅客及货物的中转、装卸搬运、存储保管等环节上。公路运输枢纽可以利用场站间的合理分工和组织管理系统提高旅客与货物的集散速度，大大降低公路客、货流在站滞留时间，减少公路运输网络节点处各种活动对公路运输连续性的干扰。

同时，通过公路运输枢纽将干线运输与支线运输活动联系在一起，有利于充分发挥系统功能，使交通运输网络上线路间在枢纽处的干扰现象减少到最小，从而有效地提高网络的协调性和运输效率。

（2）不同运输子系统的衔接特点

公路运输网络具有输送和集散两种显著的功能。输送功能通过运载工具在运输线路上的活动来实现，集散功能则通过支线运输对干线运输的支持来实现，公路运输枢纽则是公路运输网络实现两种功能的衔接点。即公路运输枢纽是不同层次公路运输网络的衔接点，是公路客/货流从干线到支线、从“点”到“面”的分散点，也是公路客、货流从支线到干线、从“面”到“点”的汇集点。

此外，公路运输枢纽依托于城市而发展，也是城市之间公路运输网络和城市道路运输网络的衔接点，是解决城市客运、货物配送与干线公路客、货运输，因运输组织方式差异而使运输过程脱节的衔接点。

（3）多个公路运输线路非协调发展的缓冲点

在公路运输网络中，连接公路运输枢纽的多条公路线路在方向、等级、通行能力等方面有很大差异，通过不同线路运输的公路旅客及货物经过公路运输枢纽的转换又以相异的特性发送出去。流量、流向、流时及运距等特性具有很大差异的公路旅客与货物凭借公路运输枢纽的缓冲作用来化解其间的冲突，使公路旅客与货物在流向、流量、组织方式上取得最佳效果。

2.主要功能

从以上分析为认识公路运输枢纽主要功能提供了参考。同时，由于公路运输枢纽作为公路运输场站及其衔接配套设施设备的综合体，除具有公路运输场站所具有的基本功能外，还具有以下主要功能：

（1）公路运输枢纽结构优化功能

在公路运输枢纽内部，各公路运输场站不再是单独运作的个体，而是作为组成要素同其他场站共同构成公路运输场站系统，是公路运输枢纽最主要的重要组成部分。根据系统科学原理可知，公路运输枢纽所实现的系统功能必然大于各场站要素所实现的功能之和。公路运输枢纽通过总体规划来优化各公路运输场站的位置、规模与功能，并通过运行管理机制来协调场站间的运作，将各公路运输场站的竞争关系变为协作关系，有利于实现社会效益和经济效益最大化。

（2）公路运输网络的衔接功能

公路运输网络的衔接功能是指公路运输枢纽作为不同层级、不同地域运输网络、同层级运输网络的不同运输路线以及公路运输网络与城市道路运输网络的衔接点，根据公路运输活动需要，通过公路运输枢纽把不同线路、不同组织方式的旅客及货物运输活动连接起来，保障运输生产过程的连续、畅通。

具体来说，一是公路运输枢纽把位于不同层级区域内的需求点连接在一起，实现公路旅客及货物从低层级公路运输网络向高层级运输网络的汇集和从高层级运输网络向低层级公路运输网络的分散；二是公路运输枢纽之间的连接，有利于组织跨区域城间干线公路客、货运输，实现公路运输网络的输送功能，这是公路运输枢纽建设的初衷和主要出发点之一；三是通过公路运输枢纽将不同方向的公路运输活动衔接，实现运输路线的方向转换；四是通过公路运输枢纽内各公路运输场站处将城市内外的旅客及货物运输网络衔接，实现城市内外运输活动的转换。

（3）城市交通环境改善功能

由于公路运输场站的客、货流集散，必然产生较高的交通需求，容易在公路运输场站周边产生交通拥挤、噪声、大气污染等，增加了城市交通环境压力。公路运输枢纽通过总体规划对公路运输场站位置、规模与业务功能进行优化，一方面减少过境车辆进入市区；另一方面改变公路客货流在城市中的传统集散方式，使进出旅客、货物“化整为零”和“集零为整”，依靠公路客、货运和共同配送来减少市区运送旅客、货物车辆的交通出行，从而达到缓解交通压力、减少环境污染的目的。

(4)公路运输产业结构优化功能

作为网络型基础产业，公路运输具有显著的规模经济特征。公路运输枢纽吸引多种运输生产要素聚集，有利于推进运输生产的规模化组织和专业化分工，从而提高运输生产效率。公路运输枢纽的建设与发展有利于推动公路运输组织方式的变革，促进“轴—辐”式公路运输网络的形成，从而缩短公路旅客及货物的送达时间，取得干线公路运输网络的规模经济，有利于增强以国家高速公路网为依托的干线运输通道的地位，提高公路运输产业竞争力。

四、公路运输枢纽层级结构及划分

1.公路运输枢纽层次结构分析

公路运输枢纽是构成公路运输系统的基本要素之一，是在公路运输网节点上依托于城市所形成的能够提供运输组织、运输服务、运输作业的综合性基础设施，其实体表现为公路客、货场站(或客、货场站群)。其中货运站除传统公路货运站外，还应表现为物流园区、物流中心等。

公路运输枢纽依据层次上的差异在公路运输网络中发挥的功能和作用是不同的，其区别主要取决于公路运输枢纽所在地区社会经济发展的需求，所依托城市的规模、地位、性质以及所连接公路的层次。也就是说，不同的公路运输枢纽，由于其应满足的社会经济的需求不同，它在整个公路运输系统中的功能和作用也不相同，客观上存在层次上的差异。

从区域经济发展的需求看，各地区由于地理历史、自然条件、资源分布等差异，地区之间存在着很大的互补性。就全国范围而言，社会经济发展使大区域与大区域之间、省与省之间产生了物资流动和人员交流，则要求具有国家性的公路运输枢纽能够高效率地组织和完成这种跨区域、跨省际间的客货运输；就省和自治区行政区域范围内而言，由于各地(市)之间存在着较强的社会经济联系，客观上要求这种省级公路运输枢纽组织这种地(市)与地(市)之间的客货运输。也就是说，公路运输枢纽依其所服务的对象不同而承担不同的任务、扮演不同的角色。承担跨大区域、跨省际公路客、货运输组织和运输作业的公路运输枢纽，在公路运输系统中具有较高的层次，发挥的作用也较大；而承担区域内公路客货运输组织和运输作业的公路运输枢纽，在公路运输系统中则具有相对较低的层次，在公路运输中发挥的作用也相对较小。

从公路运输枢纽所依托的城市看，大多是一个地区的政治、经济和文化中心，每个城市都有自己的影响区域(腹地或集散区)，城市在其影响区域内起着核心作用。由于城市规模的不同，影响范围和影响程度有差异。像省会城市、区域性中心城市影响的范围大，辐射力强，客货流量大，这种城市对全国的社会经济发展具有重要影响。与此相适应，位于这些城市之中的公路运输枢纽辐射的范围相对也较大，所起的作用是全国性的。对地区性的中小城市，其辐射范围和影响力则相对较弱，客货流量也较少，主要是对本地区的社会经济发展产生影响，位于这些城市之中的公路运输枢纽所起的作用则是地区性的。

从公路运输枢纽所连接公路的层次看，我国公路按行政等级分为国道、省道、县道和乡道；按技术等级分为高速公路、一级公路、二级公路、三级公路、四级公路。根据公路的这种界定，在国道交汇处或位于国道上的重要公路运输枢纽所起的作用主要是同国道一起，实现省际之间的运输联系；在省道交汇处的公路运输枢纽所起的作用主要是同省道一起，完成省内各地区之间的运输联系；在县乡公路交汇处的公路运输枢纽的作用主要是同县乡公路一起，完成县乡域内的运输活动。

2.公路运输枢纽层次结构划分

基于上述分析，根据不同公路运输枢纽的地位和作用，按行政等级可将公路运输枢纽分为国家级公路运输枢纽、省级公路运输枢纽和县乡级公路运输枢纽等层次，从而分别对应于国道、省、县乡道路；同时按照各区域对公路运输枢纽规模和技术等级要求，可划分成一级枢纽、二级枢纽、三级枢纽、四级枢纽。从规模等级、技术参数等方面给予详实的技术分类。公路运输枢纽的层次划分如图1-4所示。

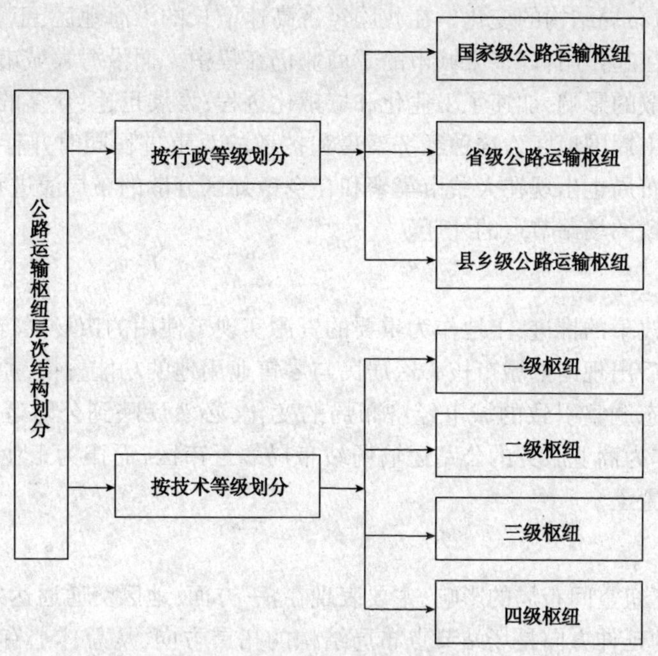

图1-4　公路运输枢纽层次划分

国家级公路运输枢纽、省级公路运输枢纽以及县乡级公路运输枢纽相互联系，共同构成一个层次分明、结构完善、分工明确的公路运输枢纽服务系统。国家级公路运输枢纽要充分发挥其作用，需要省级公路运输枢纽进行有效的集疏运组织；同样，省级公路运输枢纽要发挥其作用，也必须得到县乡级公路运输枢纽的有效支撑。但在另一方面，国家级公路运输枢纽、省级公路运输枢纽和县乡级公路运输枢纽，分别在其服务的功能范围内能够独立地发挥作用。

以上这种结构层次划分和技术等级分类，应是公路运输枢纽规划的前提技术条件。然而，由于我国目前还没有形成层次分明、功能明确的公路运输枢纽层次结构，地区之间、不同层次公路运输枢纽之间发展也不平衡，致使各层次公路运输枢纽之间以及与其他运输方式枢纽之间没能实现纵向和横向联网，已建成的一些公路运输枢纽，特别是货运枢纽，其作用、功能不能完全得到有效的发挥。

第三节　公路运输枢纽形成机理

一、公路运输枢纽形成的影响因素

公路运输枢纽是随着社会经济和交通运输的发展而发展的，其需求具有派生性，同时公路运输枢纽又具有聚集效应和规模效应，这些都是公路运输枢纽形成和发展的基本动力。这主要体现在产业结构调整、城市结构形态、综合交通网络及运输业发展状况以及经济社会可持续发展要求等方面对枢纽布局结构演化上的影响。

1.经济因素

公路运输枢纽是在适应城市内外运输过程一体化、经济活动高效、运输组织需要中出现并得到发展的，其空间布局的机构调整和演化，主要源于经济因素。城市中各类基本建设项目的设立、产业结构与布局的调整、乡镇工业的集中、开发区建设等因素所产生的运输需求，均是枢纽布局结构形成以及场站节点空间结构体系演化的影响力量。从世界范围来看，进入后工业化社会的发展国家，由于过度集聚和规模经济引致社会结构重组而产生的新空间分解演化。决策、信息、金融保险、证券等各种促进增长的服务中心,趋于进一步向城市中心地区集中,而公路运输枢纽等基础设施则是向外围地带和尚未工业化的边缘地带扩散,从而导致枢纽布局结构的变化。在我国经济高速增长的沿海地区,工业化尚未进入晚期,大批量生产和规模经济仍然在起作用,许多大城市的工商业仍在集中。而沿海大城市周围原农村地区受国内国际大城市双重辐射扩散的影响,加速了工业化和城镇化进程,发展迅速,众多的乡镇企业和外商进出口企业散布于港口和大城市周围地区。这种经济聚集和扩散的双重进程同时并存、相互作用,使得作为支撑条件的公路运输枢纽布局也出现在大城市集聚和在乡镇郊区分散的布局演进状况,其中突出表现在集聚引致的规模不经济导致的场站节点的外迁。

2.城市结构形态

随着城市用地制度改革的推进,土地作为重要的资源实现了使用的市场性行为。级差地租规律使得土地有偿使用制度实施后出现诸如城市核心区居民与零售业用地的功能置换,原有城市工业也有外迁的趋势。这些城市结构形态调整引致的城市经济布局的变化,必然反映到公路运输枢纽空间结构变化上来,其主要表现集中在作为商业服务的公路运输场站布局靠近市区,而作为工业服务的公路运输场站布局在靠近市区边缘的位置上。

3.交通运输条件

交通运输条件,对枢纽空间布局的影响,主要表现在:一方面,地区交通通达条件的改善,将促进枢纽的区位选择,交通通道的延伸方向是场站节点布局结构的拓展方向,从总体上有利于枢纽布局结构的完善;另一方面,城市交通条件的限制,也促进了场站节点外迁的进程。

4.可持续发展的影响

公路运输枢纽空间集聚或扩散的动态趋势及其空间结构的演化,将对城市和区域环境产生直接影响。优化枢纽空间布局结构,将成为运输系统可持续发展的重要内容和城市与区域经济可持续发展战略的有机组成部分。在当前可持续发展战略实施和枢纽空间布局演化的进程中,枢纽节点新的区位选择和布局结构调整要有利于环境保护。由此可见,可持续发展将对公路运输枢纽布局的走向产生重要影响。

二、公路运输枢纽的发展动力

公路运输枢纽的形成和发展,取决于城市经济的发展、城市空间结构的变迁和其自身对城市发展环境的适应状况。城市发展能改变公路运输枢纽的场站布局,城市空间扩展是促进公路运输枢纽发展的重要动力。随着城市社会经济的发展和人口在中心城区大量集聚,城市中心区用地趋于紧张,造成交通拥堵、空气污染、噪声等问题,大量工业区、住宅区外迁使城市中心区对外交通功能逐渐弱化。公路运输枢纽的需求重心向城市外围移动,促使公路运输枢纽不断改变原有结构形态,以适应城市发展新的公路运输需求。

公路运输枢纽是随着社会经济和交通运输的发展而发展的,其需求具有派生性;同时公路运输枢纽又具有聚集效应和规模经济效应。这些都是公路运输枢纽形成与发展的基本动力。

1.需求派生性

公路运输枢纽需求源于人们对交通运输的需求,而交通运输活动具有派生性的特点。人们不是为运输而运输,人和货物的空间位移具有目的性。运输需求产生于在区域范围内实现其他经济活动的需求,运输枢纽的建设是实现运输需求的必然内在需求。公路运输枢纽是城市对外交通系统的重要组成部分,公路运输枢纽需求由来自城市经济活动的源生性需求和来自交通运输活动所产生的直接生产需求构成。

公路运输枢纽是在适应城市内外运输(即区域客运与城市客运)过程一体化、经济活动高效运输组织需要中出现并得到发展的。同时,公路运输枢纽发展对交通运输系统具有依赖性。公路运输枢纽的发展必须以交通运输业的发展为基础,随着交通运输出发、到达和中转客流的增加及运输生产组织过程复杂多样化而发展。

因此，公路运输枢纽服务区域的经济发展水平、城市结构形态、综合交通网络及运输业发展状况共同决定了公路运输枢纽的功能、结构和内部布局等。公路运输枢纽是随着区域经济运输的发展而发展的，即其需求有派生性。

2.聚集效应

公路运输枢纽源于公路运输场站，其演化动力来自于对公路客、货流的聚集经济。聚集经济产生于聚集效应。公路运输聚集经济指因公路运输活动的空间集中而引起资源利用效率提高、成本节约、收入增加；对所引起的费用增加或收入损失则称为聚集不经济。理论上的聚集经济表现为极化状态为主，聚集不经济则表现为扩散状态为主。

聚集效应是运输活动空间集中所形成的聚集经济与聚集不经济联合作用的结果。聚集效应存在规模性和外部性特征，即：①公路运输场站聚集效应以一定客、货运量为前提，通过公路运输场站集散客、货流取得规模经济，规模经济是聚集经济实现的主要源泉。但公路运输站规模达到一定程度，继续增长将导致经济效益下降，产生规模不经济。②公路运输场站的外部性是旅客、货物集中过程通过外在因素使其经济效果增加（减少）或费用减少（增加）。公路运输场站的发展可以使周边地区发展成为城市商业区，为公路运输场站提供更多的客、货源，产生外部经济，但客货流过多聚集则造成用地紧张、环境污染、交通拥堵，产生外部不经济。

3.扩散效应

公路运输场站的扩散效应是公路运输场站规模经济与外部经济共同作用的结果。

（1）规模经济作用

公路运输场站总规模与单位规模经济收益之间存在凸线性关系，故其发展过程中规模经济作用可用图1-5表示。发展初期由于聚集到场站的客、货流不断增长，公路运输场站的总收益TR大于总成本TC，单位收益AR随聚集到运输场站的客货流Q加大而增加。当运输场站规模持续扩大，场站内交通组织复杂、运营管理困难，公路运输场站总成本TC快速增长。当总成本TC增长速度快于总收益TR时，单位收益AR开始下降。假设极端情况出现，即场站客货流持续增加，则会产生阻塞，使单位收益AR接近零。

（2）外部经济作用

由于公路运输需求呈环形分布在公路运输场站周围，旅客、货物因快捷、方便和低成本而被吸引到公路运输场站，则公路运输场站周边地区因交通便捷而具有良好工业、商业区位，形成居住、生产及贸易密集区。但随着公路运输场站发展，当客、货流聚集过多，使场站周边治安恶化、污染严重、土地紧张、交通拥堵等负外部经济性增加，此时公路运输场站聚集力减弱，极化状态转化为扩张状态。

在公路运输场站发展过程中，正外部性与负外部性的主导地位由其边际效益决定。如图1-6所示，I期的正外部性边际收益ME_1；大于负外部性边际收益ME_2，所以正外部性支配运输场站发展；而Ⅱ期相反，$ME_2>ME_1$，负外部性起主导作用。

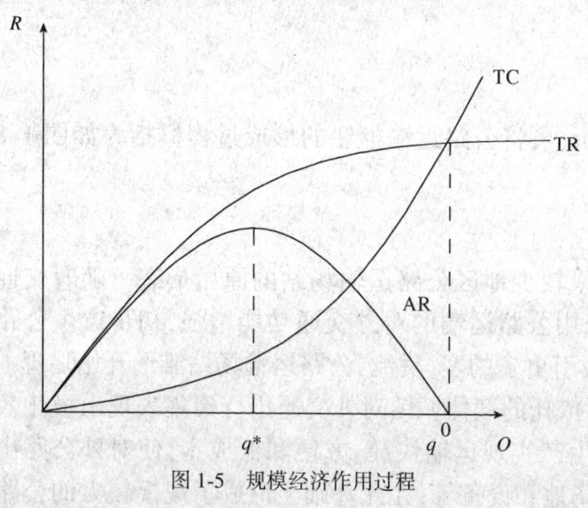

图1-5　规模经济作用过程

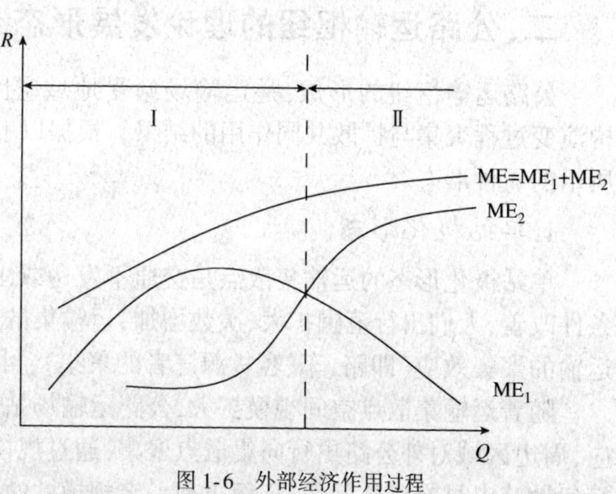

图1-6　外部经济作用过程

因此，公路运输场站的规模经济和正外部性导致客、货流的聚集使公路运输场站呈极化状态，而规模不经济和负外部性则导致公路运输场站出现扩散趋势，在公路运输场站发展过程极化（集中化）和扩张（分散化）共存。

第四节　公路运输枢纽发展形态

一、公路运输枢纽等级扩散原理

1.等级扩散过程

公路运输场站的扩散过程也称为渗透过程，即公路运输场站向外围地区规模转移而形成多个场站的过程。扩散的发生能够产生更高的效率和功能，从而在不同层次区域间产生"位势差"。为了消除这种差异，扩散推力和拉力形成的组合力促使其向外传播和扩散。扩散发源地跳过紧邻区域向距离较远的次级中心扩散，扩散接受地在空间上具有跨越性、间断性和选择性，呈"先大后小"的顺序，从而使公路运输场站扩散具有等级性。公路运输场站等级扩散的结果是在载体城市内形成场站规模差异明显的梯度，公路运输场站规模和数量结构按等级序列呈有规律变化及相应的空间结构。

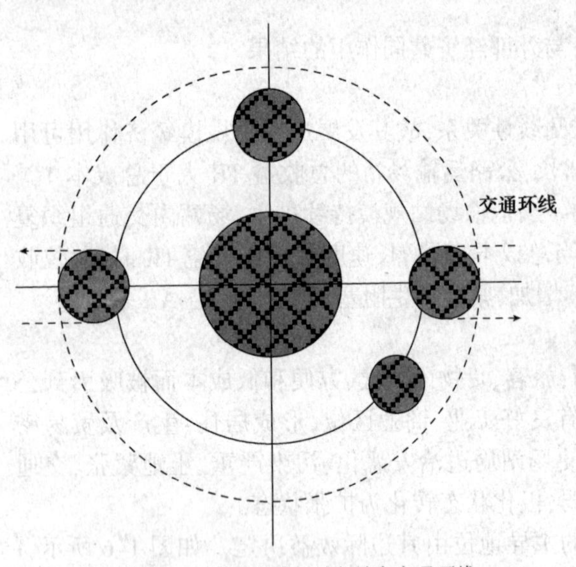

图 1-7　公路运输场站与城市交通环线

2.交通环线的影响

在实际中，公路运输场站演化过程区位环的形成与城市公路交通干道的建设关系密切。为了解决城市中心交通过度聚集的现象，一般大城市通过建设环路解决和提高城市两端的可达性，如图 1-7 所示。随着城市交通环线的建设，公路运输场站的区位环就在城市公路环线周边形成。

3.公路运输场站区位环

随着公路运输场站的规模经济与正外部性减弱而规模不经济和负外部性增强，原有公路运输场站区位均衡状态失稳，从而出现公路运输场站再区位的过程，即公路运输场站进行空间布局调整。正是由于公路运输场站的再区位，才导致多场站的公路运输枢纽的形成。

二、公路运输枢纽的理论发展形态

公路运输枢纽的形成，是运输场站受地域空间结构演变过程聚集与扩散共同作用的结果。根据以上分析，可将公路运输枢纽的形成过程概括为如图 1-8 所示的 4 种形态。

1.单站极化形态

单站极化形态的运输集散点是交通不发达或出行量较少地区公路运输场站的原始形态。随着交通条件改善，人们出行范围扩大、次数增加，运输集散点采用公路运输的对外交通功能增强，初步产生公路运输的聚集效应（即路、车、客货源三者的聚集），可以吸引更多的客、货流，公路运输场站雏形开始显现。

随着运输集散点空间规模扩大，公路运输场站发展依托的载体城镇对外交通出行聚集表现出极化效应，周边区域对外公路出行向集散点聚集，通过规模化生产实现运输快捷、方便和低成本，使对外公路出行集散节点具有区位优势，从而出现一定规模的站房、场地和设备等，在此基础上形成了规模较大的公路运输场站。

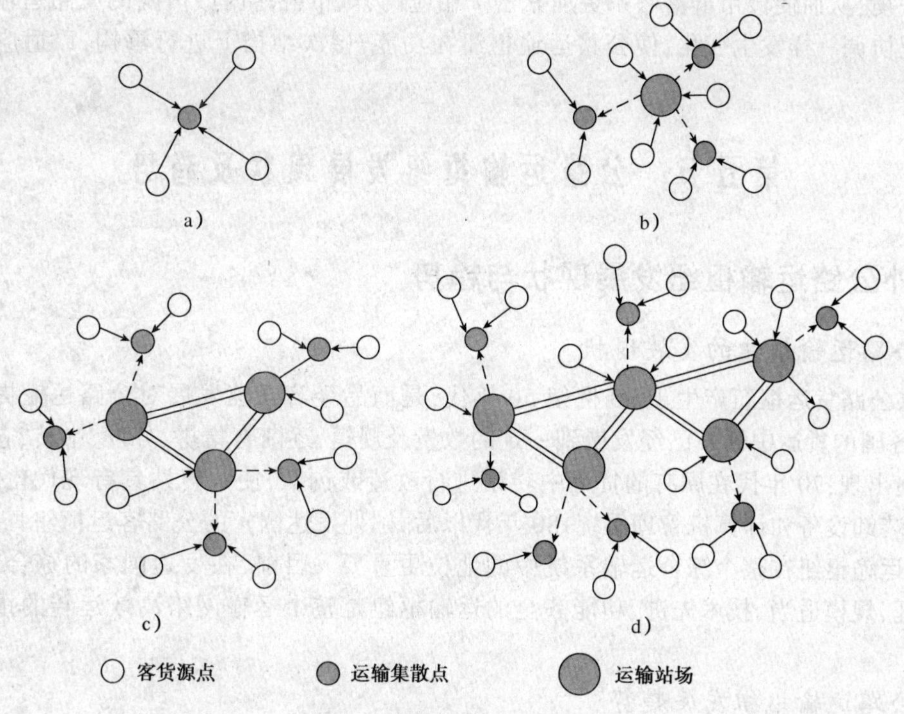

图 1-8　公路运输枢纽发展形态

a)单站极化形态;b)多站扩张形态;c)运输枢纽形态;d)枢纽群落形态

2.多站扩张形态

由于极化效应使公路运输场站聚集过度,表现出交通拥挤、土地紧张,同时客、货流向公路运输场站聚集过程的出行时间与运输成本增加,因而对外交通出行的聚集表现出以分散化为主的扩散效应。城市扩张使对外交通出行需求在城市中的分布随着城市空间扩散而开始分散,以单公路运输场站为中心在城市扩散区不同方位形成若干配套的公路运输场站,为中心运输场站分散对外交通出行,以减轻城市中心交通压力。

在具有多个公路运输场站的城市中,极化效应递减而扩散效应增加,城市内部会形成多个功能组团。组团间交通联系密切且各组团交通出行需求层次、服务水平都不同(如居民区以客运出行为主,而工业区以货物流通为主),则对服务各组团的公路运输场站产生不同需求,所以要求根据不同公路客、货流特性(如运输距离、规模、方向、组织方式等)建立多个专业化分工的公路运输场站。

3.运输枢纽形态

随着城市空间持续扩张,多个公路运输场站间联系逐渐紧密,各公路运输场站在交通出行特征、城市空间结构、对外交通网络布局等多种因素作用下,借助城市公路和通信联系使多个运输场站呈现系统结构,形成公路运输场站系统,也称为公路运输枢纽。城市内各公路运输场站通过合理分工实现资源共享,公路运输场站间对外交通出行的合理分配有利于充分发挥各场站的功能,也促使城市交通流更加合理。

4.枢纽群落形态

公路运输枢纽群落是指公路运输枢纽进一步发展,依托城市群或大都市区所形成的具有层次结构的多运输枢纽结合体。

随着城市化进程的深入,经济和社会发展得到强力推进,城市化发展越向高级阶段,城市群渐渐崛起。城市群的发展促进了城市群内部公路运输网络的发展和公路运输枢纽的进一步发展。对于以大城市为中心的城市群落,通过城市间的聚集、扩散效应同时作用,使城市间的功能调节和产业协调达到动态的平衡,从而使城市群落联系更加紧密。相应的,城市群落内城市间的公路运输需求也同功能调节和产业协调一样发生变化,使公路运输枢纽在功能、层次结构上进行重构,以适应城市群落的发展。

第五节　公路运输枢纽发展现状及趋势

一、国外公路运输枢纽发展现状与趋势

1.国外公路运输枢纽的发展现状

发达国家公路货运枢纽产生于20世纪50年代,是商品经济飞速发展对公路运输提出的必然要求。60年代各国的货运中转站已经发展到一定的数量及规模,逐渐有集拼、分发、中转、仓储等综合性联运服务设施出现;70年代在原有的货运中转站进行改造或创新,使中转站具有现代化的设备,如现代化的运送、装卸设备和计算机管理系统;80年代以后,国外发达国家的公路客运枢纽日趋完善,服务更加现代化,运输枢纽在整个综合运输系统中的地位更重要。目前,在发达国家的综合运输网络中,宏观布局合理、规模适当、技术先进、功能齐全的运输枢纽是整个运输网络高效运转的重要物质基础和前提。

2.国外公路运输枢纽发展趋势

总的来说,国外的公路运输枢纽正向现代化、综合服务、专业化方向发展。现代化公路运输枢纽具有现代化的建筑结构、中转作业大厅以及现代化的管理系统。特别是随着社会经济的发展和高新技术的不断开发和大量使用,很多高新技术成果都应用于公路运输枢纽规划、建设、管理等各个方面,主要体现在以下几个方面:

(1)大量的高新技术以及科学成果应用于公路运输枢纽的建设、运营和管理。例如,计算机管理系统、货运站的条形码技术、EDI技术、RFID技术、货物追踪电子计算机系统,全球卫星定位系统、计算机最佳运输路径选择等,这些高新技术在运输枢纽规划建设和管理的应用,可以保证运输枢纽的高效率、低成本。

(2)不断完善公路运输枢纽规划、设计理论。发达国家从20世纪50年代就开始建设运输枢纽系统,经过几十年的摸索和探讨,在理论上已经基本形成了一套比较成熟的规划、设计理论,并不断进行修改完善。运输枢纽规划、建设方面尽量减少人为的因素,枢纽的布局规划主要是由市场的需求来决定,把方便旅客和提高服务水平放在第一位。

(3)十分注意公路运输枢纽与城市的协调发展。世界上不少工业发达国家十分重视城市特别是作为政治、经济、文化中心的大城市的现代化运输枢纽的建设,趋向于建筑空间和交通空间的相重合,形成高空、地面、地下三维空间的交通网络。同时,也很注意公路运输枢纽对周围环境的影响。

二、我国公路运输枢纽发展现状与趋势

1.我国公路运输枢纽的发展现状

公路运输枢纽是公路运输发展的必然产物,是实现公路交通的基础手段和组织保证,它可以使各种运输方式得以相互沟通,构成贯通综合运输网络。伴随着公路运输事业的快速发展,作为公路运输体系中重要组成的公路运输枢纽,在综合运输系统的形成、运输效率的提高、运输市场的规范等方面发挥着重要的窗口作用。2004~2012年历年客货运输量、公路客货运输量、旅客周转量、公路客货周转量、客货平均运距如图1-9~图1-14所示。

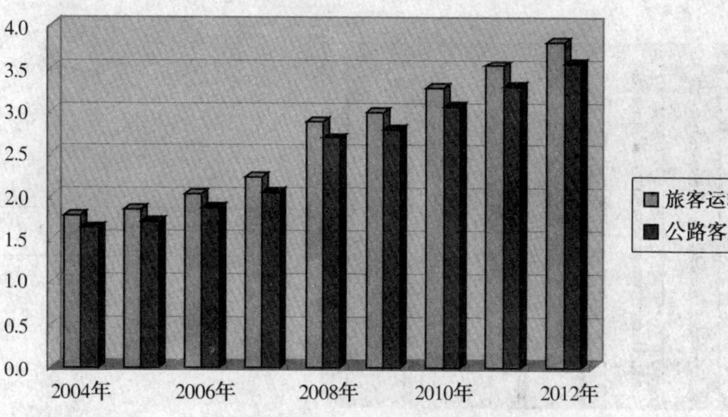

图 1-9　历年旅客运输量与公路客运量对比图

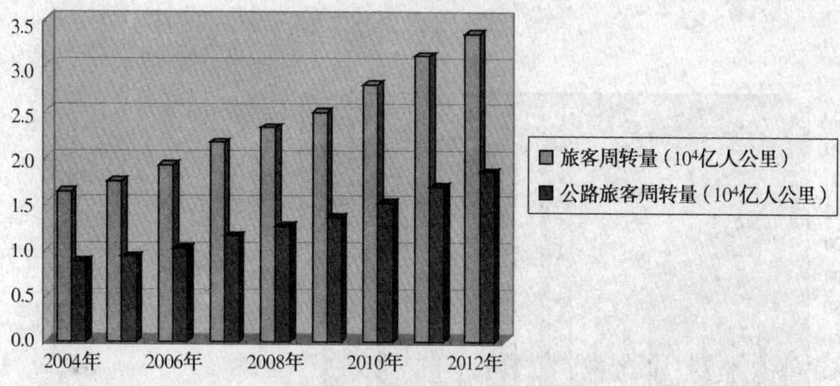

图 1-10　历年旅客周转量与公路旅客周转量对比图

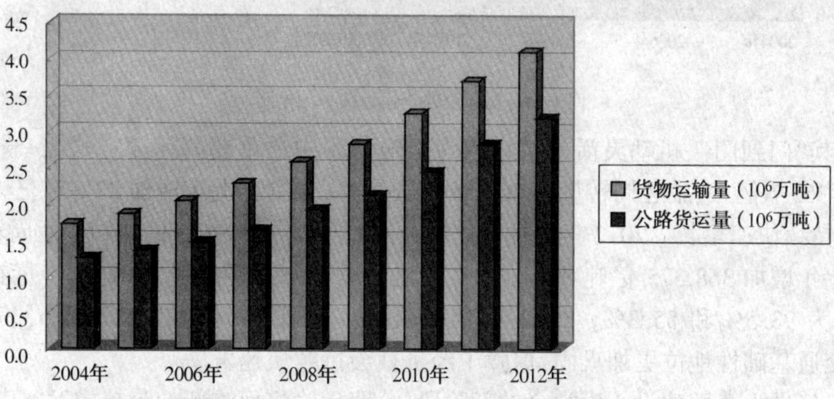

图 1-11　历年货物运输量与公路货运量对比图

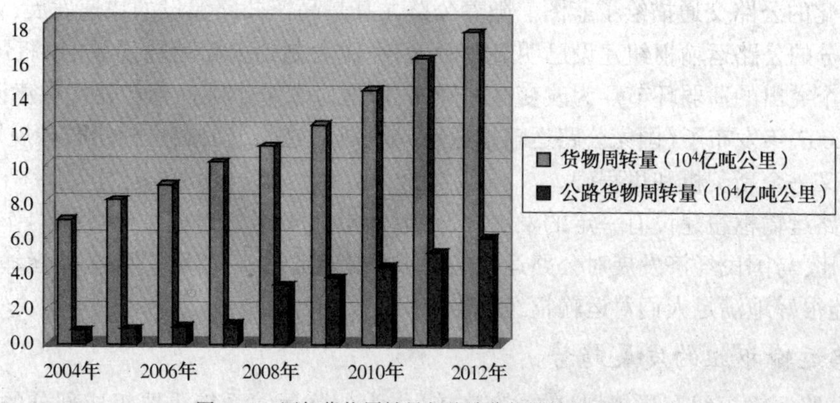

图 1-12　历年货物周转量与公路货物周转量对比图

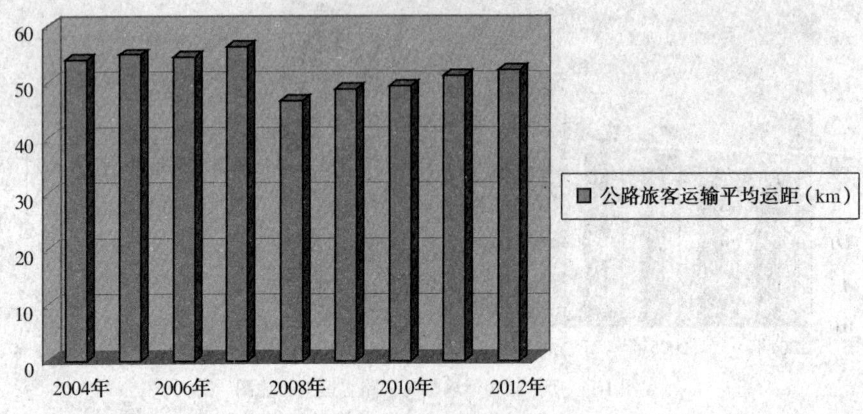

图 1-13　历年公路旅客运输平均运距

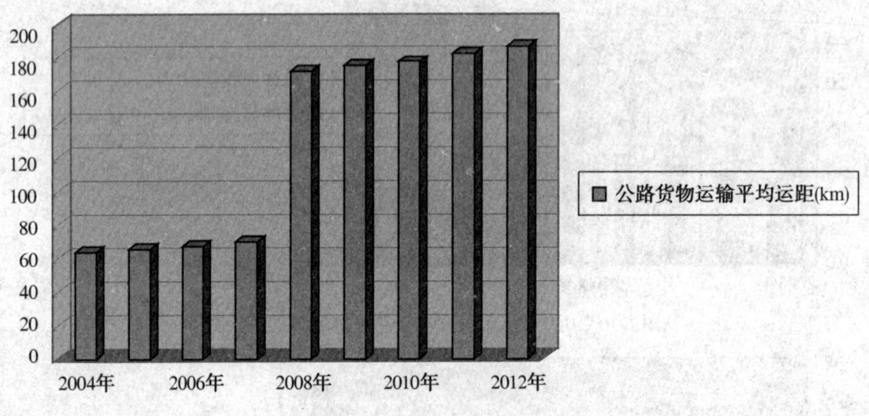

图 1-14　历年公路货运运输平均运距

公路运输以其“门到门”、机动灵活等特点成为运输体系中最重要的运输方式之一。2012 年全社会完成公路客运量 355.7 亿人、旅客周转量 18467.55 亿人公里，分别比上年增加 27.079 亿人和 1707.3 亿人公里。公路客运持续快速增长。2012 年全社会完成公路货运量 318.8475 亿吨和货运周转量 59544.86 亿吨公里，分别比上年增加 368.375 亿吨和 8160.12 亿吨公里。公路客运量、旅客周转量在综合运输体系中所占比重分别为 93.5% 和 55.3%。2012 年全国公路客运平均运距为 51.92km；货运平均运距为 186.72km。公路交通基础性地位更加巩固，保障了经济社会持续快速发展。

当前，我国已经进入全面建设小康社会的新阶段，公路运输将面临新的跨越式发展，客观要求构建一个与之相适应的安全、高效、可持续的公路交通运输系统。2004 年交通部制定了《国家高速公路网规划》，为发展现代化的公路交通描绘了蓝图。随着公路尤其是高速公路建设的快速发展，作为公路运输系统中重要组成部分的公路运输枢纽建设已明显滞后，已经成为制约公路运输发展的“瓶颈”，是公认的公路运输系统中一个突出的薄弱环节。为改变这种局面，以适应未来小康社会和现代化建设对公路运输的需要，交通部于 2007 年发布了《国家公路运输枢纽布局规划》，这是继公路主枢纽布局规划之后公路运输枢纽建设发展的又一个新契机和里程碑。

虽然我国公路运输枢纽建设有一定的发展，公路运输枢纽对客货运输生产发挥的作用也越来越大，但与发达国家相比，与国民经济发展对公路运输的要求相比还存在着较大差距，公路运输枢纽的数量、规模、功能等还不能很好地满足人们对运输枢纽的需求。

2.我国公路运输枢纽的发展趋势

随着《国家公路运输枢纽布局规划》的发布实施，作为公路运输系统重要组成部分的公路运输枢纽，其发展建设速度将进一步加快，这不仅体现在数量上的增加，而且将在质量上会有更大的提高，发展前景广阔。良好的运输枢纽设施将为运输组织、中转换乘换装、综合物流服务、通信信息、辅助服务等现代化、高质量管理等方面的改善和提高奠定基础。

根据我国公路运输发展的实际需要，并借鉴国外发展经验，我国公路运输枢纽建设以有效利用道路及土地资源为出发点，以公路运输枢纽规划为基础，将进一步完善其功能和网络构建。强化物流服务功能，尽快使智能交通运输系统、全球定位系统、移动通信系统、电子数据交换、云计算、物联网等技术得到有效运用，从而使公路运输枢纽布局合理化，组织形式集约化、网络化，运营管理现代化，服务优质化，技术自动化，实现“货畅其流，人便于行”，更好地满足社会经济发展和人民群众对运输服务设施的各种需求，促进社会经济的持续发展和快速提高。

思　考　题

一、选择题

1.交通运输网络根据地理条件、行政区划分、交通设施等状况划分为(　　)？

A.国家级　　B.省区级　　C.县级　　D.村级

2.按照各区域对公路运输枢纽规模和技术等级要求可划分为(　　)？

A.一级公路运输枢纽　　B.二级公路运输枢纽

C.三级公路运输枢纽　　D.四级公路运输枢纽

3.公路运输作为相对独立的一个系统，由(　　)组成？

A.固定设施　　B.流量实体　　C.控制系统　　D.运输需求组成

二、判断题

1.公路客运站是专门为旅客(行包)的上、下车和车辆到、发提供作业和相应服务的场所，包括通用客运站和专业客运站。(　　)

2.公路运输枢纽将干线运输与支线运输活动联系在一起，有利于充分发挥系统功能，使交通运输网络上线路间在枢纽处的干扰现象减少到最小，从而有效地提高网络的协调性和运输效率。(　　)

3.公路运输枢纽改变了公路客货流在城市中的传统集散方式，使进出旅客、货物“化整为零”和“集零为整”，依靠公路客、货运和共同配送来减少市区运送旅客、货物车辆的交通出行，从而达到缓解交通压力、减少环境污染的目的。(　　)

4.我国公路运输枢纽按技术等级可以划分为一级枢纽、二级枢纽、三级枢纽、四级枢纽。(　　)

5.公路运输枢纽按行政等级划分为国家级公路运输枢纽、省级公路运输枢纽、县乡级公路运输枢纽、村级公路运输枢纽。(　　)

三、名词解释

1.交通枢纽

2.运输枢纽

3.公路运输枢纽

4.公路运输场站

四、公路运输枢纽的地位和功能有哪些？

五、简述公路运输枢纽层次划分。

六、简述国内外公路运输枢纽的发展趋势。

第二章　运输枢纽的调查分析

在进行任何科学研究和处理任何工程技术问题时，必须要首先获取对象的一些状态参数和数据，以便分析它的特性。怎样获取这些资料？在许多专业领域是通过做试验，而在交通运输领域则主要是通过资料搜集和交通调查。

交通运输枢纽调查是通过对枢纽所在地经济社会、交通基础设施等的调查，提供准确的数据信息，为公路运输规划研究服务。因此，必须重视公路运输枢纽规划调查的作用，熟悉和了解调查的内容和方法，以便更好地发挥调查的作用。

第一节　运输枢纽调查方法分类

资料调查是进行市场需求预测的前提和基础，也是制订枢纽规划方案的依据。因此，资料调查是枢纽布局规划非常重要的环节之一。

一、调查方法

根据资料调查的形式和方法的不同，资料调查有以下分类。

1.根据调查内容的全面程度不同分类

(1)全面调查

这种调查的调查项目多，内容比较复杂，调查工作量大，数据处理任务繁重，调查费用较高，调查历时较长。因此全面调查一般适宜于需要全面了解情况，编制总体发展规划时采用。

(2)单项调查

这类调查针对规划的某一环节进行，调查结果为解决某一方面的问题提供依据。通常情况下，如能采用单项调查便能满足需求时，就不要进行全面调查。

2.按照调查的对象范围不同分类

(1)内部调查

内部调查，即针对公路运输行业或企业内部而进行的调查。其目的是摸清“家底”，弄清自己具备的各种有利因素及存在的各种问题，为改善内部管理、编制发展规划、制订经营战略服务。

(2)外部调查

外部调查，即针对运输市场的运输需求，运输市场竞争、政府有关枢纽站投资建设方针和政策等各种因素而进行的调查。

3.按照调查数据采集的途径分类

(1)直接调查

直接调查，即对运输需求者、运输营运线路、运输作业现场等进行的调查。这种调查获得的称为第一手资料，其真实程度、详细程度较高。但这种调查投入多、费用高、时间长，一般可以通过间接途径获取，现实中尽量少采用大规模的直接调查。

(2)间接调查

间接调查，即通过间接途径获取资料的调查。这种调查获取资料的途径一般包括统计年鉴、新闻媒体、网络、图书及学术刊物，政府部门、研究团体、中介服务机构等。尽管间接查获得只是二手数据，但并不意味着其利用价值就一定低。相反，只要能区别调查资料真伪，这种调查因省力、省时、廉价、快速，相对直接调查而言,其优越性很大。

4.按调查活动组织者不同分类

(1)行业调查

行业调查,即交通运输主管部门组织的调查。其目的在于掌握较全面的情况及个别重点情况,为加强宏观管理、引导、服务、规划和决策服务。

(2)企业调查

企业调查,即公路运输经营者组织的调查。其目的在于发现新的经营机会,寻找已存在的问题,摸清市场竞争形势,评价自身地位等,为企业的生存、发展和壮大而提供决策依据。

具体的调查方法很多,现代调查理论提供了多种调查方法,如图 2-1 所示。调查都应视具体调查任务选择使用其中一种或几种方法。其中抽样调查是经常采用的一种方法。

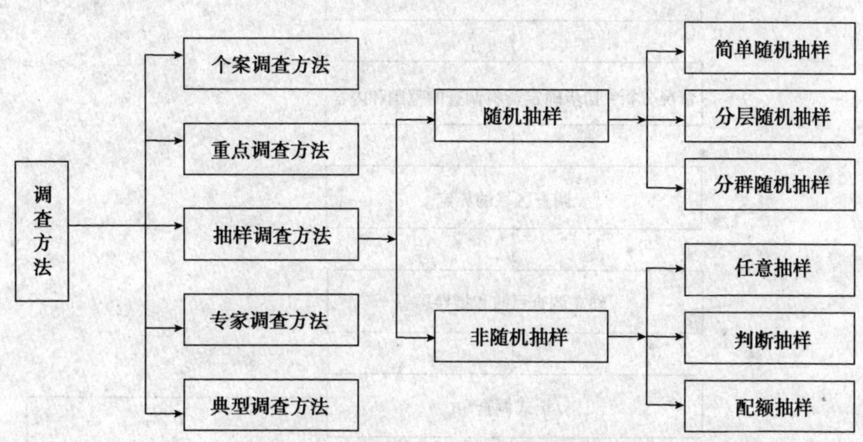

图 2-1　现代调查方法简图

综上所述,各种调查形式各有利弊,调查者应视调查需要而选择相适应的调查形式。选择好调查形式固然重要,但选择好调查方法也是保证调查工作能否顺利展开和保证调查质量的重要因素。

二、调查步骤

资料调查一般分为准备、实施和总结三个阶段,从确立明确调查目的和指导思想,到最终获得有效的市场信息并写出调研报告为止,一般要经历图 2-2 所示的几个步骤。

1.确立调查的目的和指导思想

这一阶段是调查目标的识别阶段,即明确问题和调查目的的阶段。资料调查的第一步工作就是调查活动的组织者,在初步分析情况基础上明确调查目的,即回答为什么调查或经过调查后应取得哪些资料等问题。明确了调查目的后,尚需确立调查的指导思想。指导思想就是指导调查工作全过程的原则、准则,在调查的各阶段工作中都不应偏离指导思想。总之,本步骤既是某次调查活动的开始,又是检查调查结果的依据。

2.成立调查课题组或领导小组

为了使调查工作有计划、有组织的进行,必须成立调查小组或课题研究小组。组长应是懂得调查科学、熟悉调查内容、富有组织才能的专家。小组成员应是熟悉部分调查内容(某一具体问题)的人员,而参与调查工作的一般调查人员应富有工作热情、工作责任感和具有吃苦耐劳的精神。必要时,对以上工作人员应进行调查前的培训,不仅使他们能完成正常的调查任务,而且应会排除非正常情况下的种种障碍。当调查规模较大,涉及跨部门、跨行业时,还应成立由主要部门领导参加的领导小组,以保证调查活动能得到有关部门的配合与支持。

3.情况分析

在明确调查的目的和任务以后,在未正式开展调查之前,要充分利用枢纽规划研究小组的现有数据,确定数据、数据采集的范围,初步确定调查主要内容和调查方法等,避免收集资料面铺得过大,调查成本过高,尽可能节省费用和时间。数据、数据采集的范围,原则上以公路运输枢纽所在地为主,而公路运输枢纽影响区域的相关数据则根据需要进行调查。规划区域范围内的数据力求完整、准确、系统、全面。

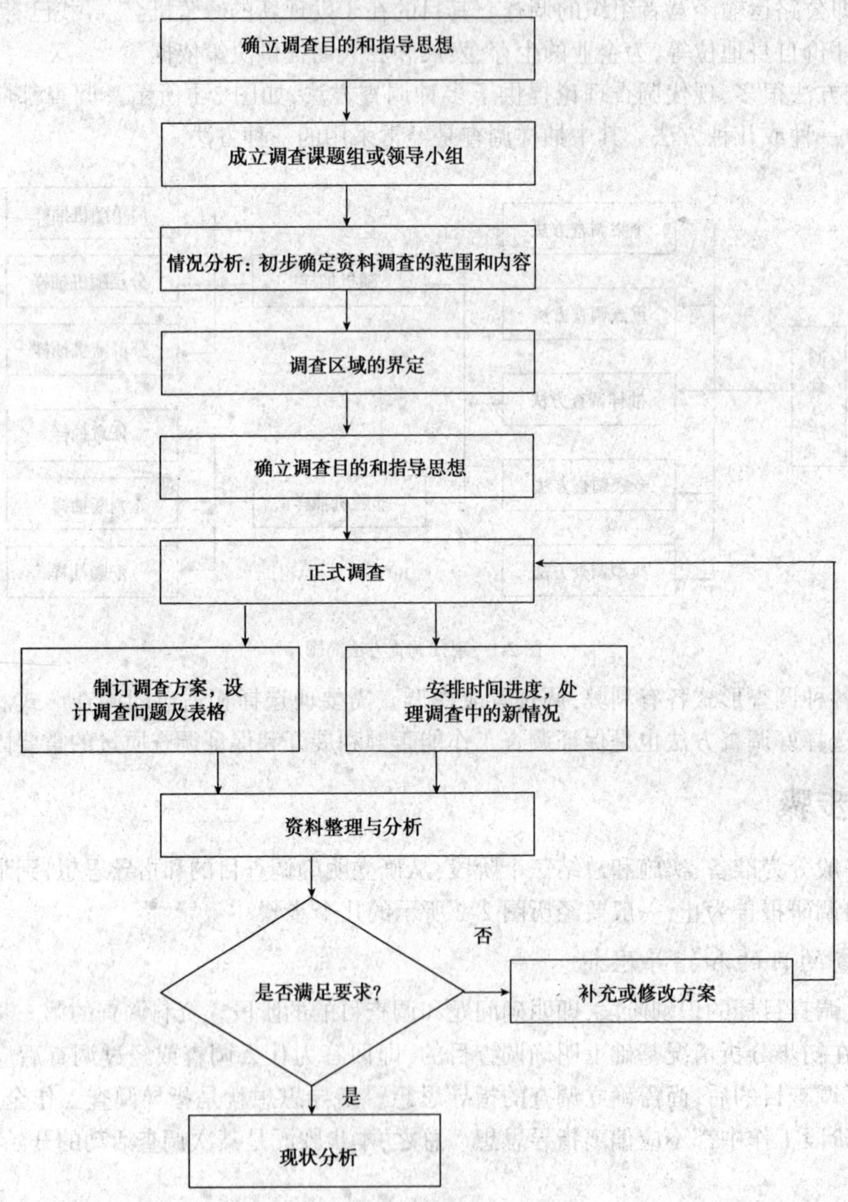

图 2-2 资料调查步骤

4.调查区域的界定

数据调查首先必须界定调查区域。对于综合性的、区域性的调查,调查区域应该包括整个行政管辖范围,如全省或全地区。对于城市枢纽规划而言,调查区域除包括城市建成区以外,还应该包括城市外围预期开发的部分。调查区域的外部界限称为边界线。确定边界线时,应考虑调查的目的和调查所受到的约束,既要包容需要调查的整个地域,又要尽量减少资料收集的工作量。

调查区域的外部边界确定之后,有时还需要把调查区域划分成若干小区。小区的个数和大小没有严格的规定。小区的大小与调查目的,所要求的数据项目,调查区域的面积,人口密度以及所采用的模型方法有关。一般来说,调查小区应具有均匀一致的社会经济特征,并且在可能的条件下利用自然的、行政的历史边界。例如:在全省范围内,为规划区域性公路运输枢纽所进行的调查,可以选择地市作为调查小区;在城市调查中,高人口密度的市中心区,调查小区面积较小;城市外围人口密度低的地带,调查小区面积较大。值得考虑的一种方法是采纳人口普查的区划作为调查小区划分的依据。这样,调查小区有关人口、社会经济信息就可以利用已有的数据。

从运输枢纽为社会经济发展服务的角度考虑,调查小区以经济区域为边界似乎更合理。然而在实际调查过程中,这样划分小区不易取得数据。

5.正式调查

这阶段是资料调查全过程的核心阶段,也是最重要最复杂的阶段。在这一阶段,要收集到所需要的资料、数据。因此,要设计好正式的调查表格,确定好调查内容和调查方法,对调查人员应进行必要的培训。同时,要做好调查费用的估算和安排好时间进度计划等,以保证如期完成调查任务。

6.资料整理与分析

对调查取得的资料和数据,一般说来都要经过整理加工分析后,才能变成有用的数据,即成为有用的信息资源。整理加工的程序有以下几个步骤:

(1)资料分类

根据调查目的和要求,将资料分门别类,例如城市总体布局规划和统计年鉴分类等。

(2)资料编校

编校工作就是对已经筛选的数据进行核实和校订,以消除数据中的谬误和含糊不清的地方。例如,消除调查资料中的人为差错,核实数据中数据不一致的地方。通过编校使数据清楚易读,编入分类表便于查找;其次使数据保持完整,尽可能保持记录原貌并确保数据的准确性。

(3)列表处理

将经过处理分类的数据作适当的统计处理后,进行列表,以便分析。

(4)调查资料的完整性

对整理出来的调查资料,可对照前述的调查范围和内容,逐项检查。若发现资料有缺陷或不符合要求,应重新组织有关人员进行二次调查,直到对调查资料满意为止。

(5)分析研究

对经过加工的资料,根据本次调查的目的和任务要求,进行分析、研究和资料加工处理,获取更深层次的信息。

第二节　社会经济调查和土地利用调查

一、社会经济调查的基本概念和内容

社会经济调查是通过对事实的考察、现状的了解、材料的搜集来认识社会经济问题,以及探讨社会经济现象之间的相互联系。为运输枢纽规划规划而进行的社会经济调查是指采用一定的方法,为取得社会经济运行某一方面或者某一现象、问题的信息而进行的数据收集整理,并对资料进行统计分析的一种量化的社会研究方法(表2-1)。主要包括以下内容。

(1)人口:农业人口、非农业人口、城镇人口、外出务工人口等。

(2)国民经济:国民生产总值、工农业总产值、外贸进出口总额、居民消费水平、城镇居民家庭人均可支配收入、农民家庭人均纯收入、社会商品零售总额、主要投资方向等。

(3)产业:农林、矿产资源开发、产业分布、产品结构和城镇体系结构、城市功能定位、产业发展现状、对外贸易发展情况、加工业、商贸流通业、仓储业、物流业等的发展情况。

(4)政策及规划:区域内各城市的经济社会发展宏观政策、中长期规划、国土开发规划、城市发展规划、城市总体规划、资源开发规划、物流发展规划以及其他有关行业发展规划等。

主要经济社会指标历史发展　　表 2-1

年份	人口(万人)			国内生产总值(万元)		产业结构(%)			工农业总生产值(万元)		农民人均收入(元)	农民人均可支配收入(元)
	合计	其中:农业人口	外出务工人口	合计(万元)	增长率(%)	第一产业	第二产业	第三产业	合计	其中:农业总生产值		
1												
2												
…												
10												

二、土地利用调查

土地资源紧缺是全国各地最突出的问题,也是未来经济发展的最大障碍。为了合理使用土地资源,必须在枢纽的布局和规划之前进行土地利用规划调查,从而形成真正有效的交通运输枢纽。土地利用调查,一般只在城市的交通规划中进行,在区域交通规划中不做这项工作。土地利用调查的内容,包括整个城市各交通小区用地现状和规划的土地开发计划。具体应包括:特殊用地的用地量,主要包括交通用地和绿地等;基础产业用地,主要包括工业、政府机构和大学用地等;非基础产业用地,包括商业和医院用地等;住宅用地量及开发密度等。

土地利用调查,一般可以从有关政府部门如规划部门、土地管理部门获得,一般都有统计好的数据和统计分析图表,拿来后根据需要适当加工。统计分类的依据是我国《城市用地分类与规划建设用地标准》(GB50137—2011)。

第三节　城市交通运输发展状况调查

一、客运枢纽规划调查

客运交通枢纽规划调查,主要包括交通运输网络调查、运输场站调查、交通基础设施网络调查等。

1.交通运输网络调查

交通运输网络调查,包括:调查区域内各城市的公路网现状,例如现有公路里程、等级结构现状及相关规划;调查区域内各城市铁路、公路、水运、航空、管道运输业发展现状及相关运量、周转量等;调查区域内铁路、公路、水路、民航等运输方式历年客运量,港口、铁路客运站、航空港历年旅客发送量,实载率、客运量等;调查公路旅客流量、流向、时间、距离等的分布。见表 2-2。

旅客运输结构和运输量完成情况统计表　　表 2-2

年份	公路		铁路		水路		航空		比例结构(%)
	客运量	周转量	客运量	周转量	客运量	周转量	客运量	周转量	公路：铁路：水路：航空
1									
2									
…									

2.运输场站调查

运输场站枢纽调查的主要内容包括:位于交通网络上的重要节点城市的交通区位条件和节点容量;现有运输场站发展总体情况;运输营运车辆现状,包括数量、车型结构特点;现有公路客运站的地理位置和建设规模等;水运、铁路、航空等客运港站的位置、规模、功能和适应性等;城市公交枢纽的分布、规模、功能和适应情况等;国外有关客运枢纽规划、建设方面的资料。见表 2-3。

规划区域内现有站基本情况调查表　　表 2-3

客(货)运站名称	地理位置	交通环境	周边环境	建设规模	设计生产能力	经营状况优/良/中/差	成本构成

3.交通基础设施网络调查

交通基础设施网络调查主要包括:规划区域内干线公路发展现状与相关规划;城市对外主要运输通道规划(包括公路、铁路等);城市综合交通规划、城市公共交通规划、城市道路交通规划(包括城市主要干道、地铁、轻轨)及城市大型交通枢纽现状及规划;周边区域交通道路网密集程度、交通等时圈、区位条件、城市空间发展结构图和道路系统规划图等。

二、货运枢纽规划调查

1.交通运输网络调查

交通运输网络调查,主要包括:规划区域内铁路、公路、水路、民航等运输方式历年货运量及货物种类构成(包括数量、流向特点和货物种类等);港口、铁路枢纽、航空港历年货物吞吐量和国际集装箱吞吐量等;集装箱、多式联运、零担、快件以及危险品等运输的发展现状;公路货物运输的流量、流向、时间、类别和分布的调查;公路货运企业的现状;公路货运发展现状及公路货运业相关规划和综合交通运输规划等。

2.运输场站调查

运输场站状况调查,主要内容包括:水运、铁路、机场等货运港站的分布、规模、类别以及货物吞吐量和适应状况等;现有各类货运站的类别、地理位置、规模、运营状况、货物发送和货车实载率等;国外货运枢纽规划和建设资料等;运输企业、货运代理商、物流企业、生产加工企业等典型企业对货运枢纽站的需求意愿等(如服务功能、建设内容、场站位置、建设模式和信息服务等)。

3.交通基础设施调查

交通基础设施调查,主要包括:规划区域内各种运输方式的基础设施建设及发展状况;规划区域对外主要货运网络规划(如公路、水运和航空等);相关的城市货运交通规划、城市货运通道规划、城市物流业规划等。

第四节　客、货流起讫点调查

一、调查内容

1.客流起讫点调查的内容

客流起讫点调查,主要内容有:起讫点分布、出行目的、出行方式、出行时间、出行距离、出行次数等。由此可以确定公交网上的乘客分布规律,为公交线网优化提供数据,也可以确定各线路的乘客平均乘距及乘客平均乘行时间,建立居民出行量与车流量之间的换算关系。通过个人调查获得的数据是进行城市综合交通体系规划与评价的基础数据。

2.货流起讫点调查的内容

货流起讫点调查主要内容有:各单位的货运人、运出量,调查各个交通区之间及各交通区域的货物往来量,各单位历年的一些基础数据等。由此可以为分析、预测货物发生、分布提供必要的基础数据。

二、调查影响区域的界定

对于一个已经确立的起讫点调查项目,应对调查的区域选择、调查小区的分布划分、抽样大小的拟定、调查表格进行周密仔细的考虑。这4个方面就构成了调查方案设计的内容。

1.确定调查区域范围

调查区域,应包括其整个行政管辖范围,如全省或全地区。对于运输枢纽规划而言,调查区域除包括全部建成区以外,还应包括城市外围预期开发的部分。调查区域的外部界限称为边界线。划定调查区域范围实际上就是确定境界线。区域的大小与交通规划的目标是密切相关的。同时又要考虑调查所受到的约束、既要包括需要调查的整个地域,又要尽量减少数据收集的工作量。一定时期开展调查的区域应该适应城市规划在一定发展阶段的规模。

2.确定交通分区

调查区域的外部边界确定之后,还需要把区域划分为交通小区。交通分区是结合调查和规划后续阶段的研究考虑的。交通小区的大小,与调查目的、所要求的数据项目、调查区域的面积、人口密度以及所采用的模型方法有关。

分区太细、太多,会使分析难度加大;分区太粗、太少则会影响抽样精度,且产生不切实际的出发端点和出行线路。一般都是采用分级处理的方法。第一级为片区,包括市中心商业区和其他几个楔形状小区。自然屏障、河流、铁路、高速干道,是片区之间理想的分界线。第二级是大区,是每个片区的主要组成部分,划分的原则是土地利用特征相似或行政区划相同。第三级是交通小区,以道路分界或住宅群分界(如街道办事处、社区和居委会)。小区是开展出行调查、搜集数据的基本单位。在小区的基础上可以根据需要进一步划出子小区和更小的街坊。

3.交通小区划分注意事项

(1)尽可能以用地性质作为划分小区单元的依据。小区大小依据调查区域面积、调查目的和数据项目决定。一般市中心区和交通密集地小区面积小;郊区或交通稀疏地小区面积大。国外认为小区范围应以驾驶时间在3~5min为界。据美国1983年229个城市统计,小区面积平均在1.38~7.38km^2,区内人口平均为0.87~7.34万人。根据我国天津、上海、广州等城市调查,一般市内交通小区面积为1~3km^2,人口为2~4万人,近郊区小区面积5~15km^2,人口3~5万人不等。

(2)应使小区划分与道路网协调一致,尽可能是交通小区出行形心位于路网节点上,愈近愈好。

(3)为便于交通小区内人口数字统计和调查组织,最好使小区与行政管辖范围(如街道、居委会、社区等)相一致。

三、样本的选取

全样本调查,即对每个个体都进行调查,适用于调查范围不大、涉及调查对象不多的情况。

在许多情况下,起讫点调查所涉及的调查对象都是大数目的,由于人力物力的限制,就不可能进行全样本调查,这时只抽取其中一小部分进行调查,这就称为"抽样调查"。原来调查范围内调查对象的全体称为"总体",总体中个体数目称为"总体容量";总体中被抽取的那部分称为"样本",样本中个体的数目称为"样本容量",样本容量与总体容量之比称为"样本率",一般取2%~20%。总体越大,样本率取值越小。美国、日本的居民出行调查中,10万人口的大城市样本率取15%左右,100万人口城市则取4%~5%;我国几大城市的调查的样本率大都取3%。在进行居民出行调查时,根据国内外的经验,可参照表2-4确定样本率。

样　本　率　　　　表2-4

城市人口(万人)	<10	10~30	30~50	50~100	100~300	>300
样本率(%)	15	10	6	5	4	2~3

在抽样之前,除了要确定样本率外,还要选定抽样方法。抽样方法常见有以下4种:

(1)简单随机抽样。这是数理统计中的抽样方法,此方法是从一大批人名或户口名中,在不知体任何特性的前提下,任意抽取样本。这是最简单的抽取方法,误差分析也比较容易,但要求较大的样本容量,且不适合个体差异很大的情况。

(2)顺序抽样。将总体中各元素按某种规则(如年龄的大小或收入的多寡)排成一列,以相同的间隔取样,这也称为"等距抽样"。其优点是使总体的各部分能均匀地被抽到,因而适合个体差异大的情况。缺点是抽样前先要进行排序,这对于大容量的总体来说,即使有计算机帮忙,工作量也是比较大的。

(3)分层随机抽样。按某种规则,将总体分成多个子群(如以收入分群),再从每个子群中随机抽样。此法的优点是通过划分子群,使子群中各个个体的差异缩小,这就不怕出现个体差异较大的情况了,弥补了简单随机抽样的缺陷。

(4)整群抽样。将总体根据时间或地域分成许多个组,从这些组中用上述三种抽样方法中的一种方法抽取一些组(称为样本组),再对样本组内所有的个体进行调查。此法的优点是组织简单,缺点是代表性差。

四、调查方法

1.路边询问调查

路边询问调查,是在主要道路或城市出入口设置调查站,让车辆停下,询问该车的出行起讫点以及其他出行信息。调查地点的选择要注意,如果调查只涉及一条孤立路线上的数据,去一个中间位置进行驾驶员路边询问就可以了;如果要取得一个城市全部出入交通资料,应在该城市放射出去的所有路线上选择调查点。在调查人员有限的情况下,可以每天调查一个站点,调查周期延至一周以上。路面询问调查,一般要让驾驶员停车,一要交警协助;二要注意问答简练准确,不致引起对方反感。应避免交通堵塞和注意交通安全。

2.公交站点调查

为了了解公交客流分布,派人去公交车上或者公交车站对乘客进行询问调查,了解乘客起讫点与中转情况。主要内容有:乘车路线、上车站点、下车站点;是否中转;目的地。

3.境界线出入调查

在调查区域的境界上设置调查站,对所有穿越该路线的车辆进行统计,在干线路边做询问调查,此法可作为家访调查的补充。小城市的起讫点调查通常不进行家访调查,而采用此方法。

4.货物流通调查

货物流通调查是指在货源点和吸引点调查货源种类、数量、调查的货流流向与流量、采用的运输工具等。

五、调查资料的整理分析

1.人工初步处理

OD 调查的数据一般是大量的,资料整理与分析的工作量十分繁重,必须借助计算机。为了有利于计算机的处理,首先要人工对回收来的大量调查表进行几项初步整理工作:

(1)验收。看各张表是否有效,将有明显错误的表格剔除,对有疑问的表格进行核对补查。

(2)编码。为了尽量少占计算机的存储空间,要将表格中的文字信息变成数字。如交通分区、出行方式、车型等相应地变成分区码、方式码、车型码等。

(3)放大。由于一般采用抽样调查,这些资料并不是来自总体的全部,为了使它们有资格代表总体,还必须将各类小计后的数据按分区为单位进行放大。放大系数 F 计算如下:

$$F = \frac{Z}{(S - d - n)}$$

式中:Z——分区内总体容量;

S——样本容量;

d——回收样本中无效的样本数;

n——未回收到的样本数。

2.设计计算工作

首先要选定计算机语言。由于所面临的计算工作主要是数据的统计和处理,没有太复杂的计算,一般选用具有数据库管理功能的语言比较好,如 Foxpro。选定好计算机语言后,就要设计数据库的结构,确定一共要多少个数据库,定义各个数据库的结构,明确各数据库之间应该建立什么样的联系。还要初步构思数据库管理程序系统,设计程序系统的模块结构。

3.进行数据处理

首先,是往计算机中输入经整理后的调查表数据,这将是一个费时而又需要耐心的工作,一般要组织大量的人员,他们必须具有初步的计算工作能力;接着就是编制数据库的管理程序,进行调试;最后就可以在计算机上进行实质性的数据处理和计算了。

4.分析结果

对以上交通枢纽的客流和货流起讫点调查内容,要提出相应的计算分析结果,分析出以下结果:

(1)OD 表

OD 表可以清晰地表达出以交通分区为单位的各类出行分布情况。

(2)期望线图、交通等值线图

为了直观在城市地图或者规划图上表达各区之间的出行分布,按照期望线的定义,可以用宽度与出行量成一定比例的粗直线将小区之间的形心联系起来,绘成期望线图。这种图对分析客流流向和城市干道、公共交通路网布局的适应性十分有用。在期望线图基础上,将地区形心之间的直线改成方向与之大致相同而粗细不同的折线,粗细程度就表示分布在该路段上交通量的大小,即形成了等值线图。

(3)交通产生与吸引统计图

按照不同交通区所产生或吸引的出行量,用统计数据绘成分布密度图。它清楚地表明了各区交通量的生成。

(4)出行特征分析表

出行特征分析表,主要包括:起讫点调查主要资料;市区、郊区的出行分布表;出行目的和出行交通方式选择比例;不同出行交通方式的出行时间分布;居民出行调查的出行特征分析,还有与出行性别、年龄、职业、土地利用的关系;不同时间、不同出行目的、出行方式情况表等。

思　考　题

一、填空题

1.根据调查内容的全面程度不同,资料调查分为(　　　　)和(　　　　)。

2.按照调查的对象范围不同,资料调查分为(　　　　)和(　　　　)。

3.按照调查数据采集的途径,资料调查分为(　　　　)和(　　　　)。

4.按调查活动组织者不同,资料调查分为(　　　　)和(　　　　)。

5.常见的4种抽样方法(　　　　)、(　　　　)、(　　　　)和(　　　　)。

二、选择题

1.客流起讫点调查的内容主要有(　　)。

A.起讫点分布　B.出行目的　C.出行方式　D.出行时间

E.出行距离　F.出行次数

2.交通枢纽调查资料的整理分析包括(　　)。

A.人工初步处理　B.设计计算工作　C.进行数据处理　D.分析结果

3.交通枢纽的客流和货流起讫点调查内容要提出相应的计算分析结果,分析出以下结果(　　)。

A.OD 表　B.期望线图、交通等值线图

C. 交通产生与吸引统计图　D.出行特征分析表

三、判断题

1.交通小区划分,尽可能以用地性质作为划分小区单元的依据;小区大小依据调查区域面积、调查目的和数据项目决定;一般市中心区和交通密集地小区面积小,郊区或交通稀疏地小区面积大。 (　　)

2.起讫点调查,一般采用全样本调查。 (　　)

四、简答题

1.怎样确定调查区域范围?

2.交通小区划分应注意哪些问题?

3.客货流起讫点调查可以得到哪些结果?

4.简述资料调查的步骤。

第三章　公路运输需求预测

预测是对尚未发生或目前还不明确的事物进行预先的估计和推测，是在现时对事物将要发生的结果进行探讨和研究。预测（或预测工作）实际上是这样一个过程：从过去和现在已知的状况出发，利用一定的方法或技术去探索或模拟不可知的、未出现的或复杂的中间过程，推断出未来的结果。

对交通运输系统进行预测是交通运输系统投资、规划、评价、优化和管理决策的需要。从宏观的角度来看，要对交通运输系统的投资作出合理的规划，包括确定其在整个国民经济发展中的比重，各种运输方式之间的投资比例及其投资方向，就必须对全局范围内的交通运输需求状况和总趋势作出科学的预测；从微观角度来看，一个具体的交通运输项目是否值得投资，什么时候投资，投资规模如何，也必须根据未来的运量来确定，否则是很难作出科学合理的决策的。交通运输系统预测包含社会经济预测和交通运输需求预测，交通运输需求预测是交通运输系统预测的目的，社会经济预测则是交通运输需求预测的基础。

第一节　社会经济发展预测

社会经济预测是在国家与地方政府制订的宏观或微观经济政策指导下，以经济发展的历史与现状为出发点，以调查研究和统计资料为依据，以科学的定性分析判断和严谨的定量计算为手段，对预测对象有关的经济活动的发展演变规律进行揭示。从而对预测对象的未来发展演变程度预先作出科学的推测。

社会经济系统是多种成分组成的一个统一体，各地区、各部门的社会经济存在着内在的相互联系、相互衔接、相互配合及综合平衡，构成了一个整体。交通运输系统是社会经济这一复杂大系统的一个子系统，与其他的子系统有着不可分割的联系，交通运输需求来自社会经济的各个领域，而经济、科技的发展水平又决定了交通运输技术装备水平。其中，与交通运输关系比较密切的主要经济指标有：国内生产总值及其构成（第一、第二、第三产业）、国民收入、社会商品零售总额、工农业总产值及人均指标；与交通运输关系比较密切的主要社会指标有：人口发展水平（人口总量、构成及其流动性）和土地利用状况等。

一、社会经济预测的主要内容

交通运输系统是促进城乡经济发展和社会进步的重要基础，它的发展必须与地区的社会经济发展相适应。在交通运输系统的规划与管理中，需要采用的主要经济指标有：

（1）人口（包括总人口、农业及非农业人口、社会劳动力人数及构成等）；

（2）土地面积；

（3）社会总产值、工农业总产值、国民收入、国内生产总值、社会商品零售总额等；

（4）人均国民收入、人均国内生产总值、职工人均收入、农民人均纯收入等；

（5）财政支出与收入；

（6）固定资产投资额；

（7）工农业主要产品数量；

（8）矿产资源储量等。

二、社会经济预测的构成要素及程序

1.社会经济预测的要素构成

尽管由于预测对象具有不同的性质而归于不同的预测领域，不同预测领域所具备的特殊性决定了它

们在预测过程中采用具体的方法和手段不同,但就预测的基本要素而言,其构成是一致的。

首先,预测离不开作出预测的主体即预测者,同时,预测是对预测对象(即现时系统)作出的预测,故必然存在着预测对象。其次,预测是基于对预测对象的认识和了解之上的,即掌握了有关预测对象的知识和信息。正是这种大量的知识与信息,构建了预测者与预测对象之间的联系。由预测者与预测对象构成的预测系统必然存在于一定的环境中,并与周围环境因素发生各种联系。即与周围环境之间存在着信息联系,既有信息输入,也有信息输出。所以,信息(包括内信息和外信息)是预测的基本要素之一,也是预测者与预测对象之所以能够构成实际预测系统的必要条件。离开了内信息,预测者无法建立与预测对象的联系,预测系统就会瓦解,也就不可能有科学的预测。内信息是预测系统运动、发展、变化的根据,而外信息则是构成预测系统运动、发展、变化的条件。由于构成预测系统的基本要素——预测者具有主观能动性,因而,这种主观能动性对于预测系统不但具有预测能力,而且通过决策的实施手段,还具有对系统实施操纵和控制,从而主动地去争取预测实现的能力。可见,在预测系统中,预测者是最积极、最主动的因素。预测者的积极性与主动性还表现在他(她)在整个预测过程中能够把握进行科学预测的理论、方法与手段,同时把握预测对象运动、发展、变化的客观规律。最后,预测必然得出一定的预测结果,这是预测工作的目的,离开了这一目的,预测系统是不必要存在的。

综上所述,预测由以下 5 个基本要素组成:预测者,预测对象,信息,预测理论、方法和手段,预测结果。

2.社会经济预测的基本程序

社会经济预测可以采用不同的理论、手法、技术和手段,预测不同的经济内容,但基本的程序和步骤是基本相同的。总结以往预测经验,一般有以下步骤:

(1)明确预测对象,确定预测目标。社会经济预测的预测对象是社会经济中的各种现象,预测的目标和任务则是由公路运输项目规划研究的要求决定的。预测对象、预测目标与任务的确定是任何预测的开始。

(2)分析对象结构特征,选择因素变量。在确定了预测对象之后,应深入地剖析预测对象的内部结构特征,了解其发展变化的历史和现状,明确其发展变化的基本影响因素,从而选择描述各因素的预测变量。

(3)搜集、整理反映对象特征的内、外信息。信息是预测过程中实现主观与客观统一的基本要素。反映预测对象的信息有两类:一类是反映预测对象的内部构成,现状特征的内信息,它是系统运动、发展、变化的根据;另一类是反映预测对象与其外部环境之间相互联系的外信息,是系统运动、发展、变化的条件。预测的准确性很大程度上取决于系统内、外信息的完整性和准确性。因此,一个良好的信息系统(对信息的搜集、整理、加工、处理、存储、传输……的系统),以及由此系统提供的完整准确的内、外信息是进行科学预测的重要前提之一。

(4)选定预测方法,建立预测模型。社会经济预测的方法多种多样,但没有哪一种是万能的。因此,必须根据预测对象的本质特征,搜集的信息资料特点,以及预测者的偏好等因素,选取相应的预测方法。有时为了提高预测的精度,需要同时试用几种不同的方法,以互相验证预测结果,最后从中选取最佳者。

(5)数学模型的检验和验证。数学模型的检验和验证主要确认模型是否反映了预测对象的客观实际,参数、变量的选取是否合理,模型的运行是否可靠。

(6)预测期自变量数值的确定与得出预测结果。根据项目可行性研究的目标要求,确定预测期,同时确定预测期自变量的取值范围。最后,将自变量值代入模型,得出社会经济预测的结果。在复杂系统的预测中,需要借助计算机给出预测结果。

(7)分析验证预测结果的准确性。应用各种相应的方法综合分析评价预测结果的准确性,检验、验证预测结果的应用可靠性。

(8)将预测结果应用于运输项目的规划研究,即输入投资决策。

三、社会经济预测方法及常用模型

1.经济预测方法的分类

(1)按经济预测方法的性质不同分类

①定性经济预测。定性经济预测,是指预测者通过调查研究,了解实际情况,凭自己的实践经验和理论、业务水平,对经济现象发展前景的性质、方向和程度作出判断并进行预测的方法,也称为判断预测或调研预测。其方法主要包括:a.判断预测法;b.专家评估法;c.市场调查法;d.类推法等。其预测的准确程度,主要取决于预测者的经验、理论、业务水平及掌握的情况和分析判断能力。

②定量经济预测。定量经济预测,是根据准确、及时、系统、全面的调查统计资料和经济信息,运用统计方法和因果关系所建立的数学模型,对经济现象未来的发展规模、水平、速度和比例关系的推测。其方法主要有时间序列分析法和回归分析法等。

(2)按预测的时间长短分类

①长期经济预测,预测年限一般为15年以上;

②中期经济预测,预测年限一般为5~15年;

③短期经济预测,预测年限一般为5年以下。

(3)按预测的时态不同分类

①静态经济预测。是指不包含时间变动因素,对同一时期经济因果关系预测。

②动态经济预测。是指包含时间变动因素,根据经济现象发展的历史和现状,对未来发展前景的预测。

2.几种常用的经济预测方法

(1)时间序列分析预测方法

时间序列方法的基本依据是:经济发展过程中,经济变量遵循的发展规律常常表现出延续性。因此可以采用时间数列趋势外推的方法对运量进行预测。

运用时间序列方法进行预测的关键是预测期内的预测变量变化趋势的识别与拟合。常用的方法有移动平均法、指数平滑法等。

①简单移动平均法。移动平均法以假定预测值同预测期相邻的若干观察期数据有密切关系为基础。将观察期的数据由远及近按一定的跨越期进行平均,随着观察期的推移,按既定跨越期的观察期数据也向前移动,逐一求得移动平均值,并以最接近预测期的移动平均值作为确定预测值的依据。计算公式如下:

$$M_t^{[1]} = \frac{x_t + x_{t-1} + x_{t-2} + \cdots + x_{t-n+1}}{n} \quad (t \geqslant n) \tag{3-1}$$

式中:$M_t^{[1]}$——第t期的一次移动平均值;

x_t——t期的实际发生值;

n——移动跨越期,即每次移动平均所包含的实际发生值的个数。

②指数平滑法。指数平滑法是在移动平均法基础上发展起来的一种预测方法,它与移动平均法不同的是,引入了认为确定的、体现不同时期因素权重的系数α。其常用的方法有一次指数平滑法、二次指数平滑法两种。

一次指数平滑法是对原始时间序列数据进行平滑的一种方法。其计算公式如下:

$$S_t^{[1]} = \alpha x_t + (1-\alpha) S_{t-1}^{[1]} \tag{3-2}$$

式中:$S_t^{[1]}$——第t期的一次指数平滑值;

$S_{t-1}^{[1]}$——第t-1期的一次指数平滑值;

x_t——第t期的实际发生值;

α——指数平滑系数($1 \geqslant \alpha \geqslant 0$)。

二次指数平滑法是在一次指数平滑的基础上再进行一次指数平滑。

(2)回归分析预测法

回归分析法是指运用统计方法,寻找隐藏在大量数据后面的统计规律性,是一种从事物因果关系出发进行预测的方法。

回归分析中,当研究的因果关系只涉及因变量和一个自变量时,称作一元回归分析;当涉及因变量和两个或两个以上自变量时,称作多元回归分析。

以一元线性回归分析为例,其标准形式为:

$$Y = A + BX \tag{3-3}$$

式中:X——自变量(相关变量);

Y——因变量;

A、B——回归系数,分别由下式确定:

$$B = \frac{\frac{1}{n}\sum_{i=1}^{n} X_i Y_i - \overline{X}\,\overline{Y}}{\frac{1}{n}\sum_{i=1}^{n} X_i^2 - (\overline{X})^2} \tag{3-4}$$

$$A = \overline{Y} - B\overline{X} \tag{3-5}$$

式中:X_i、Y_i——自变量和因变量的原始观察值;

$\overline{X}$、$\overline{Y}$——自变量和因变量原始观察值的算术平均值;

n——原始观察值的组数。

上述模型建立后,必须通过相关系数对模型进行检验,证实自变量和因变量间是线性关系之后,才可以用于实际预测。

[**例 3-1**] 表 3-1 为某省 2005~2013 年 9 年间的 GDP 情况,请选择合适的预测方法对其 2014 年的 GDP 总量进行预测。

某省 2005~2013 年的 GDP 量 表 3-1

年份(年)	2005	2006	2007	2008	2009	2010	2011	2012	2013
GDP(亿元)	346700	390700	467600	579300	653000	792500	864200	908500	1065600

解:首先,对数据进行简单的处理,观察其走向趋势如图 3-1 所示。

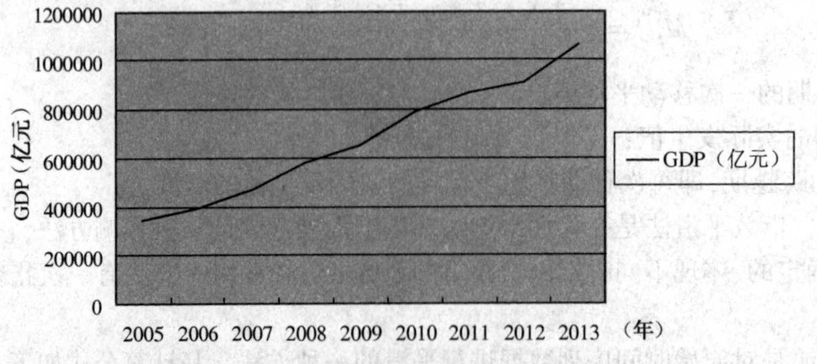

图 3-1 GDP 逐年变化图

观察上面的数据,我们不难发现随着时间的推移,GDP 在逐渐增加,在这种情况下如用简单的移动平均法,预测结果将会出现滞后的现象,从而导致预测结果偏小。而同时我们可以发现二者的关系接近线性相关,此时,我们就可以运用一元线性回归来进行预测。

根据式(3-3),令 $Y=A+BX$,其中 X 表示时间,Y 表示 GDP 量,则有:

$$B=\frac{\frac{1}{n}\sum_{i=1}^{n}X_iY_i-\overline{X}\,\overline{Y}}{\frac{1}{n}\sum_{i=1}^{n}X_i^2-(\overline{X})^2}=\frac{\frac{1}{9}\times 12196248300-2009\times 674233}{\frac{1}{9}\times 36324789-4036081}=\frac{604603}{6.6667}=90691(\text{亿元})$$

$A=\overline{Y}-B\overline{X}=6.74233\times 10^5-90691\times 2009=-181523986$

$Y=-181523986+90691X$

当 $X=2014$ 时,得 $Y=1127688$,即 2014 年该市的 GDP 预测值为 1127688 亿元。

第二节　运输需求预测

交通运输需求量预测是交通运输系统规划的重要组成部分。现代交通规划理论中的交通需求预测习惯上分为 4 个阶段进行,即交通产生预测、交通分布预测、交通方式分担预测、交通分配预测。这 4 个阶段预测模式在城市交通规划领域已被广泛应用,理论和技术上已趋于成熟。而在区域交通运输规划领域,由于涉及的地域范围广大、单位众多、管理层次复杂等,难于完全按传统的 4 阶段模式进行预测,而要根据区域的大小、特征、背景,确定需要预测的内容,选择合适的预测方法,进行区域交通运输需求量预测。本节就区域交通运输需求量预测普遍面临的问题展开论述,根据国民经济发展状况,讨论综合运输需求量预测,即对规划区域及各交通分区的五大运输方式交通总量的发生进行预测。

一、运输需求预测的理论框架及基本原则

1.理论框架

区域社会经济活动的存在、社会经济的发展、对区域间经济联系需求的增强,是区域运输需求产生、增强的直接动因。从经济角度讲,区域内部各子区域间、区域与外部区域之间存在着互补互利、依附从属、互相制约等多种复杂的关系,这些复杂的经济联系必须依托一定的物质基础(包括运输设施等)才能维持。从社会角度来讲,区域间的行政从属关系、互存关系、公民亲情关系以及生存、娱乐、旅游、社交等多种需要亦产生大量的交通需求。因此,交通运输需求预测是直接建立在区域社会经济与土地利用分析预测基础上的,其预测的理论框架如图 3-2 所示。

从这些预测内容的相互联系看,可以分为总运量预测和客货流预测两个大部分。总运量预测是比较抽象意义上的预测,它只负责从总量上把握全国或部门或地区的客货运输量,包括发到量、周转量以及平均运距。这些预测有些是分货物品名或旅客类别的,有些则是笼统的,其特点是仅考虑总量,基本上不涉及具体发到地和具体线路上的客货流。客货流预测则负责把已预测出的客货运总量,在分析地区间交流的基础上,具体分配到运输方式和运输线路上,客货流预测更接近实际的客货位移。从图 3-2 中还可以看出,总运量预测与客货流预测之间有交叉的部分。

2.基本原则

区域交通运输需求预测要比城市交通需求预测复杂和困难,因此,在预测过程中要坚持以下几条原则:

(1)系统分析原则

具体体现在以下 4 个方面:①将区域社会经济系统与国家社会经济系统、国际社会经济系统及周边地区社会经济系统联系起来;②要将区域交通运输系统与区域社会经济系统联系起来;③要将区域运输系统中各种运输方式联系起来;④要将各运输方式中的各个要素联系起来。

(2)政策协调原则

对区域未来交通需求的预测必须建立在与国家、区域和地区社会经济政策相协调的基础上,以政策

为导向来进行综合交通运输需求预测。

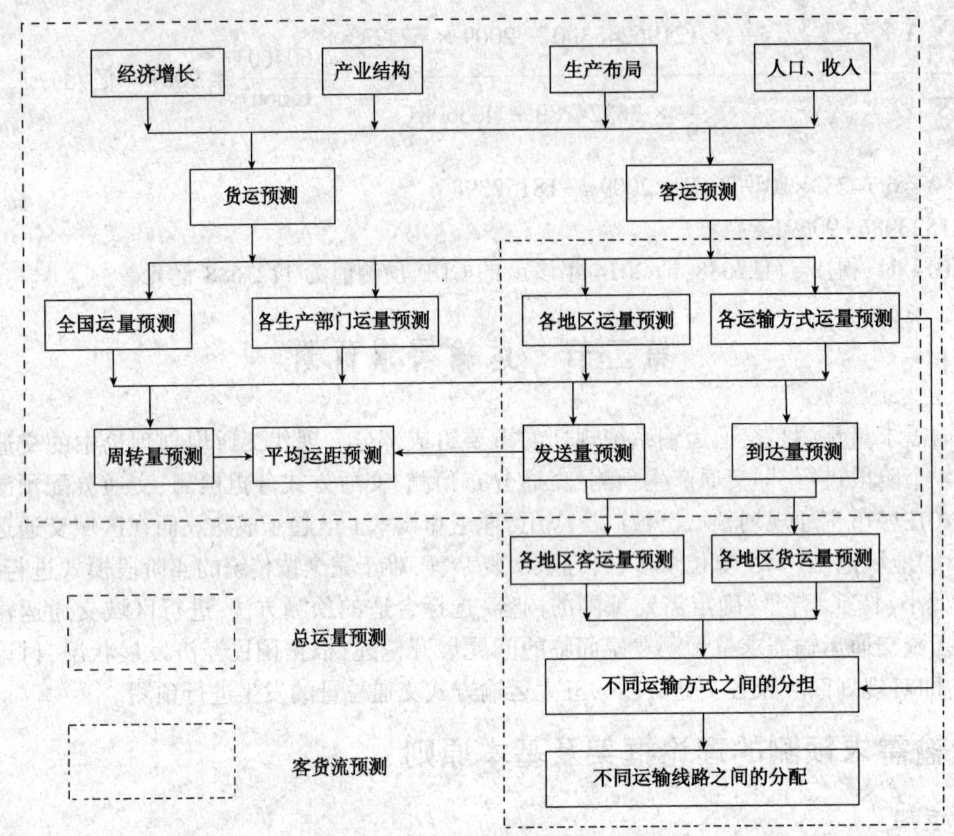

图 3-2 运输需求预测理论框架

(3)定性与定量相结合的原则

预测无法回避社会经济发展中同时带有规律性和偶然性的矛盾,我们既要充分应用科学的定量分析手段寻找交通需求发展的规律,也要充分考虑未来发展中的偶然性(不确定性),充分利用政策、专家经验和领导决策等定性分析手段把握预测的方向。

(4)弹性原则

既然未来社会经济发展带有偶然性,那么预测结果不能是唯一的、不变的、应充分考虑未来交通需求的多种可能性,预测结果应留有必要的弹性范围。

(5)历史与未来发展相结合原则

这是上述四原则的自然延伸,我们只能从区域社会经济与交通运输历史发展、演变中探索出区域交通需求发展的规律性,而对区域未来的交通需求预测则既要考虑区域交通运输的历史现状,又要根据区域未来社会经济发展政策、条件、制约因素的分析,作出合乎逻辑的判断、决策。

二、运输需求预测方法

综合交通运输需求量是指一定时期、一定社会经济结构下进行社会经济活动所产生的交通运输的数量。它是用客货运量、客货运周转量来表示的。在对其进行预测时,通常采用专家调查调查法和模型法。

1.专家调查法

专家调查法是一种定性预测方法。德尔菲法是专家调查法中很重要的一种方法,它是根据经过调查得到的情况,凭借专家的知识和经验,直接或经过简单的推算,对研究对象进行综合分析研究,寻求其特性和发展规律,并进行预测的一种方法。它的最大优点是简便直观,无需建立繁琐的数学模型,而且在缺乏足够统计数据和没有类似历史事件可借鉴的情况下,也能对研究对象的未知或未来的状态作出有效的预测。

(1)德尔菲法的预测程序

预测程序主要包括：准备阶段、轮番征询阶段、数据处理阶段三个阶段。

(2)德尔菲法的特点

匿名性：从事预测的专家彼此互不知道其他有哪些人参加预测，他们是在完全匿名的情况下交流思想的，匿名性保证了专家意见的充分性和可靠性。

反馈性：由于德尔菲法采用匿名形式，专家之间互不接触，仅靠一轮调查，专家意见往往比较分散，不易作出结论，为了使受邀的专家们能够了解每一轮咨询的汇总情况和其他专家的意见，组织者要对每一轮咨询的结果进行整理、分析、综合，并在下一轮咨询中反馈给每个受邀专家，以便专家们根据新的调查表进一步发表意见。

预测结果的统计特性：预测结果不是由个别专家给出的，而是由一批有关的专家给出的，并对诸多专家的回答必须进行统计学处理。所以，应用德尔菲法所得的结果带有统计学的特征，往往以概率的形式出现，它既反映了专家意见的集中程度，又可以反映专家意见的离散程度。

(3)德尔菲法的实施过程

经典的德尔菲法一般包括以下 4 轮的征询调查，且在调查过程中包含着每轮间的反馈：

第一轮，发给专家的第一轮调查表不带任何框框，只提出预测主题。预测领导小组对专家填写后寄回的调查表进行汇总整理，归并同类事件，排除次要事件，用准确术语提出一个事件一览表，并作为第二轮调查表发给每个专家。

第二轮，专家对第二轮调查表所列的每个事件作出评价，并阐明理由。领导小组对专家意见进行统计处理，统计出专家总体意见的概率分布。

第三轮，根据第二轮的统计材料，专家再一次进行判断和预测，并充分陈述理由。有些预测在第三轮时仅要求持异端意见的专家充分陈述理由，因为他们的依据经常是其他专家忽略的一些外部因素或未曾研究过的一些问题。这些依据往往对其他成员重新作出判断产生影响。

第四轮，在第三轮统计结果基础上，专家再次进行预测。根据领导小组要求，有的成员要重新作出论证。

通过 4 轮，专家的意见一般可以相当协调。

2.模型法

模型法是根据历史资料建立数学模型进行预测的方法，模型法预测结果同样也必须通过征求专家意见的方法，进行判断和修正，直到基本满意为止。模型法属于定量预测方法。除了前面已介绍的时间序列预测方法及回归预测方法之外，在综合交通需求量预测中还可以采用以下几种方法。

(1)增长率法

增长率法是根据预测对象(如客货运量、经济指标等)的预计增长速度进行预测的方法。其步骤是：①分析历史年度预测对象增长率的变化规律；②根据对相关因素发展变化的分析，确定预测期增长率；③进行未来值的预测。其一般式为：

$$Q_t = Q_0(1 + \alpha)^t \tag{3-6}$$

式中：Q_t——预测值；

Q_0——基年值；

α——确定的增长率；

t——预测年限。

增长率法的关键在于确定增长率，但增长率随着选择年限的不同而存在较大的差异。所以增长率法一般仅适合于增长率变化不大，且增长趋势稳定的情况。其特点是计算简单，但预测结果粗略，较适于近期预测。在交通预测中，由于人口发展受政策影响较强，所以常常应用增长率进行人口预测。

(2)乘车系数法

乘车系数法又称原单位发生率法,类似于城市交通预测中的类别发生率法。它用区域总人口与平均每人年度乘车次数来预测客运量,乘车系数是区域旅客客运量与人口数之比。其一般式为:

$$Q_t = P_t \beta \tag{3-7}$$

式中:Q_t——预测期客运量值;

P_t——预测总人口;

β——乘车系数。

乘车系数可以根据历年资料和今后变化趋势确定,但是乘车系数本身的变动有时难以预测,各种偶然因素会使其发生较大波动。此外,人口、职业、年龄的变化也使系数很难符合一定规律。图3-3为某省各运输方式客运总量乘车系数散点图。

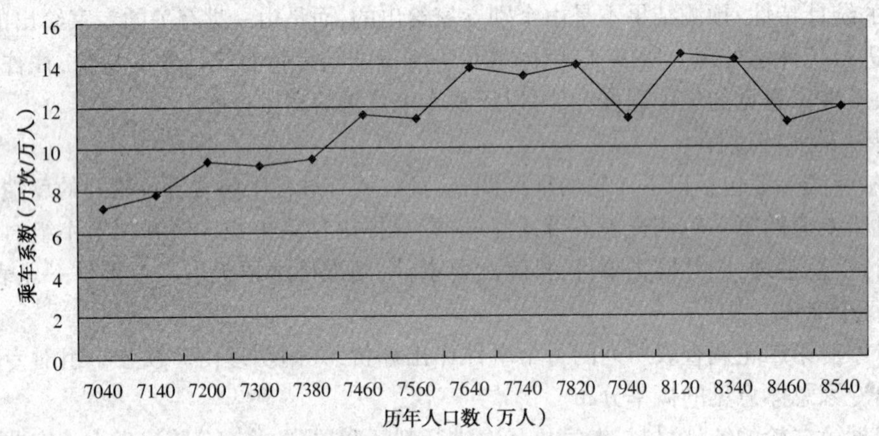

图3-3 某省客运总量乘车系数散点图

(3)产值系数法

产值系数法是根据预测期国民经济指标(如工农业总产值、社会总产值、国民收入等)和确定的每单位产值所引起的货运量或客运量来预测的方法。所采用的公式为:

$$Q_t = M_t \beta \tag{3-8}$$

式中:Q_t——预测期总运量;

M_t——预测期经济指标;

β——产值系数。

产值系数法的关键在于把握产值系数的变动趋势。在货运量预测中,产值系数法又称为运输强度法,国家(或区域)每生产一元产值所需要的运输量称为运输强度。运输强度通常由统计获得。

运输强度=运输量/同期生产总值

运输量预测值=生产总值预测值×运输强度

这里的运输强度即为上述中的产值系数。

(4)灰色预测GM(1,1)模型

灰色模型预测法通过对原始数据的加工整理来寻求规律,适用于信息稀缺下的分析和预测,对于单调序列具有很强的预测能力。灰色理论是我国华中科技大学邓聚龙教授提出的。

根据预测机理的不同,可以有不同的灰色预测模型。灰色理论的微分方程模型称为GM,其中被普遍采用的是GM(1,1)。GM(1,1)中,两个1分别表示一阶方程及一个变量。

下面简单介绍一个GM(1,1)模型。

GM(1,1)模型表示一阶单个变量的微分方程,是最常用的灰色预测模型,其形式为:

$$\frac{dX^{(1)}}{dt} + uX^{(1)} = b \tag{3-9}$$

式中 u 和 b 为待定参数。这个微分方程的解是：

$$\hat{x}^{(1)}(t+1)=(x^{(0)}(1)-b/u)e^{-at}+b/u \tag{3-10}$$

这个模型是用来对时间序列作预测的，但它不是直接对原始数据，而是针对生成数据用的。生成数据是这样来构造：

设原始数列为：

$$X^{(0)}=\{x^{(0)}(1),x^{(0)}(2),x^{(0)}(3),\cdots,x^{(0)}(n)\}$$

由它产生的1次累加生成数列为：

$$X^{(1)}=\{x^{(1)}(1),x^{(1)}(2),x^{(1)}(3),\cdots,x^{(1)}(n)\}$$

其中：

$$x^{(1)}(t)=\sum_{i=1}^{n}x^{(0)}(i)=x^{(1)}(t-1)+x^{(0)}(t)$$

在原始数据序列中，即 $X^{(0)}(t)$ 的变化规律不明显，但一旦变成了 $X^{(1)}(t)$ 后，由于累加作用，抵消了不少随机因素的影响，规律容易显露出来。

然后构造数据矩阵 B 和数据向量 X：

$$\boldsymbol{B}=\begin{pmatrix}-1/2(x^{(1)}(1)+x^{(1)}(2)) & 1\\ -1/2(x^{(1)}(2)+x^{(1)}(3)) & 1\\ \vdots & \vdots\\ -1/2(x^{(1)}(n-1)+x^{(1)}(n)) & 1\end{pmatrix}$$

$$X=(x^{(0)}(2)\ x^{(0)}(3)\ \cdots\ x^{(0)}(n))^{\mathrm{T}}$$

用最小二乘法求出GM(1,1)模型中参数 u 和 b，即

$$\hat{u}=\begin{bmatrix}u\\b\end{bmatrix}=(B^{\mathrm{T}}B)^{-1}B^{\mathrm{T}}X \tag{3-11}$$

应当注意，用式(3-10)得到的是生成序列的预测值。而我们最终需要的是原始序列的预测值，因此，必须将生成序列预测值通过逆累加法生成法(也称累减生成法)还原为原始序列的预测值。逆累加生成序列这样来构造：

将参数向量带入GM(1,1)模型微分方程求解时间响应：

$$\hat{x}^{(1)}(t+1)=[x^{(0)}(1)-b/u]e^{-at}+b/u$$

建立还原模型求出预测值：

$$\hat{x}^{(0)}(t)=\hat{x}^{(1)}(t)-\hat{x}^{(1)}(t-1) \tag{3-12}$$

利用式(3-12)即可对交通产生进行预测。

[**例3-2**] 运用GM(1,1)灰色模型预测某地的公路运输需求量(表3-2)。

某地近6年的公路货运量 表3-2

年份	2008	2009	2010	2011	2012	2013
公路货运量(亿吨)	2.67	3.13	3.25	3.36	3.56	3.72

解：设 $X(0)=(2.67\quad 3.13\quad 3.25\quad 3.36\quad 3.56\quad 3.72)$

第一步：构造累加生成序列。

$X(1)=(2.67\quad 5.80\quad 9.05\quad 12.41\quad 15.97\quad 19.69)$

第二步：构造数据矩阵 B 与数据向量 X。

$$B=\begin{pmatrix}-1/2(x^{(1)}(1)+x^{(1)}(2)) & 1\\ -1/2(x^{(1)}(2)+x^{(1)}(3)) & 1\\ -1/2(x^{(1)}(3)+x^{(1)}(4)) & 1\\ -1/2(x^{(1)}(4)+x^{(1)}(5)) & 1\\ -1/2(x^{(1)}(5)+x^{(1)}(6)) & 1\end{pmatrix}=\begin{pmatrix}-4.235 & 1\\ -7.425 & 1\\ -10.43 & 1\\ -14.19 & 1\\ -17.83 & 1\end{pmatrix}$$

$X=(3.13\quad 3.25\quad 3.36\quad 3.56\quad 3.72)^{\mathrm{T}}$

第三步：求参数 u 和 b。

$$\hat{u}=\begin{bmatrix} u \\ b \end{bmatrix}=(B^TB)^{-1}B^TX=\begin{bmatrix} -0.043879 \\ 2.925663 \end{bmatrix}$$

第四步：得出预测模型。

$$\frac{\mathrm{d}X^{(1)}}{\mathrm{d}t}-0.043879X^{(1)}=2.925663$$

$$\hat{x}^{(1)}(t+1)=69.3457e^{0.043879t}-66.6757$$

第五步：建立还原模型进行预测。

当 $t=6$ 时，$\hat{x}^{(0)}(7)=\hat{x}^{(1)}(7)-\hat{x}^{(1)}(6)=4.23$

即2014年该地区的公路货运量预测值为4.23亿吨。

第三节　运输方式结构预测

交通运输方式结构预测又称交通运输方式分担预测或交通运输方式选择预测。主要是对公路运输与铁路、水路、航空、管道运输方式之间的分担量预测。

一、交通运输方式分担的影响因素分析

影响客运或货运需求对交通运输方式选择的因素很多，可从以下几个方面进行分析：

1.产业的市场指向

(1)产业的生产指向决定运输指向。资源密集型产业中，生产指向决定的运输指向是降低运输成本，其经济学的有效方法就是规模经济的运输。陆上铁路运输和水上轮船运输规模大，因此产业发展需求指向火车、轮船这种大型运输系统。

(2)资金密集型产业中，生产指向是降低资金成本，降低资金成本的有效方法就是加速资金的流通速度，快速完成流通的周期过程，故此产业中社会需求的运输方式，就指向汽车那样适应于小批量货物和可实现门到门的便捷小型运输系统。

(3)科技密集型产业中，生产指向要求尽可能降低信息成本，实现信息空间位移的方法：一是通信，二是客运。又由于此种产业另一重要特征就是全球化运作，所以此时的运输需求指向是全球的综合交通运输系统，其最大的特点是要求突出发展通信业与航空运输。

2.运输质量比较

运输质量指标可归纳为安全性、速达性、准确性、经济性、方便性和舒适性。这是运输客体（旅客和货物）对运输服务的期望值，而运输服务又是由运输主体提供的，因此在运输方式选择时就必须涉及运输质量的分析。

运输质量包括上述6个方面，在实际分析应用中，经常要求综合成一个质量指标，常用整合方法有加权系数法和模糊数学法以及它们的综合法称为雷达图方法。

3.各运输方式适应运距分析

从各种运输方式完成的旅客平均行程和货物平均行程运距趋势来看，在客运方面铁路运输大量承担中长途客运，公路运输以中短途客运为主，民航运输以长途客运为主；在货运方面，铁路、水路以完成中长途货运为主，公路运输以完成中短途货运为主。

4.其他方面的分析考虑

运输方式选择的影响因素还有很多，比如运费、运输能力与运输可靠性等指标。同时，随着运输方

式、运输工具的不断发展，综合运输结构也将发生变化，比如现代高速公路的发展以及高速铁路的出现，将使旅客、货物运输需求对于运输方式的选择发生变化。

二、预测方法

1. 专家经验法

在充分调查研究的基础上，分析预测综合运输方式的区段运输能力。当某种运输方式的实际运量小于其本身运能时，考虑经济运距、直达性、安全性等因素，按适当比例将部分客货发送量从其余运输方式客货运中分流出来，由该运输方式分担。当其实际运量大于其本身运能时，则考虑这种运输方式与其他运输方式之间的竞争协作关系，慎重选择它们的合理分担率。

上述两种情况下分担率的确定都要广泛征求专家的意见，运用德尔菲法等专家预测法进行反复研究论证来进行预测。

另外，专家预测法还可以与一些概率预测技术如马尔科夫过程分析等进行结合来进行分担率预测，力求使结果可靠、可信。马尔科夫过程是指随机过程中，一类具有“无后效性性质”，即当随机过程在某一时刻 t_0 所处的状态已知的条件下，过程在时刻 $t>t_0$ 时所处的状态只和 t_0 时刻有关，而与 t_0 以前的状态无关。马尔科夫过程在预测企业规模、市场占有率等方面有广泛的应用。

在运用马尔科夫过程进行分析建模时，需要知道研究对象的初始状态和状态转移矩阵。所谓状态转移矩阵即是描述处于各状态下时向其他状态转移概率的矩阵。以公路运输项目规划为例，若用马尔科夫过程分析预测公路运输方式分担率，需要调查各种运输方式目前的运输市场占有率，即确定初始状态，同时，通过对历史数据进行分析、对各运输方式发展的趋势进行预测，再结合一批专家的宝贵意见，确定状态转移概率。

[例 3-3]　假定表 3-3 是各种交通方式之间的转移概率，并已知公路、铁路和水路三种运输方式当前的市场占有率，即初始状态为：0.52，0.30，0.18。应用马尔科夫过程分析可预测公路、铁路和水路三种运输方式未来期的分担率。

三种运输方式转移概率　　表 3-3

现状＼未来	公路运输	铁路运输	水路运输
公路运输	0.65	0.25	0.10
铁路运输	0.45	0.30	0.25
水路运输	0.40	0.30	0.30

解：将上述情况表达为初始状态各转移矩阵的形式，即

$$S^0 = [0.52, 0.30, 0.18]$$

$$P = \begin{bmatrix} 0.65 & 0.25 & 0.10 \\ 0.45 & 0.30 & 0.25 \\ 0.40 & 0.30 & 0.30 \end{bmatrix}$$

假设近期内转移概率基本不变，根据马尔科夫过程的分析原理和预测模型，计算得到未来期三种运输方式的分担率 $S^{(1)}$ 为：

$$S^{(1)} = S^0 \cdot P = [0.545, 0.274, 0.181]$$

因此，公路、铁路、水路三种运输方式未来期的分担率分别为 0.545、0.274、0.181。

2. 直接预测法

直接预测法就是用一个模型来完成交通运输需求量分布和方式分担预测的全过程，从而避免了 4 阶段预测模型的一些缺陷，已成为交通运输系统预测的一个研究方向。直接预测法需要掌握基年、预测年

区域内各节点间公路、铁路等运费、运距以及运输全过程时间,基年区域内公路、铁路等OD分布表等。依据上述资料建立分担率预测模型:

$$P_m = \alpha_0 R_m^{\alpha_1} C_m^{\alpha_2} T_m^{\alpha_3} F_m^{\alpha_4} \tag{3-13}$$

式中: P_m——第 m 种运输方式客流或货物流分担比例;

R_m——第 m 种运输方式的服务可靠性;

C_m——第 m 种运输方式的相对运输服务费;

T_m——第 m 种运输方式的相对运达时间;

F_m——第 m 种运输方式的相对运输频率;

$\alpha_1,\alpha_2,\alpha_3,\alpha_4$——参数方程,可通过回归分析方法计算。

运输方式的服务可靠性是所选方式按计划时间到达或交货占实际客货运输的比例,可通过统计计算。当缺乏数据时,可采用等级评分加以确定。相对运输服务费是可以利用运输方式中的最小运输服务费与某种运输方式的运输费之比。类似地,运输方式的相对运达时间等于可利用运输方式中的最短运达时间与某种运输方式的运达时间之比;相对运输频率等于某种运输方式的运输频率与可利用运输方式中的最大运输频率之比,其中运输频率表示日发运次数。

第四节　公路运输枢纽组织量预测

公路运输枢纽组织量分析是枢纽规划最重要、最基本的工作,做好组织量分析与预测是组织量规划的重要内容,同时也是科学、准确、合理地确定枢纽场站的规模的重要依据。

一、公路运输枢纽组织量的涵义

公路运输枢纽组织量是指通过公路运输枢纽服务系统进行处理并调配的货运量和客运量,它是反映公路运输枢纽在交通运输中所起作用的一个定量指标。

从组织量构成方面看,公路运输枢纽组织量分为客运组织量和货运组织量。

(1)客运组织量。由运输枢纽组织和服务的所有旅客的总量。

(2)货运组织量。包括货运适站量、货运代理量、信息配载量、市场交易量。具体为:

①货运适站量。进入枢纽站场进行站务作业或适时堆放、储存的货运量。

②货运代理。主要指运输的经营者为货主提供货源组织及货物运输组织、货物的包装、分装、中转换装、商检、保险、报送、货物仓储与配送等运输服务业务。

③信息配载。通过信息服务系统专门进行货源、运力等运输信息的收集、处理、存储、发布,为运输经营者和货主提供车辆及货物运输供求信息的运输服务业务。

④货运市场交易。货运承托双方在各种形式的货运交易市场进行运输交易的活动,这种运输交易市场一般有一套较完整的规章制度和交易程序。

二、公路运输枢纽组织量预测

1.影响公路运输枢纽组织量规模的因素

影响纳入公路运输枢纽服务系统的客货运量的因素是多方面的,归纳起来,主要表现在以下几个方面:

(1)经济规模和发展水平。一般来说,社会客货运输生成量与经济规模和经济发展水平之间是密切相关的。随着经济发展水平的提高和经济规模的扩大,社会客货运输生成量会相应增大。尽管在不同的经济发展阶段,客货运输生成量各自的增长速度会表现出阶段性变化,如客运生成量增长速度随着经济发展水平的提高一直呈现增长趋势,而货运生成量则表现出先升后降的趋势,但总的来看,客运及货运的生成总量是随着经济发展呈增长趋势的。因此,经济越发展,经济水平越高,经济规模越大,可纳入枢纽服务系统进入处理、调配的运量就会越多,即组织量会越大。

(2)经济体制与经济政策。经济体制的改变对运输需求产生重要的影响。过去,我国长期实行计划经济体制,经济活动都是受指令性计划控制的,自由度低,封闭性强,商品流通的内容有限,范围很小,因而,对运输的需求相对也少。改革开放后,尤其是党的十四大确立建立社会主义市场经济体制这一改革的总目标以来,随着我国经济体制的转变,经济活动的市场化程度得到进一步加快,由于越来越多的产品进入自由市场流通,商品交换的范围迅速扩大,交换的频率迅速增加,运输需求量得到前所未有的增长,运输组织量得到迅速增长。

国家的经济政策也影响运输量生成。改革开放以来,国家经济政策向沿海地区倾斜,因而东部沿海地区运输需求猛增,而随着国家西部大开发和开放战略政策的实施,西部运输需求、运输组织量将会迅速增长。

(3)运输市场的完善程度。完善的运输市场、有序的市场秩序和有效的运输组织机构,有利于运输工作的组织与管理,从而提高运输枢纽站场客货运输组织能力。

20 世纪 80 年代中期,随着公路运输市场的开放,我国的交通运输业出现了国家、集体、个人多种经济成分并存的局面,一方面繁荣了公路运输市场,为我国市场经济的进一步繁荣作出贡献;另一方面由于运输市场发育不完善,运输市场组织管理水平落后,在运输行业出现了争抢客货源、地下交易,封闭市场等现象,从而造成运输市场混乱,给客货运市场管理和组织工作带来了很大的困难。

(4)运输站场布局规模、运输场站设施。这是影响组织量的另一个重要因素。站场布局不合理,往往容易造成客货运量的流失,降低运输站场对旅客及货物进站作业与调配的吸引能力。站场规模不足,设施简陋,一方面不能满足社会对其提出的运输需求,另一方面在很大程度上影响着站场工作效率、工作水平及运输组织质量。

(5)信息服务化水平。对运输枢纽来说,拥有先进、灵活的通信信息系统,在很大程度上可以扩大枢纽的服务范围,提高服务水平,从而有效地组织旅客与货源。这样不仅可以促进公路运输实现"车进站、人归点、货进场",提高适站量,而且可提高网络化、全方位的运输代理、信息配载及市场交易量水平。

(6)其他因素。如公路运输枢纽所在地的人口规模、自然资源、产品结构、运网布局、运输服务质量等都是影响组织量规模的重要因素,应予以充分考虑。

2.公路运输枢纽组织量预测

(1)客运组织量预测

客运组织量是指主要是指枢纽的客运发送量,其预测值可根据枢纽客运发送量历史资料,在此基础上,结合未来枢纽客运量的变化趋势进行。可采用相关分析法进行预测,同时应对预测结构进行分析修正。

对处于规划着手建设的枢纽的客运发送量预测,由于缺乏相应统计资料,可采取以下方法进行。即首先分析枢纽所在区域的社会经济发展情况,然后根据其所在的地理位置与可能服务范围,以及未来交通发展情况,通过专家调查法与类比法等方法来确定。

(2)货运组织量预测

从货运组织量的涵盖内容来看,货运组织量由货运适站量、货运代理量、信息配载量、市场交易量 4 个部分构成。货运适站量是指进入枢纽站场进行站务作业或适时堆放、储存的货运量;而货运代理量、信息配载量、市场交易量的货物则一般不经过枢纽站场进行站务作业,而是在枢纽站通过货运代理、信息配载、市场交易等方式来组织的运量,由此可见,相对枢纽来说,后三种运量是"无形"的。但由于它是通过枢纽信息服务系统组织完成的,因此属枢纽组织量的范畴。

目前对公路运输枢纽货运组织量预测,并无较理想的预测方法和模型。除了统计资料不完整,一个更重要的原因是构成货运组织量的"无形"部分运量对外界环境变化因素反应灵敏,波动性大,难以进行统计估算，如货运代理企业由于市场环境的变化可能随时解散或破产等。因此，对枢纽货运组织量预测只能运用总量分析法进行，即在运量预测的基础上通过分析未来枢纽信息服务系统的客货运量可能占全社会客货运量的比重来确定。

目前，我国的交通运输市场仍处于建设阶段，由于长期以来形成的交通枢纽基础设施落后，组织管理水平低下，运输市场法规不完善等原因，以及计划经济条件下延续下来的我国全社会运量的绝大部分由企事业单位自备车辆运输，社会化、组织化程度低的经营方式，从而导致进入公路运输枢纽组织调配范围的客、货运量都很低，如温州公路主枢纽组织量 1998 年中仅有 19.1%。不过，随着各个新枢纽的建成和投入使用，随着先进的信息系统的应用、物流市场的完善以及人们对运输观念的变化，这将极大地促进"有形"与"无形"运输市场的快速发展，从而可以预见的是枢纽的组织量会有一个明显的提高。

第五节　公路运输枢纽适站量预测

一、公路运输枢纽适站量的定义

公路运输枢纽适站量是指适宜于进入枢纽站场进行站务作业或短时堆放、储存的货运量和经由枢纽发送的客运量。枢纽适站量是枢纽组织量的重要组成部分，同时也是确定枢纽站场布局、建设规模（等级）、站场功能和作业性质的重要依据。

二、公路运输枢纽适站量预测

公路运输枢纽适站量预测分为客运适站量和货运适站量预测。由于影响适站量预测的因素众多，如统计数据、统计口径、预测方法、预测模型、经济因素、政策因素等，因而适站量预测是一项十分复杂而细致的工作。适站量预测过大，站场规模大，投产后长期达不到设计规模，投资回收期长，企业效益差；反之，站场规模小，投产后不能满足社会经济发展对交通运输的要求，相应地在一定程度上制约了社会经济快速发展。

1.适站量的预测思路

公路运输枢纽适站量预测通常采用定性与定量相结合的方法进行，其预测思路如图 3-4 所示。

2.公路运输枢纽客运适站量预测

公路运输枢纽客运适站量是指从枢纽客运站内发送的旅客量。它包括公路正常客运适站量和其他运输方式转移旅客适站量两个部分。

（1）正常客运适站量。

根据交通运输部颁布的标准，客运站的建站规模与等级主要是按站务发送量确定的。统计的旅客发送量并不同于站务发送量，二者之间存在以下关系：

$$P=\beta\cdot E \tag{3-14}$$

式中：P——公路正常适站量；

β——客运适站系数；

E——公路运输量。

正常客运适站量可通过以上公式进行预测，其中客运适站系数 β 与车辆的入站率、中途上下车旅客的比例以及从站内上车人数占车辆座位数的比例等有关。β 值可以通过调查客运站（包括公路站点）内发送的旅客量占公路客运量的比例获得。根据已编制主枢纽总体布局规划城市的有关资料，适站量占客运量的比例范围为 25%～75%。

从理论上说，随着现代化交通枢纽的逐渐完善，β 的值会逐渐增大。但是，以下几个方面的因素可能使 β 值出现下降趋势：

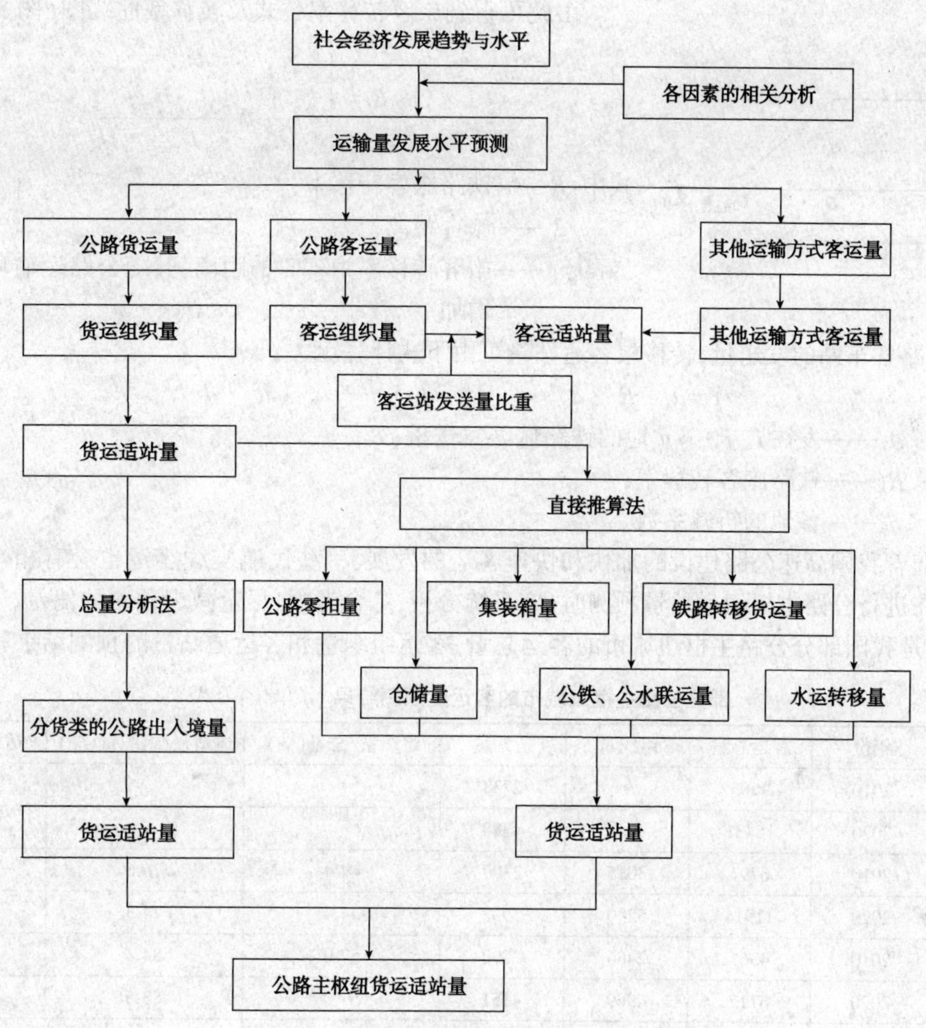

图 3-4　公路主枢纽运输量及适站量预测图

(2)由于现代信息技术的快速发展,大大缩小了人们在接受和传递信息方面所受的时间和空间上面的限制,使人们不出家门就能到达目的地,从而会减少一部分业务出行,相应地会降低客运适站量的比例。

(3)随着运输枢纽的运转逐步正常化,服务水平不断提高,公路运输将越来越灵活和多样化,使得上门接送旅客、多点上车、包车服务日益普及,人们既有的出行不一定都要经过客运站去实现。

(4)随着人们收入水平的提高,未来家用轿车将会得到迅速发展,家用轿车的方便性使人们自行出行所占的比例会越来越高。

3.其他运输方式转移旅客适站量(以铁路为例)

影响旅客选择运输方式的因素很多,如运价(运费)、方便性、旅行时间、舒适性等。因此,在确定铁路转移旅客适站量时,必须综合考虑上述各种因素的影响。预测时,首先确定其最佳里程分界点的距离,其计算公式如下:

$$D = d + \frac{P}{R} \tag{3-15}$$

式中:D——最佳里程分界点的距离;

d——公路与铁路运费相等的距离;

P——方便性、旅行时间、舒适性等因素的权数相对于运费的折算值;

R——与 P 值相对应的费率。

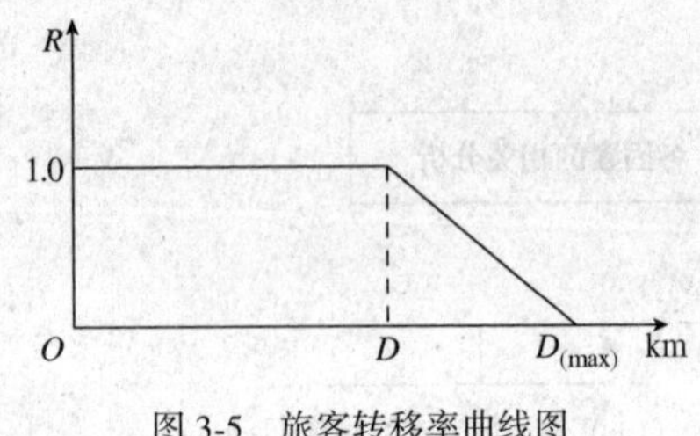

图 3-5　旅客转移率曲线图

由此可得到旅客转移率公式及转移率曲线图(图 3-5)。

$$R = \begin{cases} 1 \\ -\dfrac{1}{D_{\max}}X + \dfrac{D_{\max}}{D_{\max} - D} \end{cases} \tag{3-16}$$

式中:R——铁路旅客转移率;

X——旅客距离;

$D_{\max}$——旅客转移率为零时的距离,其随公路运输环境的改善而增加。

根据铁路各车站的发送量,转移旅客适站量可由下式计算:

$$Y = t_i \cdot R_i \cdot d_i + t_j \cdot R_j \cdot d_j + \cdots + t_n \cdot R_n \cdot d_n \tag{3-17}$$

式中:t_i、t_j、…、t_n——发往 i、j、…、n 地的铁路旅客发送量;

R_i、R_j、…、R_n——铁路旅客转移率;

d_i、d_j、…、d_n——各地的折减系数。

另外,随着我国高速公路建设的加快和快速客运的发展,一些民航支线客运也会有相当一部分运量转向公路,在进行公路主枢纽适站量预测时,应系统分析,综合考虑,尽量减少预测的偏差。

表 3-4 是我国部分公路主枢纽城市的客运总量、客运组织量和客运适站量的预测结果和相互比例。

部分公路主枢纽城市的客运量预测结果　(单位:万人)　　表 3-4

名称	年份	客运总量	组织量	适站量	组织量/总量(%)	适站量/组织量(%)	适站量/总量(%)
南宁	2010	9665		2738			28.4
	2020	15431		4380			28.4
湛江	2010	6791	3015	2309	44.4	76.6	34.0
	2020	11914	5290	3932	44.4	74.3	33.0
宁川	2010	4361	2486	2098	57.0	84.4	48.1
	2020	8717	4969	4151	57.0	83.5	47.6
武汉	2010	18000	8764	4240	48.7	48.4	23.6
	2020	26000	11700	5265	45.0	45.0	20.3
徐州	2010	14373	10061	5749	70.0	57.1	40.0
	2020	22630	15822	9041	70.0	57.1	40.0

4.公路枢纽货运适站量预测

货运适站量,就是适合于进入公路货运站并经操作处理的货物吞吐量。一般来讲,公路货运适站量包括公路零担量、公路集装箱量、批多量小的工业制成品及工商业的物资运量、公铁联运量、公水联运量、其他运输方式转移适站量等部分,它是确定公路货运站建设规模的理论基础。其预测方法大致可分为总量预测法和分项预测法。

(1)总量预测法

总量预测法是直接预测各部分适站量的总和,其思路是在分析社会经济发展趋势的基础上,根据公路货运站所在城市流通小区及服务半径内的货物分类的出入境流向货源调查资料(货流 OD 调查),通过分析货类的变化特点,确定适宜于进入公路主枢纽站场进行站务作业或临时堆放、储存的货物所占比例,分析并确定其中适站货物的构成比重及流量流向,根据未来变化发展趋势,结合公路货运量预测结果,分货类算出适站量,从而得到预测年的货运适站量。

根据公路货物分类方法,公路货物一般分为 12 种,根据不同货物自身各自的特点,可以将其划分为进站货物和非进站货物两大类。前者如水泥、木材、粮食、其他日用品等货种,后者如煤炭、石油、金属矿

石、非金属矿石、钢铁等。因而,从总量角度进行预测,货运适站量大小的计算公式可用下式描述:

$$W = \sum_{i=1}^{12} Q_i \cdot S_i \tag{3-18}$$

式中:W——公路主枢纽货运适站量;

Q_i——第 i 种货物的运输量;

S_i——第 i 种货物的适站比例,非进站货物为零,$0 \leqslant S_i \leqslant 1$。

由于我国目前统计制度尚不完善,缺乏完整的现状分货类资料,难以根据现状资料系统地分析未来的适站比例。所以,在进行公路主枢纽适站量预测时,应以分项预测法为主,总量预测法只作为分项预测法的辅助验证方法。

(2)分项预测法

分项预测法是按照不同的作业方式分别分析和预测其适站量,然后加总求得公路主枢纽的货运适站量。分项预测包括公路零担量预测、集装箱适站量预测、其他运输方式转移适站量预测、仓储适站量和公铁、公水联运适站量预测等。

①公路零担量

公路零担量的预测可以在分析已有资料的基础上,通过建立数学模型来推求其未来价值。同时,还应结合货类变化的情况、第三产业的变化趋势、站场设施的改善、公路网的完善和车辆装备水平的提高等因素对公路零担运输发展的影响,定性分析公路零担运量占公路货运总量的比重变化趋势,从而推算出公路零担量。

公路零担量预测一般采用灰色 GM(1,1)模型及线性非回归等方法预测。值得注意的是,原始数据应按一定规模进行扩充,这是因为现有的统计口径与统计范围与实际发生量不适应,另外由于长期以来,我国的现有场站设施能力不足,在一定程度上压抑了需求规模,这从零担班线布局及密度上可以反映出来。修正系数可根据各地实际制定。一般来讲,现统计的零担吞吐量只占应发生量的 20%~60%左右。

②集装箱量预测

集装箱运输的产生与发展是运输领域里一场深刻的革命,这种新颖的货运组织方式,近年来在我国特别是在沿海沿江城市得到了迅速的发展。对集装箱运量的预测,沿海港口城市和内陆城市的预测方法略有不同。对沿海港口城市应在分析预测港口集装箱发展的基础上,分析公路集疏运比例及集装箱比例,以此测算集装箱适站量。对内陆城市,集装箱运量的预测可根据需求调查,以及所在城市的外贸发展规划进行分析。同样,由于我国集装箱运输正处于快速发展时期,如用历史资料进行因果分析预测,则必须对原始数据进行修正,在此基础上,运用合理的预测方法和模型进行预测。

③联运量的预测

公、铁、水联运量是指公路集疏铁路、港口物资的量。从现有联运的开展情况来看,联运量中需要进行站务作业的部分主要是国内集装箱和需临时堆放的杂货量。这部分量主要是在货类构成分析的基础上,研究进站量占总联运量的比例,最后确定联运适站量。

④储运量的预测

储运服务是公路货运站的基本职能之一,可以通过租让堆场、库房等设施的办法,向所在服务区域的中小工商企业提供服务,并可延伸至代客配送、办理发运等业务。储运量的预测可根据公路主枢纽所在城市仓储业发展的现状及储运货类的变化特点,续保用户需求调查综合测算。一般来讲,现阶段储运量占货运站吞吐能力的 30%以下较适宜。

⑤其他运输方式转移量

其他运输方式转移量(主要是铁路转移量)的预测应在调查摸清其他运输方式不同运距可能转移货类运量的基础上,综合比较公路与其他运输方式货物“门到门”运输费用(含装卸、仓储等)、运送时间、货损货差、方便性等因素及其未来变化,确定可能转移由公路承担的不同货运量,然后进一步分析不同货类的适站比例,从而确定其他运输方式转移适站总量,可参照公路客运适站量预测中的铁路转移量预测方法进行预测。

当然,其他运输方式转移的大部分货物实际上并不都是公路货运站的适站量,铁路转移货物适站量不同于转移旅客适站量。根据统计分析,从铁路货类方面看,23 类货物中不宜进站作业的有 8 种,从运距方面看,运距在 50km 以内的适站率为 2%,50~200km 适站率为 12%,200~300km 为 25%。就分类货种来说,在转移量中可能的适站量比例为:钢铁、化肥、农药、粮食、日用工业品、化工原料、机械及土特产品为 15%左右;鲜活易腐货物、零担等其他类货物为 60%。

从以上分析可以看出,货运适站量预测的两种方法各有利弊。总量分析法较简单,但必须以分货类的出入境流量、流向资料为基础。分项预测法能直观反映货运适站量的构成,但计算较复杂,容易遗漏和重复。因此,在作公路主枢纽货运站适站量分析时,最好两种方法并用,并经综合分析后确定其预测值,才能得到更为准确预测结果。

思考题

一、填空题

1.预测由 5 个基本要素组成,分别是预测者、(　　　　)、信息、(　　　　)、预测结果。

2.运输强度是指(　　　　);其计算公式为(　　　　)。

3.交通运输系统与社会经济系统有着密切的联系。其中,与交通运输关系密切的主要社会指标有:(　　　　)和(　　　　);与交通运输关系比较密切的主要经济指标有:(　　　　)、国民收入、(　　　　)、工农业总产值及人均指标。

4.运输质量指标可归纳为安全性、(　　　　)、(　　　　)、(　　　　)、方便性和舒适性。

5.货运组织量包括(　　　　)、货运代理量、(　　　　)、市场交易量。

二、判断题

1.资金密集型产业中,生产指向决定的运输指向是降低运输成本,其经济学的有效方法就是规模经济的运输。因此产业发展需求指向火车、轮船这种大型运输系统。(　　)

2.枢纽组织量是枢纽适站量的重要组成部分。(　　)

3.枢纽货运组织量无法准确预测的主要原因是构成货运组织量的“无形”部分运量对外界环境变化因素反应灵敏,波动性大,难以进行统计估算。(　　)

4.由于现代信息技术的快速发展,大大缩小了人们在接受和传递信息方面所受的时间和空间上面的限制,使人们不出家门就能到达目的地,此时枢纽适站量系数 β 将会增大。(　　)

三、简答题

1.什么是预测?它的作用是什么?预测的基本步骤有哪些?

2.为什么说区域社会经济的发展是区域交通运输需求产生、增强的直接动因?

3.在对运输需求进行定量预测的过程中,模型法中常用的几种预测方法有哪些?

4.什么是运输需求结构?为什么要进行运输方式结构预测?

5.什么是枢纽组织量?什么是枢纽适站量?二者有何关系?

四、计算题

1.题表 3-1 为 1995~2001 年我国各种运输方式完成的客运量及比例构成。

1995~2001 年我国各种运输方式完成的客运量及比例构成　　　　题表 3-1

年份	客运量(万人)				比　例(%)			
	铁路	公路	水运	民航	铁路	公路	水运	民航
1995	102745	1040810	23924	5117	8.8	88.8	2.0	0.4
1996	94162	1122110	22895	5555	7.6	90.1	1.8	0.5
1997	92578	1204583	22573	5630	7.0	90.9	1.7	0.4

续上表

年份	客运量(万人)				比　例(%)			
	铁路	公路	水运	民航	铁路	公路	水运	民航
1998	92991	1257332	20545	5755	6.8	91.3	1.5	0.4
1999	98253	1269004	19151	6094	7.1	91.1	1.4	0.4
2000	103171	1347392	19386	6722	7.0	91.2	1.3	0.5
2001	105200	1402800	18600	7500	6.8	91.5	1.2	0.5

要求:(1)选择并建立预测模型,分别预测2005年各运输方式可能完成的运输量。

(2)首先预测综合运输总量,然后用转移概率法进行运输方式分担预测,预测2005年各运输方式可能完成的旅客运输量。

2.通过铁路与公路运费(含装卸费)比较,日用工业品的公、铁最佳里程分界点的距离为50km,由此得到日用工业品的转移率:50km以内为1%,50~200km(按125km计)为0.7%,200~300km(按250km计)为0.2%。据预测某火车站的日用品的到发量为336万t,其中50km以内占7.9%,50~200km占22.3%,200~300km占10.1%。根据数理统计和因素分析法并结合专家咨询得到:运距在50km以内适站率为2%,50~200km适站率为12%,200~300km适站率为15%。试计算铁路转移货物(日用工业品类)的适站量。

第四章　公路运输枢纽的选址规划

第一节　公路运输枢纽布局规划

一、公路运输枢纽布局规划定义

公路运输枢纽布局规划属宏观层面的公路运输枢纽规划，它是站在国家或经济区域的层面，以包含多个公路运输枢纽的经济区域为研究对象的规划。公路枢纽布局规划主要确定所在区域（全国、全省等）范围内公路运输网络上的公路运输枢纽的层级、功能、位置、数量等。通过公路运输枢纽布局规划，使区域内的公路运输网络与公路运输枢纽体系层次分明，便于不同层级各公路运输枢纽实施分级管理，从而达到交通顺畅、对外交通联系方便、公路运输系统效率最优的目标，如交通运输部制定了全国179个国家公路运输枢纽布局规划。

二、公路运输布局规划方案设计原则与思路

1.基本原则

（1）考虑规划对象在全国综合运输网中的地位。

公路运输枢纽布局不仅从规划区域经济社会发展和交通运输需求出发，还要满足全国经济发展、产业布局和对外开放对全国综合运输网的需要。同时，该枢纽布局应体现规划区域经济特点，并应适合该规划区域经济向规模化、集约化和高附加值化发展的要求。

（2）引导多层次公路运输网络的形成。

公路运输枢纽布局应根据规划区域的发展战略和土地利用规划，积极引导城乡一体化、多中心分散组团式城镇体系的形成和发展，形成合理的交通结构，使整个交通系统向综合交通运输体系方向发展。

（3）适度超前。

从运输观点看，基础设施投资可分为追随型投资和开发性投资。若基础设施建设滞后于经济发展，则会阻碍经济的进一步持续稳定发展；反之，若过分超前，则会降低投资效益，造成投资成本的损失。因此公路运输枢纽的布局规划既不能滞后于交通需求，也不能过度超前。

（4）强调多种运输方式综合协调。

充分考虑公路运输枢纽在整个综合交通网的地位以及和其他运输方式的相互协调、相互依托，从而保证整个运输过程的连续性，提高运输效率。公路运输枢纽布局规划应结合在整个交通运输系统中的分担比率，通过公路运输枢纽的布局使各种运输方式有机衔接，从而实现各种运输方式的相互协调和整个规划区域的规划目标，同时，还要确定建设项目的优先顺序，和实施时间序列，做到有步骤、有计划地实施规划。

（5）发挥公路运输的技术经济特点，注重枢纽的合理配置。

在满足运输需求的基础上，根据公路运输的技术经济特点，综合考虑公路运输枢纽服务范围，与其他（层次）公路运输枢纽分工协作以及区域经济社会协调发展等因素，对公路运输枢纽进行布局优化。

2.工作思路

公路运输枢纽布局规划的方案设计，即确定研究区域内具体的公路运输枢纽的层次结构及不同层次的公路运输枢纽的数量、名称、功能等。以区域城镇体系和干线公路网为基础，确定区域内的主要城市作

为备选城市,选择与公路运输枢纽关系密切的城市经济社会与交通运输指标。若需要划分区域内规划公路运输枢纽的层级结构,运用量化方法对备选城市进行分类;若确定区域内最高层级的公路运输枢纽规划,则计算各备选城市的综合指数并将其排序。根据规划原则综合专家意见确定公路运输枢纽最佳数量后,选取综合指数排在前列的城市作为最终布局方案。

公路运输枢纽布局规划方案设计的基本工作思路如图 4-1 所示。

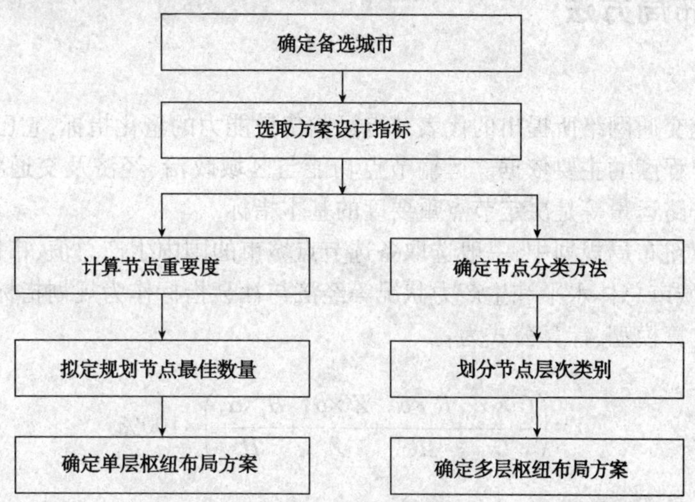

图 4-1　公路运输枢纽布局规划方案设计工作思路

(1)确定备选城市

根据区域公路运输网络和其他交通网络规划,将在干线公路运输网络中的中心城市和重要港口码头、铁路车站、航空港所处的区域作为公路运输枢纽布局规划的备选点。

(2)选取规划指标

经过相关系数分析,一般选取国内生产总值、市区非农业人口、综合运量、公路运量等与反映城市总体水平和生产力状况的指标作为布局规划的指标。

(3)选取规划方法

根据规划目标选取恰当的布局规划方法,一般单层次枢纽布局可选用节点重要度法;多层次枢纽布局规划可选用层次分析法、模糊聚类法、神经网络法等分类识别方法。

(4)确定枢纽布局方法

在上述工作的基础上,采用定性与定量相结合的方法,最终确定公路运输枢纽的层次划分。

第二节　公路运输枢纽布局规划方案设计

一、公路运输枢纽备选节点城市的分析

根据以节点城市为主研究公路运输枢纽宏观布局规划的指导原则,首先需要分析确定有可能成为公路运输枢纽的备选节点城市,以供拟定布局方案时选用。

通常规划研究区域内城市数目较多,而且这些城市的社会经济发展水平、对外运输的发达程度、公路运输的地位与作用以及所处的经济地理位置等差别很大,如果把所有的城市均作为公路运输枢纽布局的研究对象,则可能带来如下不利影响:第一,抓不住重点,难以发现其中的规律;第二,增加了工作量,需采集多种布局规划所需的各种数据;第三,由于统计数据缘故,可能会造成某些城市的数据收集不全。因此,缩小研究对象的范围是完全必要的。由于公路运输枢纽是公路骨架的支撑,是与骨架并存的组成部分,因此公路运输枢纽节点一定是公路骨架的节点城市。

备选枢纽节点城市是未来公路运输枢纽的点集,要从其中挑选出合适的城市作为公路运输枢纽节点,则需要一些数量指标体系来加以分析确定,而这些指标体系应最能反映节点城市公路运输地位及作用,因此可以采用一系列指标体系来选择公路运输枢纽点。通常把运输总量、公路运量、城市位势、公路网通达指数、人口、国内生产总值等作为选点指标体系。

二、单层枢纽布局方法

1.计算节点重要度

节点重要度是研究交通网络所提出的代表节点运输集散能力的量化指标,它已成为公路网规划中衡量城市或运输枢纽重要程度的主要依据。运输节点功能与区域政治、经济及交通状况密切相关。因此,区域人口、综合运量、公路运量等是决定节点重要度的基本指标。

在国家公路运输枢纽布局规划中,一般选取备选节点城市的国内生产总值、市区非农业人口、综合运量、公路运量等与反映城市总体水平和生产力状况等经济与社会指标作为规划指标,对其进行处理,确定公路运输枢纽布局的计算模型,计算公式为:

$$Y=\left(\frac{G_i\times\alpha_1}{G}+\frac{R_i\times\alpha_2}{R}+\frac{Z_i\times\alpha_3}{Z}+\frac{H_i\times\alpha_4}{H}\right)\times100\% \tag{4-1}$$

式中:Y——公路运输枢纽备选城市节点度指数;

G_i——i 区域内的国内生产总值;

G——规划区域国内生产总值;

α_1——国内生产总值指标的权重;

R_i——i 区域的非农业人口数;

R——规划区域非农业人口总数;

α_2——城市非农业人口指标权重;

Z_i——i 区域的客/货运输总量;

Z——规划区域的客/货运输总量;

α_3——客/货运输总量指标的权重;

H_i——i 区域公路客/货运量;

H——规划区域的公路客/货运量;

α_4——公路客/货运量指标权重。

由上述模型可得出公路运输枢纽备选城市的评价值。对于各个指标的权重的确定,可以采用定性定量结合的方法,一般用层次分析法或专家法(德尔菲法)等来确定。

2.确定枢纽布局规划最佳数量

根据各备选城市的评价得分累计值所构成的曲线图,来确定最佳的公路运输枢纽的数量。其具体步骤为:

(1)将备选城市评价分数的累计值所构成的平面坐标系进行散点布置,对所形成的散点图进行曲线拟合,可得最优的拟合曲线 a。

(2)同时在坐标系中对实际累计值进行线性拟合,可以得到线性拟合的直线 b。

(3)上述两条直线结果分别表示公路运输枢纽对社会经济的实际贡献和平均贡献,实际贡献大于平均贡献时表示方案可行。实际贡献与平均贡献的差值成为边际贡献。当边际贡献最大时,即公路运输枢纽的布局方案为最优。如图 4-2 所示。

(4)根据以上分析,利用数学求函数最大值的方法,计算边际贡献。函数最大时,即可得到公路运输枢纽布局规划的最佳个数。

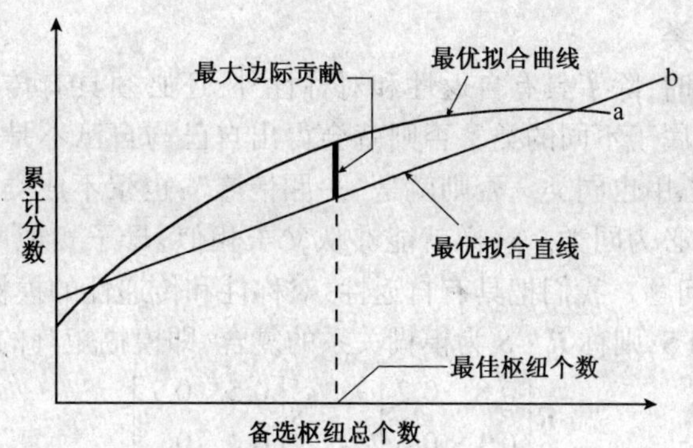

图 4-2 公路运输枢纽网络布局方案评价拟合曲线

三、多层次公路运输枢纽布局规划

由于公路运输枢纽布局层次划分具有一定的相对性和模糊性,难以找到严格划分类别的精确标准,因此采用模糊聚类方法比较适于解决这类问题。

1.基本原理

(1)模糊聚类相关定义

聚类就是把具有相似性质的事物区分开加以分类。聚类分析就是用数学方法研究和处理给定对象的分类。聚类问题是一个古老的问题,是伴随着人类的产生和发展而不断深化的一个问题。人类要认识世界,就必须区别不同的事物并认识事物间的相似性。经典分类学往往是从单因素或有限的几个因素出发,凭经验和专业知识对事物分类。这种分类具有非此即彼的特性,同一事物归属且仅归属所划定类别中的一类,这种分类的类别界限是清晰的。模糊数学的产生为上述软分类提供了数学基础,由此产生了模糊聚类分析。应用普通数学方法进行分类的聚类方法称为普通聚类分析,应用模糊数学方法进行分析的聚类分析称为模糊聚类分析。

(2)模糊聚类分析的基本原理

①模糊关系

为了更好地说明模糊关系及其特点,我们举一个简单的例子。现有 3 个家庭成员的一寸单人照片。照片没有姓名和其他任何标记,让一个不相识的人根据照片上的容貌来判断哪些人是一家人。实际上就是要求他把这 n 张照片按家庭分为 3 类。由于容貌的遗传性,一般来说,一家人的容貌是比较接近的。实际上可以把照片两两比较,并用[0,1]中的一个数字来表示它们的相像程度。这个数可以称为相似系数。例如,第一张照片与第二张照片不太相像,可用 0.4 表示;第一张与第三张照片比较相像,可用 0.8 表示;第一张与第 n 张根本不像,可用 0 表示。于是得到一个 $n\times n$ 的模糊关系矩阵,称其为模糊关系。它是模糊聚类分析的基础,具体表示如下:

$$\underset{\sim}{A}=\begin{bmatrix} 1 & 0.4 & 0.8 & \cdots & 0 \\ \vdots & 0.4 & & & \vdots \\ & & \ddots & & \\ & & & \ddots & \\ 0 & \cdots & & & 1 \end{bmatrix}$$

用上述方法建立的模糊关系具有如下特点:第一,对角线上的元素为 1,即自己与自己完全相像,模糊关系的这一性质被称作自返性;第二,模糊关系具有对称性,即 i 与 j 的相像度同 j 与 i 的相像度相同。我们把只具有自返性和对称性的模糊关系称为模糊相容关系。在这种关系中,一般认为相似系数越高,分到一类的可能性就越大。

②利用模糊关系进行分类

按照模糊关系进行分类时，除了具有自返性和对称性外，还必须具有传递性。因为有了自返性才能保证任何一个样本不能同时属于不同的类。否则就会得出自己与自己不是同一类的荒谬结论。对称性能够保证如果甲乙同类，则乙甲也同类。否则就是"一厢情愿"，也聚不成类。传递性是能够保证如果甲乙同类，乙丙同类，则甲乙丙必为同类。这样就能够从父子相似，母子相似中得出父母同类（一家）的结论，从而较好地解决了上述问题。我们把具有自返性、对称性和传递性的模糊关系称为模糊等价关系。

设有两个模糊关系 $\underset{\sim}{R}$ 和 $\underset{\sim}{S}$，则称 $\underset{\sim}{R}\cdot\underset{\sim}{S}$ 为模糊关系的复合，即模糊矩阵的积。若：

$$\underset{\sim}{R}\begin{bmatrix}0.8 & 0.2\\0.1 & 0.6\end{bmatrix}\quad \underset{\sim}{S}\begin{bmatrix}0.5 & 0.7\\0.1 & 0\end{bmatrix}$$

则：

$$\begin{aligned}\underset{\sim}{R}\cdot\underset{\sim}{S}&=\begin{bmatrix}0.8 & 0.2\\0.1 & 0.6\end{bmatrix}\cdot\begin{bmatrix}0.5 & 0.7\\0.1 & 0\end{bmatrix}\\&=\begin{bmatrix}(0.8\wedge 0.5)\vee(0.2\wedge 0.1) & (0.8\wedge 0.7)\vee(0.1\wedge 0)\\(0.1\wedge 0.5)\vee(0.6\wedge 0.1) & (0.1\wedge 0.5)\vee(0.6\wedge 0)\end{bmatrix}=\begin{bmatrix}0.5 & 0.7\\0.1 & 0.1\end{bmatrix}\end{aligned}\tag{4-2}$$

式中：$\wedge$——两数取最小运算；

$\vee$——两数取最大运算。

如果 $\underset{\sim}{R}$ 是集合 x 的模糊关系，我们称 $\underset{\sim}{R}_2=\underset{\sim}{R}\cdot\underset{\sim}{R}$ 为集合 x 上 R 的二级模糊关系，称 $\underset{\sim}{R}_3=\underset{\sim}{R}_2\cdot\underset{\sim}{R}$ 为集合 x 上 R 的三级模糊关系。仿此称 $\underset{\sim}{R}_n=\underset{\sim}{R}_{n-1}\cdot\underset{\sim}{R}$ 为集合 x 上 R 的 n 级模糊关系。

在数学上可以证明，如果集合 x 含有 n 个元素，R 是 x 上的 n 级模糊相容关系，则有：

$$\underset{\sim}{R}_{n-1}=\underset{\sim}{R}_n=\underset{\sim}{R}_{n+1}=\cdots=\underset{\sim}{R}_{n+m}\tag{4-3}$$

其中 m 为任意自然数，且 $\underset{\sim}{R}_{n-1}$ 必具有自返性、对称性和传递性。

也就是说，一个 n 行 n 列的模糊相容关系矩阵，最多经过 $n-1$ 次复合后，即可得到相应的模糊等价关系，我们可以据此对样本在一定聚类水平下进行分类。

对于模糊等价关系，给定一个聚类水平 λ_0 令：

$$\lambda_0=\begin{cases}0, r_{ij}<\lambda_0\\1, r_{ij}>\lambda_0\end{cases}\tag{4-4}$$

则各行或列（因模糊等价关系具有对称性）中，元素为 1 的即为一类，于是可将样本按一定聚类水平划分成若干类。调整聚类水平，直到得到我们所要求的分类。

（3）具有各指标的样本的聚类

设样本的统计数据如表 4-1 所示。

样本统计数据 表 4-1

指标 / 样本	1	2	3	…	m
1	y_{11}	y_{12}	y_{13}	…	y_{1m}
2	y_{21}	y_{22}	y_{23}	…	y_{2m}
⋮	⋮	⋮	⋮	⋮	⋮
n	y_{n1}	y_{n2}	y_{n3}	…	y_{nm}

这是一个比较实际的问题，解决它的关键是如何据此得到一个模糊相容关系。这里可以引进两个样本之间贴近度的概念和计算方法。样本之间的贴近度就是样本之间的接近程度或相似程度，也用[0,1]这间的数表示。实际其计算方法有许多，其中最常用的方法为夹角余弦法，即

$$r_{ij}=\frac{\sum_{k=1}^{m}X_{ik}Y_{jk}}{\sqrt{\sum_{k=1}^{m}X_{ik}^2X_{jk}^2}}\quad(i,j=1,2,\cdots,n)\tag{4-5}$$

通过计算任意两个样本之间的贴近度,即可得到一个模糊相容关系:$R=[r_{ij}]_{n\times n}$。

实际中的指标,有些是清晰的,有些则是模糊的;有的取值很小;有的重要,有的不太重要。所以在计算贴近度之前,必须对样本数据进行处理。处理的办法是消除原指标的量纲,而后加权,且压缩到[0,1]区间。

对于表4-1中的统计数据,令:

$$A_j=\min_j\{y_{ij}\};\quad B_j=\max_i\{y_{ij}\} \tag{4-6}$$

$$X_{ij}=\frac{y_{ij}-A_j}{B_j-A_j}\qquad (i,j=1,2,\cdots,n) \tag{4-7}$$

$$r_{ij}=\frac{\sum_{k=1}^{m}X_{ik}Y_{jk}}{\sqrt{\sum_{k=1}^{m}X_{ik}^2X_{jk}^2}}\qquad (i,j=1,2,\cdots,n) \tag{4-8}$$

通过上述方法,即可得到一个模糊相容关系。

2.模糊聚类分析步骤

根据上述的方法介绍,可采用传递闭包法对公路运输枢纽布局层次进行聚类分析,其主要步骤如下。

(1)数据标准化

①原始数据矩阵

设集合 $U=\{x_1,x_2,\cdots x_n\}$ 待聚类对象,每个对象又由 m 个指标表示其性状,$x_i=\{x_{i1},x_{i2},\cdots,x_{in}\}$ $(i=1,2,\cdots,n)$,这样原始数据矩阵为:

$$\begin{bmatrix} x_{11} & x_{12} & \cdots & x_{1m} \\ x_{21} & x_{22} & \cdots & x_{2m} \\ \cdots & \cdots & \cdots & \cdots \\ x_{n1} & x_{n2} & \cdots & x_{nm} \end{bmatrix} \tag{4-9}$$

②数据标准化

不同数据一般具有不同的数量表示方法,为了使其能进行比较,通常需要对数据作适当的变化,但这样得到的数据也不一定在区间[0,1]上。数据标准化就是根据模糊矩阵的要求,将数据压缩到区间[0,1]上。数据标准化可以采用如下的方法计算:

$$x_{ik}=\frac{x_{ik}-\min\limits_{1\leqslant i\leqslant n}\{x_{ik}\}}{\max\limits_{1\leqslant i\leqslant n}\{x_{ik}\}-\min\limits_{1\leqslant i\leqslant n}\{x_{ik}\}}\qquad (k=1,2,\cdots,m) \tag{4-10}$$

式中:x_{ik}——枢纽场站布局节点 i 的第 k 个评价指标值;

n——枢纽布局节点待聚类数;

m——枢纽布局层次评价指标数。

显然有 $0\leqslant x_{ik}\leqslant 1$。

(2)建立模糊相似矩阵

建立模糊相似矩阵,设集合 $U=\{x_1,x_2,\cdots,x_n\}$,$x_i=\{x_{i1},x_{i2},\cdots,x_{in}\}$,通过计算 x_i 和 x_j 的相似程度为 $r_{ij}=R(x_i,x_j)$,建立模糊相似矩阵。确定 $r_{ij}=R(x_i,x_j)$ 的方法主要有传统聚类分析的相似系数法、距离法及其他方法。实际规划过程中可以根据问题的需要及使用方法来加以选择。

(3)建立模糊等价矩阵,构造聚类谱系图

根据模糊聚类的基本原理,对于 x_i、x_j,若 $r_{ij}=1$,则在水平 λ 下将其归于一类,从而达到将待聚类对象分类的目的。随着水平 λ 在[0,1]中发生改变,相应的聚类也发生变化,从而构成聚类谱系图。

在模糊聚类分析中,对于各个不同的 $\lambda\in[0,1]$,可得到不同的分类,从而形成一种聚类图,这对全面了解样本的分类情况是比较形象和直观的。但许多实际问题需要选择某个阈值 λ,确定样本的一个具体分类。一般而言,按照实际需要在聚类图中调整 λ 的值,以得到适当的分类,而无须事先准确地估计样本分类数量。也可以具有丰富经验的专家结合专业知识来确定阙值 λ,从而获得在 λ 水平上的等价分类。根据聚类谱系图和 λ 数值调整,可以对聚类结果进行分析。

第三节　公路运输枢纽场站选址

一、选址影响因素及基本要求

1.影响因素分析

(1)城市的发展形态

任何一个城市,都有自己的布局形式,即发展形态。城市的形态直接影响到城市出入口的规划设计,而城市出入口又是城市对外运输枢纽的重要选点。因此,城市的发展形态是影响城市运输场站与枢纽规划布局的因素。举例说明:

①同心圆式的团状发展形态。如南京市建成区的形态是以市中心、居住区为核心,有规则地或不均衡地向外逐步发展。城市的客货流量可能均匀地分布在城市各条道路上,路网多为方格网形式或环形加放射式。出入道路多沿城市外围均匀向四面八方伸展。因此,城市对外运输枢纽或担负城乡间客货运的枢纽,多沿城市周边布置。

②带状发展形态。城市发展受到自然条件或人工条件的限制,形成带状城市。这种城市的客货量流向明确。城市纵向出入口干道的交通负荷大,既是主要交通干道又是城市发展的依附。横向交通分散,车流量相对纵向较小,枢纽多在纵向两端位置。

(2)城市功能

城市总体规划规定了城市性质、城市功能分区、城市发展和经济发展方向。运输枢纽的布设,应以居民社会经济活动、文化体育活动、对外交通的需求为根据。因此,城市的功能影响着枢纽的定位。

(3)道路状况

道路网的形式,路网密度,快速路、主干道、次干道的长度及比例,道路网的发展规划,直接涉及客货运输枢纽的选址、规模和布局。

(4)经济环境

资金是决策者在决策时不可回避的问题,投资多少,效益大小,现有财力及集资的渠道,应经过充分的分析论证,方可做出适当的选择。

(5)商业战略

在运输枢纽建设的同时,进行商业开发。加快回收资金,提高经济效益。对商业开发的性质、规模应做具体分析,严格控制。因为商业服务必然引起人流滞留,并可能吸引额外的客流,从而影响到枢纽的功能发挥。因此,要做好必要的预测。

(6)政治因素

在保密单位及高级外事部门附近,不宜设置运输枢纽。因迎宾或其他政治需要,对枢纽或与其连接的干道做某些处理,也是在情理之中。因此,政治因素对枢纽选址、交通组织也有影响。

2.公路运输枢纽对站址的基本要求

(1)场站选址要满足营运的要求,同时要服从所在地区和城市的发展规划。

(2)场站地址的面积和外形,应满足建筑物和构筑物的布置要求,使生产工艺过程得到合理的组织,建筑布置合理紧凑,同时对以后企业的发展用地应留有余地。

(3)场站区用地应满足卫生、人防的要求,应位于居民区的下风向,以免场站内所排出的废气、废水、烟尘及嘈杂声音妨碍居民的正常生活。

(4)场站区地形基本平坦,以满足建筑物及各种管道网络的安置,并使开拓土方量最小,停车场地应稍有坡度,以利自然排水顺畅。

(5)场站应具有必要的水、电、路、消防、排污条件,不应选择在低洼积水地段、断裂层等地质情况复杂的地区。

(6)场站的地下水位,应尽可能比将要建筑的地下建筑(如半地下室、地下室)的深度低,以防地下水对建筑物及基础设施有破坏作用,在靠近河流区域建场站时,场站区的地势应不低于最高水位。

(7)场站应靠近公路、电力网、给水和排水网,以便利用已有路线及管道等,还应特别考虑车辆集散的方便性,以减少和避免交通事故的发生。

二、选址模型

在交通枢纽布局规划中,设施数目、位置标定和枢纽规模等都是需要解决的问题。20 世纪 90 年代以来,交通领域的学者们开始注意到枢纽规划中的这些问题,逐渐尝试把交通规划、交通流理论应用到枢纽的数量与布局计算中,力图反映交通枢纽所在区域交通网络的动态变化特性,从交通枢纽的运转机理和交通枢纽与交通网络之间的动态关系入手,把交通规划的四阶段理论与物流学的物流网点选址模型相结合,运用运筹学的方法,对综合交通枢纽场站布局规划的新模型和新方法进行探索和研究。

整体上看,交通枢纽规划布局基础理论方法按照其发展历程大致分为三种类型:数学物理方法、运筹学规划方法、现代交通规划方法。

货运交通流在组成要素和运输环节中都比客运交通流要复杂得多,货运交通流不仅有货种的区别,其流通过程中还有装卸、行运、包装、配送等环节。因此,货运运输枢纽的选址优化模型要比客运运输枢纽要复杂。

客运交通流的组成要素是单一的人,在运输环节上主要是以人的空间位移为主。客运场站与枢纽的合理布局应当以整个运输系统和社会的经济效益作为目标,利用系统工程的理论和方法,综合考虑交通发生吸引源分布情况、交通运输条件、自然环境等因素,对客运运输场站与枢纽的数量、地理位置、规模以及与其他枢纽的相互关系进行优化和调整。客运运输选址考虑因素简单,其模型原理与货运场站类似。

1.单一场站选址

数学物理模型(包括重心法和微分法)与效益成本分析法主要是解决一元运输枢纽场站布局的问题。在实际的运输枢纽布局规划中,这种问题并不多。因为一个枢纽通常需要一系列的枢纽场站协调工作才能运转。但由于多元枢纽场站布局变量多、约束多,有时为了简化模型,减少计算量,可以把它变换成一元枢纽场站布局问题求解。

(1)重心法

重心模型法是一种静态的模拟选址方法,它将运输系统中的运输发生点和吸引点看成是分布在某一平面范围内的物体系统,各点的交通发生、吸引量分别看成该点的重量,物体系统的重心就是场站与枢纽设置的最佳点,用求各点重心的方法来确定运输场站与枢纽的最佳位置。其数学模型如下:

设规划区域内有 n 个运输发生点和吸引点,各点的发生量和吸引量分别为 $w_j(j=1,2,\cdots,n)$,坐标为 (x_i,y_i)。规划设置的场站与枢纽的坐标为 (x,y),枢纽系统的运输费率为 c_j。根据平面物体求重心的方法,枢纽场站最佳位置的计算公式为:

$$
\begin{cases}
x = \dfrac{\sum\limits_{j=1}^{n} c_j w_j x_j}{\sum\limits_{j=1}^{n} c_j w_j} \\
y = \dfrac{\sum\limits_{j=1}^{n} c_j w_j y_j}{\sum\limits_{j=1}^{n} c_j w_j}
\end{cases}
\tag{4-11}
$$

重心法的特点是简单,但它将纵向和横向坐标视为独立的变量,与实际交通系统的情况相去甚远,求出的解往往是不精确的,只能作为交通枢纽场站布局的初步参考。

[例 4-1] 设规划区域内有 5 个交通发生点(吸引点),各点的坐标位置、发生量(吸引量)以及运输费率如表 4-2 所示,试确定需设置场站的坐标。

交通发生点的坐标、发生量和运输费率 表 4-2

交通发生点(吸引点)j	发生量(吸引量)W_j(担)	运输费率 C_j(美元/担/英里)	坐标	
			x_j	y_j
1	2000	0.050	3	8
2	3000	0.050	8	2
3	2500	0.075	2	5
4	1000	0.075	6	4
5	1500	0.075	8	8

解:利用式(4-1)运用重心法来确定设置场站位置。具体求解过程用表 4-3 来表示。

求解过程 表 4-3

j	x_j	y_j	W_j	C_j	W_jC_j	$W_jC_jx_j$	$W_jC_jy_j$
1	3	8	2000	0.050	100.00	300.00	800.00
2	8	2	3000	0.050	150.00	1200.00	300.00
3	2	5	2500	0.075	187.50	375.00	937.50
4	6	4	1000	0.075	75.00	450.00	300.00
5	8	8	1500	0.075	112.50	900.00	900.00
合计					625.00	3225.00	3237.50

由表 4-3 可以得出需设置场站的位置坐标为:

$x = 3225.00/625 = 5.16$

$y = 3227.00/625 = 5.18$

(2)微分法

微分法是为了克服重心法的缺点而提出的。它的前提条件、模型中符号的含义与重心法相同。微分法的基本思路是:选择一个到各点的发生量、吸引量运费总和最小的。以作为运输枢纽的最佳位置。

运输系统的总费用用 T 设为:

$$
T = \sum_{j=1}^{n} c_j w_j \sqrt{(x - x_j)^2 + (y - y_j)^2}
\tag{4-12}
$$

要求得一点坐标(x,y)到各发生点、吸引点的总运费最低,就应当分别令 T 对 x 和 y 的偏微分为零,得到新的极值点,求解公式为:

$$
\begin{cases}
x = \dfrac{\sum_{j=1}^{n} c_j w_j x_j / [(x - x_j)^2 + (y - y_j)^2]}{\sum_{j=1}^{n} c_j w_j / [(x - x_j)^2 + (y - y_j)^2]} \\
y = \dfrac{\sum_{j=1}^{n} c_j w_j y_j / [(x - x_j)^2 + (y - y_j)^2]}{\sum_{j=1}^{n} c_j w_j / [(x - x_j)^2 + (y - y_j)^2]}
\end{cases}
\tag{4-13}
$$

求解步骤如下:

①用重心法求得初始坐标(x_0,y_0):

$$
\begin{cases}
x_0 = \dfrac{\sum_{j=1}^{n} c_j w_j x_j}{\sum_{j=1}^{n} c_j w_j} \\
y_0 = \dfrac{\sum_{j=1}^{n} c_j w_j y_j}{\sum_{j=1}^{n} c_j w_j}
\end{cases}
$$

②根据上一步骤求得的(x_0,y_0),求出修正的(x_1,y_1)。

③重复步骤②,直到计算出的(x_1,y_1)小于理想的精确度。

④根据最后修正得到的(x_1,y_1)计算运输枢纽系统的运输总费用。

微分法需要以重心法的结果为初始解,不断迭代,直到前后两次的误差不超过设定的范围,从而得到最佳结果。虽然这种方法可以从数学上给出运输场站与枢纽的具体位置,但是这个结果仅是数学解,还需要将其数到实际运输系统中进行定性的分析和调整。

[例 4-2]　继续[例 4-1]中的问题,若以[例 4-1]重心法求解所得的场站位置坐标作为初始解,根据公式总费用最小的场站位置。

解:这里不妨令 $d_j=[(x-x_j)^2+(y-y_j)^2]^{1/2}$,利用[例 4-1]的结果作为初始解,根据公式来求解表 4-4 中的方程,可以得出第一次迭代的位置坐标。

求解过程　　表 4-4

j	W_jC_j	$W_jC_jx_j$	$W_jC_jy_j$	d_j	W_jC_j/d_j	$W_jC_jx_j/d_j$	$W_jC_jy_j/d_j$
1	100.00	300.00	800.00	3.552	2.815	8.446	22.523
2	150.00	1200.00	300.00	4.263	3.519	28.149	7.037
3	187.50	375.00	937.50	3.165	5.924	11.848	29.621
4	75.00	450.00	300.00	1.448	5.180	31.077	20.718
5	112.50	900.00	900.00	4.002	2.811	22.489	22.489
合　计					20.249	102.009	102.388

则修正后的坐标为:

$x=102.009/20.249=5.038$

$y=102.388/20.249=5.057$

此时的总成本为 21431 美元。若利用计算机相关软件,可以实现更多的迭代过程,当总成本不再下降时即获得总成本最低的场站选址位置。本例题的迭代过程如表 4-5 所示。

迭代过程　　表 4-5

迭代次数	x 坐标	y 坐标	总成本(美元)
0	5.160	5.180	21471.00
1	5.038	5.057	21431.22
2	4.990	5.031	21427.11
3	4.996	5.032	21426.14
4	4.951	5.037	21425.69
5	4.940	5.042	21425.44
6	4.932	5.046	21425.44
7	4.927	5.049	21425.30
8	4.922	5.051	21425.19
9	4.919	5.053	21425.16
10	4.917	5.054	21425.15
11	4.915	5.055	21425.14
…	…	…	…
100	4.910	5.058	21425.14

总成本在第 11 次迭代以后就不再下降。因此此时的坐标位置就是使得总成本最低的场站选址坐标位置(4.910,5.058)。

(3)效益成本法

使用效益成本分析法的前提是:采用一定的运输场站与枢纽选址模型,为一个场站与枢纽的位置提供了选择集,以运输枢纽系统的总成本最小为目标,通过简单的财务计算,经过比较选择出最佳位置。

效益成本法假设有 n 个运输发生源,其发生量分别为 n,而且用一定的选址模型已经很到 $B_j(j=1,2,\cdots,n)$ 个待选场站位置 b_j,每个场站的建设、运营成本分别为 $\min F'=\sum_{k=1}^{q}\sum_{j=1}^{n}G_{kj}X_{kj}$。假设中位运费相同且为 $\sum_{j=1}^{n}X_{kj}\leqslant d_k$,其余运输条件相同。各交通发生点到场站的距离用矩阵$(k=1,2,\cdots,q)$表示。

则每个待选站点的总费用为:

$$\sum_{k=1}^{q}X_{kj}\leqslant b_j \tag{4-14}$$

计算出每个场站选址的总费用,从小选择出总运输成本最小的点作为最佳的场站选址。

上面提到的 3 种方法简单易行,在研究运输场站与枢纽选址方法的早期得到了广泛的应用,但是由于这些方法是用简化和抽象的数学模型模拟枢纽运行机制,在实际运用中具有以下缺点:

①求解的过程中都是以静态的总费用最小为选优目标,运输费率为固定位,既没有考虑实际的路网结构,也没有考虑客货流在道路上运行互相交织混杂对路网交通流分配结果的影响。实际上,路网上每个路段的流量不同,其运行时间、运输费用也不相同、单一的费率无法反映枢纽运转的实际情况。

②重心法和微分法为纯粹的数学解析方法,它们求解采用的距离是平而上的几何距离,而实际的运输网络并非如此,往往会导致求出的所谓数学解没有实际意义,结果只能为下一步的分析提供粗略的初始解。

③效益成本分析法实际上只是一种简单的场地选址成本比较法,除了具有上述费用计算的不足之外,由于它必须先得到一个待选站点集合,又面临如何合理划分枢纽所在区域的客货流通服务分区,如何

得到待选站点初始解等问题。

2.多场站选址

(1)混合整数规划法

在公路运输枢纽的货运系统中,由于存在着货种差别,不同货种在枢纽内部流动的费用和对场站布置的要求不同,因此货运场站的布局比客运场站的布局要复杂。但从区域整体的角度看场站的布局,可以从货流整体的角度来进行规划,多元场站布局的模型应运而生。如图 4-3 所示。

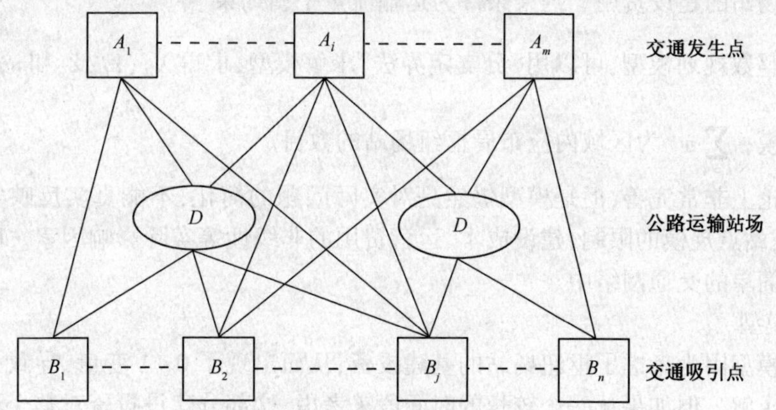

图 4-3　多元运输枢纽系统示意图

A_1, A_i, A_m:交通发生点;D:公路运输场站;B_1, B_2, B_j, B_n:交通吸引点

设在一个供需平衡的运输枢纽系统中有 m 个发生点 $A_i(i=1,2,3,\cdots,m)$,各点的发生量为 a_i;有 n 个吸引点 $B_j(j=1,2,3,\cdots,n)$,各点的需求 b_j;有 q 设置的备选场站地址 $D_k(k=1,2,\cdots,q)$。发生点发生的交通量可以从设置的场站中中转,也可以直接到达吸引点。假定各备选地址设置枢纽场站的基建投资、中转费用和运输货车均为已知,以总成本最低为目标确定枢纽场站布局的最佳方案。

多元枢纽场站布局的数学模型为:

$$\min F=\sum_{i=1}^{m}\sum_{k=1}^{q}C_{ik}X_{ik}+\sum_{k=1}^{q}\sum_{j=1}^{n}C_{kj}Y_{kj}+\sum_{i=1}^{m}\sum_{k=1}^{q}C_{ki}Y_{ki}+\sum_{i=1}^{m}\sum_{j=1}^{n}C_{ij}Z_{ij}+\sum_{k=1}^{q}\left(F_k\omega_k+C_k\sum_{i=1}^{m}X_{ik}\right) \tag{4-15}$$

约束方程:

$$\sum_{k=1}^{q}X_{ik}+\sum_{j=1}^{n}Z_{ij}\leqslant a_i\quad(i=1,2,\cdots,m) \tag{4-16}$$

$$\sum_{k=1}^{q}Y_{kj}+\sum_{i=1}^{n}Z_{ij}\geqslant b_i\quad(i=1,2,\cdots,n) \tag{4-17}$$

$$\sum_{i=1}^{m}X_{ik}=\sum_{j=1}^{n}Y_{kj}\quad(k=1,2,\cdots,q) \tag{4-18}$$

$$\sum_{i=1}^{m}X_{ik}-M\omega_k\leqslant 0\quad(\omega_k=1\text{ 表示被选中},\omega_k=0\text{ 表示被淘汰}) \tag{4-19}$$

$$X_{ik},Y_{kj},Z_{ij}\geqslant 0 \tag{4-20}$$

式中:X_{ik}——从发生点 i 到备选场站 k 的交通量;

Y_{kj}——从备选场站 k 到吸引点 j 的交通量;

Z_{ij}——直接从发生点 i 到达吸引点 j 的交通量;

ω_k——备选场站 k 是否被选中的决策变量;

C_{ik}——从发生点 i 到备选场站 k 的单位费用;

C_{kj}——从备选枢纽场站 k 到吸引点 j 的单位费用;

C_{ij}——直接从发生点 i 到达吸引点 j 的单位费用;

F_k——备选场站 k 选中后的基建投资;

C_k——备选场站 k 中单位交通量的中转费用；

M——一个相当大的正数。

这个数学模型的目标函数式场站枢纽的运营和减少费用最小。其运营和建设费用共有 4 部分组成：

①运输发生源到备选场站的运营成本；

②从备选场站到运输吸引源的运营成本；

③运输发生源直接到运输吸引源的运营成本；

④发生在枢纽场站的建设费用。约束条件为运输流量平衡约束。

这是一个混合整数规划模型,可以用"分支定界法"求解模型,求得 X_{ik},Y_{kj},Z_{ij}和 w_k 的值。$\sum_{i=1}^{m} X_{ik}$ 决定了该枢纽场站的规模；$\sum_{k=1}^{q} w_k$ 为区域内应布局枢纽场站的数目。

这种方法在理论上非常完善,但是模型仍然是对实际问题的简化,不能真实反映实际的枢纽布局问题,此方法没有考虑站点规模的限制、建设成本、运营费用的非线性等实际影响因素。因此混合整数规划模型只能用于比较简单的交通网络中。

(2)运输规划模型

多元场站布局模型因为考虑了枢纽场站的基建投资,从而出现了 0~1 变量,导致必须采用比较复杂的混合整数规划法求解。但如果从一个较长的时间段来考虑,这部分建设投资对整个选址过程的经济效益的影响并不大,可以不在目标函数中考虑。这样混合整数规划模型就简化成如下线性规划模型：

$$\min F = \sum_{i=1}^{m}\sum_{k=1}^{q}(C_{ik}+C_k)X_{ik} + \sum_{k=1}^{q}\sum_{j=1}^{n}C_{kj}Y_{kj} + \sum_{i=1}^{m}\sum_{k=1}^{q}C_{ki}Y_{ki} + \sum_{i=1}^{m}\sum_{j=1}^{n}C_{ij}Z_{ij} \tag{4-21}$$

约束方程：

$$\sum_{k=1}^{q} X_{ik} + \sum_{j=1}^{n} Z_{ij} = a_i \quad (i=1,2,\cdots,m) \tag{4-22}$$

$$\sum_{k=1}^{q} Y_{ik} + \sum_{j=1}^{n} Z_{ij} = b_i \quad (j=1,2,\cdots,n) \tag{4-23}$$

$$\sum_{k=1}^{q} X_{ik} + X_k = d_k \quad (k=1,2,\cdots,q) \tag{4-24}$$

$$\sum_{k=1}^{q} Y_{ik} + X_k = d_k \quad (k=1,2,\cdots,q) \tag{4-25}$$

$$X_{ik},Y_{kj},Z_{ij} \geqslant 0$$

式中：d_k——备选网点 k 最大可能设置的规模；

X_k——备选网点 k 的闲置能力。

其余符号同式(4-15)。

这是运筹学中典型的运输问题,模型为一个线性规划模型,求解方法比较成熟。该模型的目标函数表示运输枢纽在集散运输及中转时产生的运营费用最小,而约束条件则是考虑了运量平衡约束以及运输规模限制约束。

该方法叙述明确,但事先需要确定被选站点的位置及数量以及节点之间的运输价格。但由于不同区域,不同运输方式、不同货物类型的运输价格差异较大,使得运输价格的确定具有一定的难度,模型中一般选择一个宏观的统计值来表示运输价格。其缺点是无法对运输价格的变化产生相应的反映,同时也无法衡量运输枢纽所处的运输网络的变化对枢纽布局的影响。但在定量计算模型中,这已经是比较可行的方法了。

[例 4-3] 若有 4 个交通吸引点 P_1、P_2、P_3、P_4,现已有两个货运站 F_1、F_2 为其提供服务。由于吸引点需求的不断增加,需再设一个货运场站。可提供的备选点是 F_3 和 F_4。试在其中选择一最佳场站位置。根据资料分析得出的各场站到各吸引点的总费用,如表 4-6 所示。

运 输 费 用　　　　表 4-6

从 \ 至	P_1	P_2	P_3	P_4	适站量(t)
F_1	8.00	7.80	7.70	7.80	7000
F_2	7.65	7.50	7.35	7.15	5500
F_3	7.15	7.05	7.18	7.65	12500
F_4	7.08	7.20	7.50	7.45	
吸引量(t)	4000	8000	7000	6000	25000

解:①若新的场站设在 F_3,则根据运输问题的解法,得出所有适站量的分配结果如表 4-7 所示。

在表 F_3 处设场站和适站量分配结果　　　　表 4-7

从 \ 至	P_1	P_2	P_3	P_4	适站量(t)
F_1	8.00	7.80	7.70 6500	7.80 500	7000
F_2	7.65	7.50	7.35	7.65 5500	5500
F_3	7.15 4000	7.05 8000	7.18 500	7.65	12500
吸引量(t)	4000	8000	7000	6000	25000

则场站设在 F_3 处的全部费用至少为:

$C_3=6500\times7.70+500\times7.80+5500\times7.15+4000\times7.15+8000\times7.05+500\times7.18=181865$(万元)

②若场站设于 F_4 处,相同解法,得出的结果见表 4-8。

在表 F_4 处设场站得适站量分配结果　　　　表 4-8

从 \ 至	P_1	P_2	P_3	P_4	适站量(t)
F_1	8.00	7.80	7.70 7000	7.80 0	7000
F_2	7.65	7.50	7.35	7.15 5500	5500
F_3	7.15 4000	7.05 8000	7.18	7.65 500	12500
吸引量(t)	4000	8000	7000	6000	25000

解得设场站于 F_4 处得全部费用为:

$C_4=7000\times7.70+5500\times7.15+4000\times7.08+8000\times7.20+500\times7.45=182870$(万元)

两种方案比较 $C_4\phi C_3$,所以选 F_3 设立场站为优,可节省费用:

$C_4-C_3=182870-181865=1005$(万元)

(3)CFLP 法

CFLP(Capacity Facility Location Problem)方法是针对运输枢纽的场站规模有限制的情况下提出的。这种方法只需要运用运输规划模型,使计算工作大大简化。

CFLP 法的基本思想:首先假设运输枢纽的场站布局方案已经确定,即给出一组初始场站位置的集合，根据该初始方案，利用运输规划模型求出各初始场站系统的发生、吸引范围，然后在各场站的服务范围内分别移动场站到其他备选地址，以寻找各服务范围内总成本最小的新枢纽位置，将新场站位置代替初始方案，重复上述过程直至整个综合运输枢纽的场站服务范围内的总成本不能再下降为止。此方法是一个迭代寻优的过程，可以利用启发式算法对 CFLP 方法建立的数学模型求解。

为简单起见，本书以图 4-4 的网络结构为对象，来介绍 CFLP 方法的计算过程。

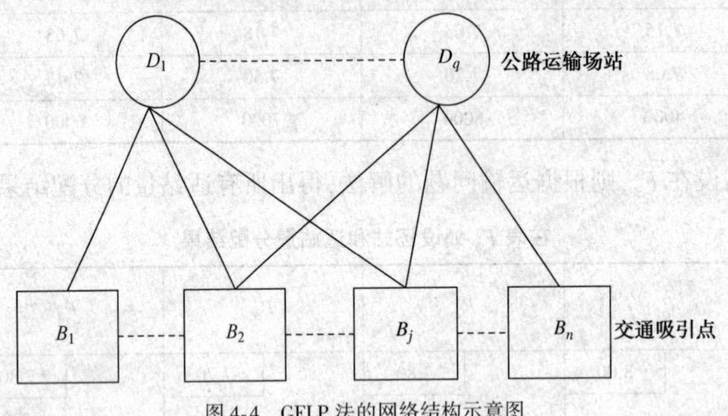

图 4-4　GFLP 法的网络结构示意图

图 4-4 的网络结构没有反映出场站与交通发生点之间的关系，即不考虑旅客和货物从交通发生点到公路运输场站的运输成本，这种处理方法适用于当交通发生源距离交通枢纽备选场站的服务区域足够远时的情况。此时规划区域内各公路运输场站与交通发生源之间的运输成本差异要远远小于运输成本本身，因此，可以忽略交通发生源与场站之间的网络部分，认为各场站与交通发生源之间的运输成本相等，所以在场站布局方案的计算中不予考虑。当然，如果交通发生源并不是远离计划区域，那就必须考虑交通发生源与公路运输场站之间的运输成本。在此情况下，我们只需将方法中的运输规划模型换成转运模型即可。

事实上，图 4-4 可以解释成旅客或货物经过长途运输，从某一城市外的地区进入城市内，再通过城市的综合交通枢纽疏散到分布于城市各个角落的需求点。对称地，我们也可以用它来解决当旅客或货物从某一城市的各个角落出发，经过城市综合交通枢纽进行周转，进而通过长途运输到达城市以外的其他目的地。所以，CFLP 法实际可以认为是运输规划模型的简化应用，具有一定的普遍性。

下面介绍 CFLP 法的基本步骤，假定某规划区域内交通枢纽的场站备选地址已确定，需从这些备选地址中选取 q 个设置场站。

步骤 1：给出场站地址初始方案。

通过定性分析，根据备选枢纽节点的中转能力和交通需求的分布情况，恰当地选择 q 个点作为设置交通枢纽的初始方案。初始方案选择得是否恰当，将直接影响整个计算过程的收敛速度。

步骤 2：确定各公路运输场站的服务范围。

采用运输规划模型，确定每一个备选枢纽场站的服务范围。设有 q 个可能设置的备选场站地址 $D_k(k=1,2,\cdots,q)$，其最大可能设置的规模为 d_k；有 n 个交通需求点 $B_j(j=1,2,\cdots,n)$，各点的需求量为 d_k。以运输成本最低为目标，列出如下运输规划模型：

$$\min F' = \sum_{k=1}^{q}\sum_{j=1}^{n} G_{kj}X_{kj} \tag{4-26}$$

S.t.

$$\sum_{j=1}^{n} X_{kj} \leqslant d_k \quad (k=1,2,\cdots,q)$$

$$\sum_{k=1}^{q} X_{kj} \leqslant b_j \quad (j=1,2,\cdots,n)$$

$$X_{kj} \geqslant 0 \tag{4-27}$$

解此运输问题即可求得各备选公路运输枢纽场站的交通服务范围(交通子区域)。

如果考虑交通发生源与交通枢纽场站备选之间的运输成本,式(4-27)则采用转运问题模型。求解转运模型,除得到各备选交通枢纽的交通服务范围外,同时还确定了场站与各交通发生源之间的交通联系。

为叙述方便,下面用 $I_k(k=1,2,\cdots q)$ 和 J_k 分别表示各交通子区域内的交通枢纽备选场站地址和相应的交通吸引源的集合。运输问题的结果可能出现一个交通吸引源同时接受不同交通子区域的场站的服务。这对整个问题的解决并无影响,只需在不同交通子区域的用户集合中重复考虑即可。

步骤 3:寻求网点地址的新方案。

在各交通发生子区域内移动场站到其他备选地址上,并按以下费用函数计算各交通子区域的用户内的运输总费用:

$$F_{kj} = \sum_{j \in J_k} C_{ij}X_{ij} + f_{kj} \quad (k = 1,2,\cdots,q,i \in I_k) \tag{4-28}$$

式中,f_{kj}为网点设置成本,在此基础上找出各交通服务范围内,使区域总费用最小的网点设置点,即

$$F_k = \min_{i \in I_k}\{F_{ki}\} \quad (k = 1,2,\cdots,q) \tag{4-29}$$

满足式(4-29)的备选场站地址 D_k,对所有 q 个交通子区域,可以得到新的备选场站地址方案 $\{D_k\}_{k=1}^{q}$。

步骤 4:新旧方案比较。

为便于区别,引入迭代次数的上角标 n,$n=0$ 为初始方案。对于$\{D_k^1\}$和$\{D_k^0\}$新旧两种方案,分析不等式(4-30)是否成立:

$$\sum_{k=1}^{q} F_k^1 \leqslant \sum_{k=1}^{q} F_k^0 \tag{4-30}$$

如果$\{D_k^1\}$和$\{D_k^0\}$完全相同,则上述不等式中必有等式成立,说明已获得最终解,$\{D_k^1\}$即是满意的网点布局地址。否则,将新方案代替旧方案,重复步骤 2 到 4,直至$\{D_k^n\}$和$\{D_k^{n-1}\}$完全相同为止。

按以上步骤得到的综合交通枢纽场站总体布局的最终解,虽然在理论上没有证明是最优的,但从不等式(4-30)可以看出,系统总费用 $F = \sum_{k=1}^{q} F_k^n$ 对于$\{D_k^n\}_{k=1}^{q}$是单调下降的。因此,我们可以认为所得的解是满意的。

总结上述交通枢纽场站布局规划模型,发现它们存在以下共同点:

①模型建立在对现实路网高度抽象和简化的基础之上。

②模型的计算都需要网络中的“运输费用”这一关键参数。

③模型的计算结果缺乏与实际交通网络的动态反馈机制。

④模型没有区分不同交通方式,仅仅是从数学理论的角度进行分析。

因此,上述模型在实际的综合交通枢纽规划应用中还存在很多问题,例如运输费用的非线性变化、交通网络的改变对枢纽布局的影响、不同交通枢纽之间的相互关系等,都不能得到很好的解答。因此,我国目前的交通枢纽规划实践中,采用数学模型进行定量计算的并不多,或者定量计算的结果仅仅作为定性分析的参考。

第四节　枢纽选址优化

一、考虑经济因素优化场站布局的方法

上节讲到的选址模型仅仅考虑了公共路运输场站布局的定量因素。实际公路运输场站布局是一项政策性很强的综合工作,在布局过程中还必须考虑许多定性因素,然而,这些定性因素的标志和特征很难定量描述,无法同定量因素直接比较,为了解决这个问题,可以采用优度的概念来分别表示场站地址的两

类因素在所有备选地址中的相对优劣程度。显然,优度的最小值为0,表示该因素可以不予考虑;优度最大值为1,表示该因素相对的说具有100%的优点。因此,选址计算时,应求出各备选地址两类因素优度的加权和,选其中加权值最大的地址作为公路运输场站最佳的场站布局方案。

参数与变量主要有:

A_{Ek}——第 k 个地址定量因素的优度;

A_{Nk}——第 k 个地址定性因素的优度;

α——定量因素 AE 的权重,$0\leqslant\alpha\leqslant1$;

T——场站建设工期(年);

f_t——第 t 年改、扩建或新建场站投资的年利率;

I——改、扩建或新建场站投资的年利率;

R_t——场站第 t 年的单位流通量的收益率;

M_{ki}——场站第 t 年的流通量;

N——场站经济寿命(年);

D——经济寿命期终了时的场站残值;

P_0——改、扩建或新建投资的等价现值。

$$P_0=\sum_{i=1}^{t}\frac{f_t}{(1+i)^t} \tag{4-31}$$

P_1 为场站在经济寿命期内总收益的等价现值:

$$P_1=\sum_{t=T+1}^{T+n}\frac{R_tM_{kt}}{(1+i)^t}+\frac{d}{(1+i)^{T+n}}-P_0 \tag{4-32}$$

式中:P_1——表征改场站地址诸多定量因素综合有点的一个绝对尺度。

因此,在 n 个备选场站地址中,第 k 个场站地址的定量因素优度可构造为:

$$A_{Ek}=\frac{P_{0k}}{\sum\limits_{k=1}^{m}P_{0k}} \tag{4-33}$$

且

$$\sum_{k=1}^{m}A_{Ek}=1 \tag{4-34}$$

定性因素优度 A_{Nk} 可按以下方法确定。根据各定性因素的相对重要性,应用专家意见法,在 N 个定性因素中,给第 j 个因素以适当的权重 r_j,并使 r_j 归一化,即

$$\sum_{j=1}^{m}r_j=1 \tag{4-35}$$

在 m 个备选场站地址中,给予第 k 个地址的第 j 个定性因素以适当的分值 S_{kj},表示该因素在 m 个场站地址中的相对优劣程度,并使 S_{kj} 归一化,即

$$S_{kj}=1 \tag{4-36}$$

则

$$A_{Nk}=\sum_{k=1}^{m}r_jS_{kj}=1\quad(j=1,2,\cdots,N) \tag{4-37}$$

因此,考虑定性因素的场站选址模型可描述为:

$$\max\left[\alpha\frac{P_{0k}}{\sum\limits_{k=1}^{m}P_{0k}}+(1-\alpha)\sum_{k=1}^{m}r_jS_{kj}\right] \tag{4-38}$$

即公路运输场站最佳地址影视综合定性因素保持最佳的地址。

显然,若 $\alpha=1$,即在场站选址中,不考虑难以量化的定性因素,仅以场站地址的定量因素为主,则上述选址模型可简化为:

$$\max\left[\sum_{t=T+1}^{T+n}\frac{R_tM_{kt}}{(1+i)^t}+\frac{d}{(1+i)^{T+n}}-\sum_{t=1}^{T}\frac{F_t}{(1+i)^t}\right] \tag{4-39}$$

即公路运输场站最佳地址是场站总受益最大的地址。

式(4-33)使用于在一个运输小区内,用式(4-34)、式(4-35)求出的两个或两个以上地址的总费用 C_{TK} 相同或相近,难以取舍时,可进一步考虑定性因素进行比较。式(4-37)由于考虑了投资回收效果,可以与单站离散型选址模型并列使用,从而较为全面地确定最优场站地址。

二、考虑交通网络因素的场站布局优化

前面讨论的枢纽选址问题都是假设交通网络预先确定并可以保持不变,而实际上,在一个对象区域上新建交通枢纽后,由于交通枢纽将会产生和吸引大量的车流量,可能导致枢纽周围的道路变得拥挤,这就是枢纽(选址)对交通网络的反作用。这个反作用将促使市政部门不得不拓宽某些路段或新建路段,从而使交通网络也随之发生变化,此时改进交通道路的费用也应该考虑进来。考虑枢纽对交通网络的反作用的优化问题就是枢纽与网同时优化的问题。该问题可用以下双层数学规划问题表示:

上层:

$$\min:W(Y,Z)=\sum_{i=1}^{M}\sum_{r=1}^{n}b_{ir}z_{ir}+\sum_{a\in A}x_at_a(x_a,y)+\sum_{a=1}^{m}g_a(y_a) \tag{4-40}$$

S.T.

$$q'_{rs}=q_{rs}+\sum_{i=1}^{M}z_{ir}P_{is}+\sum_{i=1}^{M}\sum_{j=1}^{M}z_{ir}z_{js}\mu_{ij} \tag{4-41}$$

$$z_{ir}=0\text{ 或 }1\quad(1\leqslant i\leqslant M,1\leqslant r\leqslant K) \tag{4-42}$$

$$y_a\geqslant 0\quad(1\leqslant a\leqslant m) \tag{4-43}$$

其中,$x=(\cdots,x_0,\cdots)$ 是下层规划问题的解。

下层:

$$\min:F(X)\sum_{a\in A}\int_0^{x_a}t_a(w,y)\,d_w \tag{4-44}$$

S.T.

$$\sum_k f_k^{rs}=q'_{rs},\ \forall r,s \tag{4-45}$$

$$x_a=\sum_{r,s}^{k}\sum_k f_k^{rs}\delta_{a,k}^{rs}\ \ \forall a \tag{4-46}$$

$$f_k^{rs}\geqslant 0\ \forall r,s\ \forall k \tag{4-47}$$

其中,$t_0=t_0(x_0,y)$:表示基于网络扩容向量 $y=(y_1,y_2,\cdots,y_n)$ 的路段 a 上的阻抗函数($a\in A$)。

问题的解法,在这里使用 IOA 迭代法。

步骤 1:给交通网络改进变量 y 取初值 $y_0=(0,0,\cdots,0)$,即初始网络为现状网络;令 $k=0$。

步骤 2:代 y^k 入式(4-42)中的第三项为已知的常数项,问题就变成了式(4-44)所描述的单纯的枢纽选址问题,用算法 3 解之,得解 Z^{k-1}。

步骤 3:代 Z^{k-1} 入式(4-42),式中的第一项为已知的常数项,问题就变成了单纯的网络设计问题,用相关的算法解之,就可得解。

步骤 4:检验 y^k 与 y^{k-1} 是否有显著差异,若有,令 $k=k+1$,返回第二步;否则,y^{k-1} 和 Z^{k-1} 为所求,输出,停止。

算法结束。

思 考 题

一、填空题

1.运输节点功能与区域政治、经济及交通状况密切相关。因此,(　　　　　　)、(　　　　　　)、(　　　　　　)等是决定节点重要度的基本指标。

2.解决一元运输枢纽场站问题主要有重心法和微分法,请问重心法求枢纽最佳位置的计算公式为(　　　　)。

3.在国家公路运输枢纽布局规划中,计算备选城市节点重要度时,对于各个指标的权重的确定,可以采用定性定量结合的方法,一般用(　　　　　)或(　　　　　)等来确定。

二、判断题

1.公路运输枢纽布局规划既不能滞后于交通需求,也不能超前。(　　)

2.在确定枢纽布局规划数量时,适宜的枢纽数量只有一个定值。(　　)

3.场站选址时,应该满足卫生、人防的要求,且位于居民区的上风向。(　　)

4.重心法求出的解与实际交通系统情况接近,但是不是很精确,只能作为交通枢纽布局的初步参考。(　　)

三、选择题

1.影响公路运输枢纽场站选址的因素包括(　　)。

A.城市的发展形态　B.城市功能　C.道路状况　D.经济环境　E.商业战略

2.解决一元运输枢纽场站布局问题的方法包括(　　)。

A.重心法　B.微分法　C.效益成本分析法　D.混合整数规划　E.最优化方法

3.在单层枢纽规划布局中,已知备选城市评价分数的累计值所构成的平面坐标(1,22)(2,62)(5,79),而实际累计值的拟合直线函数为 $y=7x+28$,则在此情况下公路运输枢纽的最佳个数是(　　)。

A.2　B.3　C.4　D.5

四、名词解释

1.公路运输枢纽布局规划

2.重心模型法

五、简答及计算题

1.什么是 CFLP 法?它的基本思想是什么?

2.简述公路运输布局规划方案设计原则与思路。

3.公路运输枢纽布局计算模型有哪些?各类模型的基本思想是什么?比较各类模型的特点。

4.简述公路运输枢纽对站址的基本要求。

5.设某一区域有交通发生点 2 个,它们分别是 P_1、P_3,吸引点 3 个,即 M_1、M_2、M_3,各点的货物流量和运输费率见题表 4-1、题表 4-2。现准备在这一地区建立一个场站。请尝试完成以下作业。

(1)用重心法,确定场站的大致位置。

(2)用微分法,确定场站的大致位置。

各点货物流量与运输费率(一)　　题表 4-1

发生点与吸引点	货物流量(担)	运输费率(美元/担/英里)
P_1	5000	0.04
P_3	7000	0.04
M_1	3500	0.095
M_2	3000	0.095
M_3	5500	0.095

各点货物流量与运输费率(二)　　　　题表 4-2

发生点与吸引点	货物流量(担)	运输费率(美元/担/英里)	坐标	
			X	Y
P_1	5000	0.04	3	8
P_3	7000	0.04	7	3
M_1	3500	0.095	1	5
M_2	3000	0.095	5	6
M_3	5500	0.095	8	8

第五章　公路客运枢纽场站设计

第一节　公路客运场站概述

一、公路客运场站的定义

1.公路客运场站

公路客运场站是以设施、场地及配套设备为依托,提供公路客运服务、客运组织、中转换乘、装卸储运、信息服务及辅助服务的场所。公路客运场站是公路客运网络的节点,是组织旅客运输生产必不可少的生产要素,是公路运输经营主体与旅客发生运输交易活动的场所,是公益性交通基础设施,是培育和发展公路运输主体的载体。

2.公路客运场站与公路客运枢纽的关系

(1)公路客运场站是组成公路客运枢纽的基本要素

公路客运枢纽由多个公路客运场站及相关配套设施设备组成。公路客运场站作为公路客运枢纽的主体构成要素,是公路客运枢纽提供旅客运输服务功能的依托。

(2)公路客运枢纽是公路客运场站发展的高级形式

公路客运场站的发展经历从"点"到"面"的过程。由于公路客运场站吸引范围较小,其服务的范围可视为"点"。公路客运枢纽将多个场站有机联系起来,使其覆盖的范围扩展到城市或经济区域的整个"面"上。公路客运枢纽或具有公路客运枢纽区位的节点在公路客运网络中处于较高层级,不能构成公路客运枢纽且不具备公路客运枢纽区位的节点处的公路客运场站处于较低层级。

二、公路客运站规模参数

(1)设计年度平均日旅客发送量:设计年度车站平均每天始发旅客的数量。

(2)设计年度:车站建成投产使用后的第10年。

(3)旅客最高聚集人数:一年中旅客发送量偏高期间内,每天最大同时在站人数的平均值,而并非一年中客流高峰日中最高时刻聚集在车站旅客人数。

(4)发车位数:发车位地带内可以供车辆停放的车位数。

三、公路客运场站的类型

1.按车站规模分类

(1)等级站:具有一定规模、可按规定分级的车站。

(2)简易车站:以停车场为依托具有集散旅客、售票和停发客运班车功能的车站。

(3)招呼站:道路沿线(客运班线)设立的旅客上落点。

2.按车站位置和特点分类

(1)枢纽站:可为两种及两种以上交通方式提供旅客运输服务,且旅客在站内能实现自由换乘的车站。

(2)口岸站:位于边境口岸城镇的车站。

(3)停靠站:为方便城市旅客乘车,在市(城)区设立的具有候车设施和停车位,用于长途客运班车停靠、上下旅客的车站。

(4)港湾站:道路旁具有候车标志、辅道和停车位的旅客上落点。

3.按车站服务方式分类

(1)公用型车站:具有独立法人地位,自主经营,独立核算,全方位为客运经营者和旅客提供站务服务的车站。

(2)自用型车站:隶属于运输企业,主要为自有客车和与本企业有运输协议的经营者提供站务服务的车站。

四、公路客运站级别划分标准

根据车站设施和设备配置情况、地理位置和设计年度平均日旅客发送量(以下简称日发量)等因素,车站等级划分为5个级别以及建议车站和招呼站。

1.一级车站

设施和设备符合《汽车客运站级别划分与建设要求》(JT/T 200—2004)中规定一级车站必备各项,且具备下列条件之一:

(1)日发量在10000人次以上的车站。

(2)省、自治区、直辖市及其所辖市、自治州(盟)人民政府和地区行政公署所在地,如无10000人次以上的车站,可选取日发量在5000人次以上具有代表性的一个车站。

(3)位于国家级旅游区或一类边境口岸,日发量在3000人次以上的车站。

2.二级车站

设施和设备符合《汽车客运站级别划分与建设要求》(JT/T 200—2004)中规定二级车站必备各项,且具备下列条件之一:

(1)日发量在5000人次以上,不足10000人次的车站。

(2)县以上或相当于县人民政府所在地,如无5000人次以上的车站,可选取日发量在3000人次以上具有代表性的一个车站。

(3)位于省级旅游区或二类边境口岸,日发量在2000人次以上的车站。

3.三级车站

设施和设备符合《汽车客运站级别划分与建设要求》(JT/T 200—2004)中规定三级车站必备各项,日发量在2000人次以上,不足5000人次的车站。

4.四级车站

设施和设备符合《汽车客运站级别划分与建设要求》(JT/T 200—2004)中规定四级车站必备各项,日发量在300人次以上,不足2000人次的车站。

5.五级车站

设施和设备符合《汽车客运站级别划分与建设要求》(JT/T 200—2004)中规定五级车站必备各项,日发量在300人次以下的车站。

6.简易车站

达不到五级车站要求或以停车场为依托,具有集散旅客、停发客运班车功能的车站。

五、客运站的基本功能

1.运输服务

客运站运输服务功能主要表现在:售票、行包托取、候车、问询、小件寄存、广播通信、检票、组织乘客上下车、安排运营车辆班次、制订发车时刻和提供车辆的安检等。利用智能化、现代化的设施设备,以人为本,为旅客和运输经营者提供优质、便捷、高效的运输服务。

2.运输组织

贯彻执行国家及行业主管部门有关法规,进行旅客运输生产、客流和客运车辆的运行组织,实现公路旅客的合理运输。其内涵包括以下方面:

(1)运输生产组织

对于汽车客运站来说,运输生产组织包括发售客票、办理行包托取、候车服务、问询、小件寄存、广播通信、检验车票等为组织旅客上下车而提供的各种服务与管理工作;为营运车辆安排运营班次,发车时刻,提供车辆停放、检测与维修等服务与管理。

(2)客流组织

客运站根据服务区域内的客流变化规律和旅客流量、流向、类别等特点,合理安排营运线路、班次和发车时刻,开辟新的客运班线、班次。

(3)运力组织

客运站通过向社会提供客源、客流信息,组织各种经济成分的营运车辆进行公路旅客运输,运用市场机制协调客源与运力之间的匹配关系,力求运力与运量的相对平衡等。

(4)运行组织

运行组织包括办理营运车辆到发手续,组织营运客车按班次时刻准点正班发车;根据客流特点确定客运车辆行驶的最佳线路和运行方式,制订运行作业计划,使客运车辆有序运转;利用通信手段及时掌握营运线路通阻信息,会同有关部门处理行车伤亡事故,组织救援等。

3.中转换乘

公路客运站为旅客的中转换乘提供方便;配备相应的场站设施,确保旅客安全、迅速、方便、经济地完成换乘作业;为旅客和车主提供双向服务,合理组织联运,实行“一次承运,全程服务”。

4.装卸储运

公路客运站能为旅客提供行包的仓储、保管及装卸搬运作业等服务。

5.通信信息

通过信息传递与交换设备,使全国公路客运站形成网络,实现公路客运站及其与水运站、铁路站和航空港间信息互通,资源共享,各种营运信息实现迅速、及时、准确地传递和交换。

6.辅助服务

公路客运站为旅客和驾乘人员提供食、宿、娱乐、购物等服务;为营运车辆提供停放、检测和维修服务。

表5-1是对以上基本服务功能的总结。

客运站基本功能与业务职能　　表5-1

基本功能	业务职能
运输服务	售票、行包托取、候车、问询、小件寄存、广播通信、检票、组织乘客上下车、安排运营车辆班次、制订发车时刻和提供车辆的安检等
运输组织	客流组织:合理安排营运线路,开辟新班线、班次;运力组织:吸纳和组织营运车辆进站经营,保持运力和运量相对平衡;运行组织:办理参营车辆到发手续,组织客车按班次准点发车,合理进行车辆调度
中转换乘	合理安排班次,与客运班车有效衔接,方便旅客中转;与私人汽车、出租车、公交车系有效衔接,实现旅客的“零距离”换乘
装卸储运	提供行包的仓储、保管及装卸搬运作业等服务
通信信息	与区域内客运站迅速、及时、准确传递和交换各种营运信息与水路、铁路、航空站场信息互通
辅助服务	为旅客和驾乘人员提供食、宿、娱乐、购物等服务;为营运车辆提供停放、检测和维修服务

第二节　公路客运枢纽场站建设要求

公路客运枢纽场站设施一般由生产设施、生产辅助设施和生活服务设施三部分组成。

一、生产设施

生产设施是公路客运枢纽场站建设的主要内容，它包括站前广场、站房、发车位和停车场等。其中，站前广场是客运站房与城市联系的纽带，是旅客、行包和站外各种车辆集散场所，主要由停车场、旅客集散区、行包集散区、绿化美化区等部分组成；站房是最主要的生产设施，旅客站务服务的进站、购票、行包托运、候车、检票等工作均在站房内完成，它主要由售票厅、票据库、候车厅、行包托运厅、行包提取厅、小件寄存处、问讯处、广播室、调度室、办公室、驾驶员室、执勤室、卫生间等功能空间；发车位必须设有站台，便于使旅客进入检票口后到达待发客车；停车场的建设在于为参营车辆在待班期间提供足够停放空间，同时，停车场设置为客运站生产提供辅助服务的洗车、检修设施，以及相应的车辆安全通道和疏散口。

二、生产辅助设施

生产辅助设施包括维修车间、洗车台、油库、配电室、锅炉室等。生产辅助设施在经营和管理上有一定的独立性，也需注意一些特殊要求，如维修设施与停车场应有间隔，设通道供待修及修缮车辆进出；当周边具有两条以上次干道时，生产辅助设施应临近次干道，以便车辆进出。

三、生活服务设施

生活服务设施包括司乘公寓、单身职工宿舍、职工食堂、浴室等。此类生活服务设施按实际需要进行建设，满足相应建筑设计规范即可。

《汽车客运站级别划分和建设要求》(JY/T200—2004)规定汽车客运站设施应根据客运站级别进行配置，在实践中应结合车站所在地实际情况表5-2配置车站基本设施设备。

汽车客运站设施配置

表5-2

设施名称				一级站	二级站	三级站	四级站	五级站
场地设施			站前广场	●	●	★	★	★
			停车场	●	●	●	●	●
			发车位	●	●	●	●	★
建筑设施	站房	房务用房	候车厅(室)	●	●	●	●	●
			重点旅客候车室	●	●	★	—	—
			售票厅	●	●	★	★	★
			行包托运厅(处)	●	●	★	—	—
			综合服务处	●	●	★	★	—
			站务员室	●	●	●	●	●
			驾乘休息室	●	●	●	●	●
			调度室	●	●	●	★	—
			治安室	●	●	★	—	—
			广播室	●	●	★	—	—
			医疗救护室	★	★	★	★	★
			无障碍通道	●	●	●	●	●

续上表

设施名称				一级站	二级站	三级站	四级站	五级站
建筑设施	站房	房务用房	残疾人服务设施	●	●	●	●	●
			饮水室	●	★	★	★	★
			盥洗室和旅客厕所	●	●	●	●	●
			智能化系统用房	●	★	★	—	—
		办公用房		●	●	●	★	—
	辅助用房	生产辅助用房	汽车安全检验台	●	●	●	●	●
			汽车尾气测试室	★	★	—	—	—
			车辆清洁、清洗台	●	●	★	—	—
			汽车维修车间	★	★	—	—	—
			材料间	★	★	—	—	—
			配电室	●	●	—	—	—
			锅炉房	★	★	—	—	—
			门卫、传达室	★	★	★	★	★
		生活辅助用房	司乘公寓	★	★	★	★	★
			餐厅	★	★	★	★	★
			商店	★	★	★	★	★

注:"●"为必备;"★"为视情况设置;"—"为不设。

四、设备配置要求

1.基本要求

(1)车站设备的数量与类别应根据车站生产力和作业量的大小确定,主要设备尽可能地选用国家定型的标准设备。

(2)主要基本设备的配置要求见表5-3,智能化系统设备视车站实际情况按需配置。

车站基本设备的配置要求 表5-3

设备名称	基本要求
行包检查设备	能在不开包情况下准确查出乘客携带的危险品;可查行李最大尺寸:900×800mm
尾气检测设备	可快速、准确地测定汽车尾气排放是否超标
微机售票设备	能迅速、准确地为旅客提供票务查询,预定,售票服务;满足远程售票作业及联网对接要求;方便相关票务信息的传递、交换、存储、处理与统计
消防设备	设备配置齐全、有效;符合国家安全消防的有关规范及规定
宣传设备	设备配置齐全、有效,醒目、美观大方;一、二级车站应以电子显示方式清晰滚动显示
行包搬运与便民设备	能实现轻快、便捷、安全的搬运作业;便民设备要与车站工艺流程相匹配、轻巧、方便旅客使用
生产管理设备	能够实现客车到站、报班、发班、销班、停车、检验等一体化管理

2.设备配置类型

车站设备包括基本设备和智能化系统设备。《汽车客运站级别划分和建设要求》(JY/T200—2004)要求汽车客运站以车站等级与功能为基础,结合站务工作特点和旅客需要配置基本设备,具体可参照表5-4内容。

汽车客运站设备配置　　表 5-4

设备名称		一级站	二级站	三级站	四级站	五级站
基本设备	旅客购票设备	●	●	★	★	★
	候车休息设备	●	●	●	●	●
	行包安全检查设备	●	★	★	—	—
	汽车尾气排放测试设备	★	★	—	—	—
	安全消防设备	●	●	●	●	●
	清洁清洗设备	●	●	★	—	—
	广播通信设备	●	●	★	—	—
	行包搬运与便民设备	●	●	★	—	—
	采暖或制冷设备	●	★	★	★	★
	宣传告示设备	●	●	●	★	★
智能系统设备	微机售票系统设备	●	●	★	★	★
	生产管理系统设备	●	★	★	—	—
	监控设备	●	★	★	—	—
	电子显示设备	●	●	★	—	—

注:“●”为必备;“★”为视情况设置;“—”为不设。

第三节　公路客运站的工艺流线组织

一、公路客运站的主要生产流程

公路客运枢纽场站生产流程由售票、行包托运和提取、候车室服务、旅客乘车组织、车辆及旅客发送、车辆及旅客到达等若干作业单元组成。各作业单元有不同的工作内容、范围和职责,分工较为明确。

1.售票工作

发售车票是公路客运站为旅客提供的基本服务内容。为了减少旅客购票时间、提高售票工作效率,现有客运站大多采用计算机售票,除采用传统的车站窗口售票外,还采用如电话预约、互联网预约售票、上门售票、候车室售票等多种售票形式。通过采用多种形式发售客票,便于将旅客按照时间、方向和车次有计划组织以及合理安排发车班次及时间,使客运站旅客运输工作组织更加合理。

2.行包业务

当旅客在旅行途中随身携带的行包超重、超长时,就需要办理托运手续,行包随车与旅客同时到达目的地后再次经行包房提取。客运站的行包托运和交付需求促生了客运站站内行包发送和到达作业。行包发送作业包括行包的承运、保管与装车作业;行包到达作业包括卸车、保管和交付作业。车站对行包的管理、保管、搬运装卸、交付等作业必须有专门行包工作人员来负责,确保行包的安全、完整、及时运送,这是行包组织工作的基本要求,它对于提高客运服务质量、保证客车正点运行有重要影响。

3.候车服务

候车室服务是客运站站务工作的重要内容,也是针对旅客服务的主要环节之一,其作业过程主要在候车室内完成,具有服务内容繁杂、牵扯面广等特点。一般旅客候车服务内容包括门迎、问询、小件寄存、广播、等候、引导旅客上车、运输安全宣传、餐饮、商务服务等。

4.旅客及班车发送

旅客发送工作主要为组织旅客安全、准确、及时上车,班车发送还包括发车的管理工作,及时安排车辆进出发车位、保障班车正点发出。其主要工作包括发车及检票提示、查验车票、行包装车、清点旅客数、发布班车开行信号等。

5.到站接车服务

客车到达包括终到客车到达和过站班车到达。终到客车到达作业包括:组织旅客下车出站;清点行包物品;组织旅客提取行包;为车辆提供清洗、停放、加油和维修服务。过站班车到达作业包括组织旅客乘车、发车和终到客车的各项作业内容。

客运枢纽场站的生产流程包括旅客及其托运行包的发送、到达,参营客车的接送、到达和停靠等工作。其生产流程可用图5-1表示。

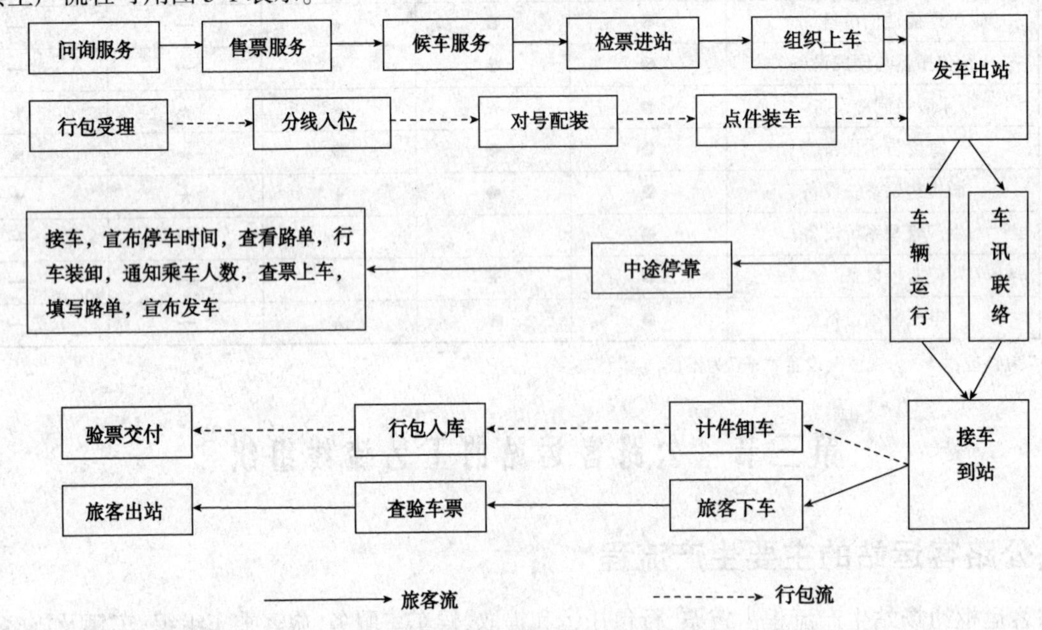

图5-1　公路客运站基本生产流程示意图

二、公路客运枢纽场站工艺流线组织

公路客运枢纽场站工艺流线是指旅客、行包和营运客车在站内集散流动过程所经历的流动线路,分为旅客流线、行包流线和车辆流线。通过工艺流线优化组织其工作流程,使旅客、行包及车辆运动过程实现时间上、空间上最佳的结合,使站内生产秩序井然。

1.工艺流线构成

(1)旅客流线

按流动方向可将客运站内旅客分为进站旅客和出站旅客。进站旅客呈现由分散到集中的聚集特点。由于实现该过程一般经过问询、小件寄存、购票、行包托运、候车等诸多环节,所以旅客在站内滞留时间较长。出站旅客则是由集中到分散,持续时间短,但密度大,速度快。进出站旅客流线如图5-2所示。其中又可分为以下3类:

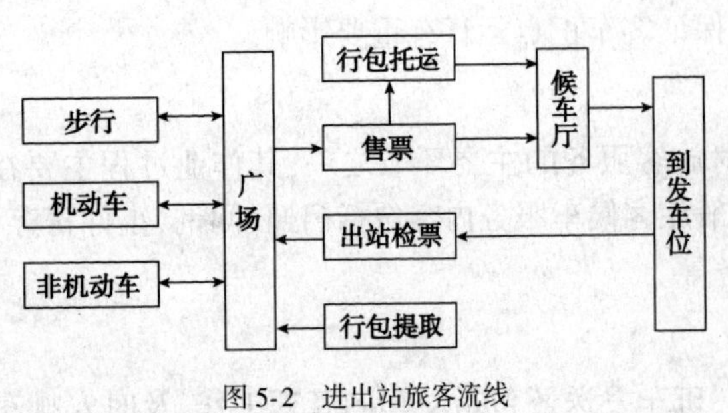

图5-2　进出站旅客流线

①普通旅客流线。普通旅客人数最多,进站流动过程比较复杂,随身携带的物品也较多,候车时间较长,出站时人流集中、密度大、速度快。

②特殊旅客流线。特殊旅客指的是需要特别照顾的旅客,如妇婴及老弱病残旅客等。这部分旅客数量少,行动不便,需要人扶持照顾,通常单独设置候车室,也可以与贵宾流线统一设置,并有专用厕所和专用检票

口,优先上车。其流线与普通旅客进出站流线基本相同,但照顾优先放行。

③贵宾流线。贵宾主要指在国内旅行的外国人、侨胞、港澳台同胞及各级主要领导等。通常为了保证贵宾候车的方便与安全,单独设置贵宾室与检票口。由于安全保卫工作的需要,来去有车接送,其流线应与一般旅客流线分开。

(2)行包流线

行包流线可分为发送行包流线、到达行包流线和中转行包流线3种。

①发送行包流线。发送行包经由行包受理处送至行包库房,经过分类整理后,通过提升机、手推车、传送带等设施经行包通道送至行包平台相应发车位堆放,待发客车进入发车位后,在旅客验票登车时装运行包。

②到达行包流线。到达行包流线是到达客车进入到达车位后,由装卸员卸行包于行包平台,然后送至行包库房待旅客提取。

③中转行包流线。中转行包卸车后,在行包平台送至相应的发车位上方临时堆放,开车前装车出站。

(3)车辆流线

车辆流线根据车辆运行所在区域分为站内流线和站外流线。站内流线由到达车辆流线、发送车辆流线和过站车辆流线构成。基本流线如图5-3~图5-5所示。

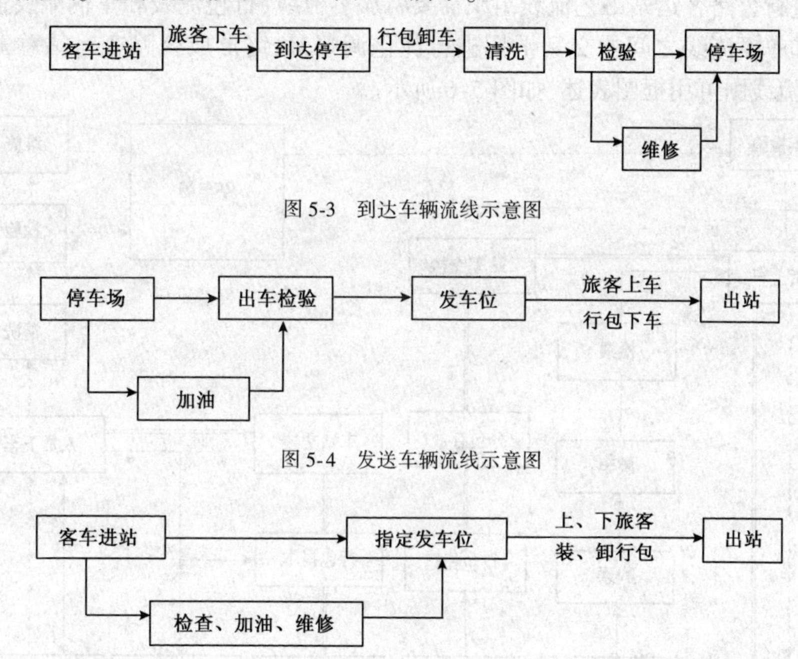

图5-3　到达车辆流线示意图

图5-4　发送车辆流线示意图

图5-5　过站车辆流线示意图

客运交通枢纽场站外车辆流线指旅客到达车站所乘坐的公交车、出租车或其他车辆,进入或离开车站进出站前广场所形成的车辆流线。客运交通枢纽场站外车辆流线的车流混杂,设计时必须很好地组织与合理设置停放区,以保证正常的客运秩序。

2.工艺流线组织原则

客运站的交通流线组织是指在客运站的整个空间内,合理组织客流、行包流和车流。各种流线合理的标志是不发生相互交叉。为了使站内各种流线合理协调,必须遵循下列原则:

(1)把旅客进站与出站两股客流分开。方法是分设进站(检票)和出站(验票)口组织客流单向流动,各行其道,互不干扰。

(2)把客流与车流分开。对于站前广场接送旅客的车流,其停放位置可设在广场的一侧或两侧。要防止车流过度地接近进出站口或在广场中间行驶,以防发生与客流的交叉与干扰;站内要设置站台和发车位,引导旅客从站台上车,避免场内乘车。下车时也要注意这一问题。要使车流的进出口位置远离客流的进出站口,避免发生交叉。

(3)将行包线中的发送与到达分开。将行包流线中的发送与到达两部分分开,可采取如下方法:

①分设发送和到达行包库,使行包装车、卸车流线分开。

②发送和到达行包在不同位置进行装、卸作业。

③从时间上错开,使装车发送与到达卸车不在同一时间。

④将进站车流与出站车流分开。为使汽车单向流动,可设置两个大门,进出分开,固定使用。

⑤客运站各组成部分设置应紧凑。尽量使客运站的各组成部分设置紧凑,缩短流线长度,尤其是售票处、候车厅、行包托运处和提取处等主要服务设施的布局要合理,努力避免因旅客往返穿插办理手续而造成的迂回流动和交叉。

通过对上述客运站工艺流线组织的分析,可以看出客运站的空间组合类型是属于序列空间的组合,即它是一个个按一定的序列排列而成,且空间的排列顺序完全按使用的联系顺序而定。旅客从进站、问讯、买票、托运行包、候车、检票上车就是在使用功能上的联系顺序。除了客流外,行包流和车流的设计也应给予重视。

3.工艺流线组织

一般情况下,进行公路客运站工艺流线组织需要将旅客流线、行包流线和车辆流线进行叠加,并对旅客流线、行包流线和车辆流线之间的交叉干扰进行优化调整,最终形成公路客运站总工艺流线组织图。公路客运站总工艺流线图可用框图表述,如图5-6所示。

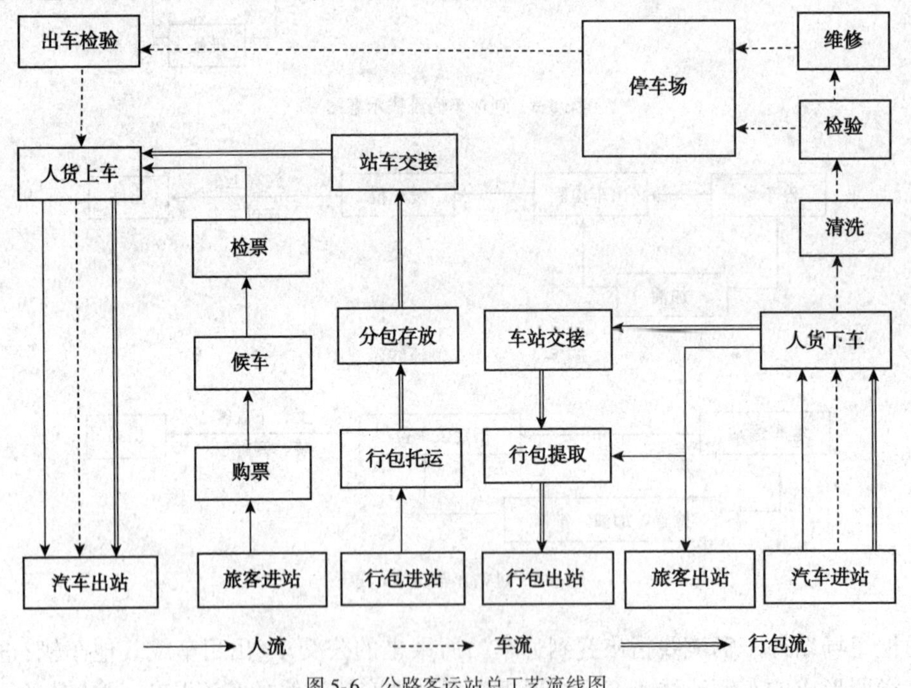

图5-6 公路客运站总工艺流线图

第四节 公路客运枢纽场站规模计算

公路客运枢纽场站规模指标为客运站的设计布局提供各种可靠的数据,使车站建设和平面布置更经济、合理。

一、建设规模基本要求

公路客运站建设规模亦即用来确定客运站投资总额的设计规模,是公路客运站站房建筑面积、站前广场、停车场、发车位及相关设施建筑面积的总和。公路客运站建设规模以其设计年度日平均旅客发送量和最高聚集人数为依据，结合所在地国民经济发展规划和社会需求预测、分析所确定。

合理的汽车客运站建设规模可以在有限建设投资约束下产生满意的服务水平。车站规模过大容易造成站址选择困难，建设投资大、回收期长、运营与管理费用高等弊端，从而客运站经济效益不明显。同时，车站班次过多造成调度困难、容易产生交通拥挤，也会增加旅客进出站与中转的时间消耗，安全与环境卫生管理难度相应增大。但是，如果车站规模过小，容易在客流高峰出现拥挤，而且使车站设备利用率低，班次过少难以发挥运输规模效益，不宜实行专业分工，影响管理水平的提高。

客运站最佳建设规模，应该满足下列要求：

(1)客运站设置较完善的服务设施，能满足旅客运输需要，为旅客提供方便、舒适、安全的候车环境，具有较高社会效益。

(2)使旅客能够迅速、准确、便捷地办理购票、候车、乘车相关手续。

(3)造价低、投资少、建设工期短，车站经济效益和社会效益均较高。

(4)有助于提高经营水平和运营效率，提高始发车满载率，降低运输成本。

(5)有利于开展多功能服务、一条龙服务和综合性经营。

二、规模指标计算

客运站规模的确定一般是以设计年度平均日旅客发送量、旅客最高聚集人数、发车班次、发车位数等指标为依据的。

1.旅客日发送量

(1)遵循原则

旅客日发送量是指客运站设计年度年均日旅客发送量，它是反映客运站建设规模和生产能力的重要指标，也是确定各类设施规模的主要依据。确定旅客日发送量时应坚持以下原则：

①符合规模经济原则，即确定客运站的旅客日发送量时，应坚持车站规模收益递增原则，使车站建设规模适度。

②满足所在地社会经济长远发展规划和社会需求。

③根据历史调查资料，选用适当的预测方法，使预测值与实际情况偏差最小。

(2)预测方法

根据车站服务区域道路旅客运输发展规律，选择适当的预测方法和预测模型进行预测分析。最后采用定量计算与定性分析相结合方法，确定设计年度平均日旅客发送量。主要预测方法有增长率统计法、回归分析法、指数平滑法、弹性系数法和灰色模型等。

2.旅客最高聚集人数

旅客最高聚集人数是指一年中旅客发送量偏高期间内，每天最大同时在站人数的平均值，而并非一年中客流高峰日中最高时刻聚集在车站的旅客人数。

根据《汽车客运站级别划分和建设要求》(JT/T 200—2004)规定，旅客最高聚集人数可按设计年度日均旅客发送量乘以相应的百分比计算，亦可根据车站同期发车量计算确定。

(1)根据设计年度年平均日旅客发送量计算

通过客运量预测的计算，可以获得设计年度的旅客日发送折算量，但无法统计未来的旅客最高聚集人数的具体值。旅客日发送量指标计算时，通常根据统计规律，按预测所得的旅客日发送折算量乘以相应的百分比来确定设计年度的旅客最高聚集人数。计算公式如下：

$$R_{max}=\alpha \cdot F \tag{5-1}$$

式中：F——设计年度平均日旅客发送折算量(人次)；

R_{max}——旅客最高聚集人数(人)；

α——计算百分比,其大小可按表5-5选取。

客运站旅客日发送量与旅客最高聚集人数百分比 表5-5

旅客日发送折算量	百分比	旅客日发送折算量	百分比
500人次以下	30%~20%	4000~7000人次	14%~12%
500~2000人次	20%~17%	7000~10000人次	12%~10%
2000~4000人次	17%~14%	10000人次以上	10%

(2)根据同期的发车数量计算

旅客最高聚集人数也可根据同期的发车数量,按下列经验公式进行计算:

$$R_{\max}=KN\overline{R} \tag{5-2}$$

式中:K——综合系数,一般取1.5~2.5;

$\overline{R}$——客车平均定员人数(人/辆);

N——设计年度车站一次最大发车量(辆)。

3.日均发车班次

日均发车班次是确定客运站的停车场、发车位、维修车间等设施规模的主要指标之一。影响日均发车班次的主要因素有旅客日发送量、客车平均定员人数、过站车载乘率和始发车合理座位利用率等。一般情况下,可按下式计算求得:

$$N=\beta\frac{F\cdot(1-p)}{m_{a}\gamma_{a}} \tag{5-3}$$

式中:N——日均发车班次(班次);

β——不均衡系数,一般取1.15;

m_a——客车平均座位数;

p——过站车载乘率,指过站车载客量与车站旅客日发送量之比;

γ_a——始发车作座位合理利用率,取85%。

4.发车位数

发车位数量表示客运站在同一时刻发送客运班车的能力。其数量合理与否,直接关系到客运站的营运效率和经济效率,直接影响站房的建设规模。发车位不足,高峰期班车不能按时发车,旅客在站滞留时间长,使站房规模加大。发车位过剩,会增加占地面积,高峰期后造成闲置。为此,必须合理地确定发车位数量。一般情况下发车位数可按下式计算求得:

$$N_{f}=\frac{kR_{\max}(1-p)}{m_{a}\gamma_{a}n_{h}} \tag{5-4}$$

式中:N_f——发车位数(个);

$R_{\max}$——旅客最高聚集人数(人);

n_h——营业时间每小时发车次数,一般取3次;

k——考虑到达客车和过站车停靠需增加车位的系数,通常取1.2。

一般的客运站设计中发车位的取值可参考表5-6。

公路客运站等级与发车位 表5-6

等级	发车位数量(个)	等级	发车位数量(个)
一级站	20~24	四级站	6以下
二级站	13~19	五级站	视情况设置
三级站	7~12		

注:资料来源于《公路客运站建筑设计规范》(JGJ 60—99)。

三、车站的设施规模量化方法

1.站前广场

根据旅客最高聚集人数,站前广场的面积可按下式计算:

$$A_s = R_{max} \cdot A_m \tag{5-5}$$

式中:A_s——站前广场面积(m^2);

R_{max}——旅客最高聚集人数(人);

A_m——每人平均占用面积(m^2/人)。对于一、二级车站,A_m取值取1.2~1.5m^2/人,三级车站可取1.0m^2/人,小站可酌情考虑。

2.站房

(1)候车厅面积

候车厅面积A_1可根据旅客最高聚集人数,按每人1.2m^2计算,即

$$A_1 = R_{max}A_m = 1.2R_{max} \tag{5-6}$$

(2)售票厅面积

售票厅的面积与旅客最高聚集人数、售票速度、同时售票窗口数、每个窗口前应有面积等因素有关。根据资料,人工售票时,售票员每小时可发售120张车票,旅客正常排队购票时间可定为10min,排队售票时,旅客平均活动面积为每人1m^2。假如每人购买一张车票,则10min内售票窗口前排队旅客有20人左右,因此,每个窗口就要留出20m^2的面积,即

$$A_2 = 20N_t \tag{5-7}$$

式中:N_t——售票窗口数(个),计算时取整数。

即

$$N_t = \frac{R_{max}}{120} \tag{5-8}$$

(3)行包托运处面积

大型客运站的行包托运处由若干个托运单元组成,每个托运单元均由托运厅、行包受理作业处、库房内行包占用面积和行包员作业面积所组成。在工艺计算中,各项面积按以下经验值确定:托运厅20m^2,行包受理作业面积20m^2,库房内行包占用面积按每件0.3m^2计算、行包员作业面积20m^2。因此,每个托运单元面积A_c应为:

$$A_c = 20+20+20+0.3m_\mu \tag{5-9}$$

式中:m_μ——托运单元日受理行包件数。

托运单元日受理行包件数可根据托运单元每小时受理件数和每日办理业务时间确定。一般情况下,每个托运单元1h受理30件行包,每日可办理10h行包业务。

行包托运单元数,可根据日受理行包总件数和每单元日受理行包件数计算确定,但计算结果必须取整数。由于日受理行包总件数通常按旅客日发送量的10%计算,即按平均每10个人托运一件行包来确定行包总数。所以,托运单元数μ可按下列公式计算:

$$\mu = \frac{m_b}{m_u} = \frac{0.1D_0}{m_u} \tag{5-10}$$

式中:m_b——日受理行包总件数;

D_0——旅客日发送量;通常把0.1称为行包托运系数。

这样行包托运处的面积A_3为:

$$A_3 = A_c \cdot \mu \tag{5-11}$$

(4)行包提取处面积

行包提取处的面积A_4按托运处的30%~50%计算,即

$$A_4=(0.3\sim0.4)A_3 \tag{5-12}$$

(5)小件寄存处面积

小件寄存处是由作业室和寄存物品两部分组成。一般取作业室面积为$10m^2$,寄存物品库按每件寄存物品占用$0.2m^2$和旅客最高聚集人数中有25%的旅客各寄存一件物品进行计算,即

$$A_5=0.20\times R_{max}+10 \tag{5-13}$$

(6)问讯处面积

问询处面积可按工作人员每人$8m^2$计算,即

$$A_6=8R_6 \tag{5-14}$$

式中:R_6——问讯处工作人数。

(7)调度室面积

调度室面积A_7应根据配备调度员多少而定。考虑调度员要接待驾驶员、办理行车手续和放置调度设备等,故按每一调度员$10m^2$计算,即

$$A_7=10R_7 \tag{5-15}$$

式中:R_7——调度员人数。

(8)站务员室面积

站务员室面积A_8是根据车站配备站务人员数而定。一般按每人占用$1.5m^2$计算,作为站务人员临时休息的场所,即

$$A_8=1.5R_8 \tag{5-16}$$

式中:R_8——站务人员数。

(9)乘务员室面积

乘务员室面积A_9,按每位乘务员占用$0.7m^2$计算,这是因为乘务员随车工作,在站时间较少等因素确定的。即

$$A_9=0.7R_9 \tag{5-17}$$

式中:R_9——乘务人员数。

(10)驾驶员休息室面积

驾驶员休息室面积A_{10}与驻站客车数有关,一般每车一人,每人占用$0.5m^2$计算,即

$$A_{10}=0.5R_{10} \tag{5-18}$$

式中:R_{10}——驾驶员人数。

(11)其他工作用房面积

其他工作用房面积指售票工作室、广播室、公安执勤室等,其面积按每一工作人员6~$9m^2$计算,即

$$A_{11}=(6\sim9)R_{11} \tag{5-19}$$

式中:R_{11}——其他用房工作人员人数。

当一工作室只需配备一名工作人员时,单间面积应不少于$10m^2$。

(12)旅客厕所面积

旅客厕所面积应以旅客最高聚集人数为依据,以满足使用时间和人流较集中的要求。旅客中男女比例通常按2:1考虑。男旅客以每80人设置大便蹲位一个及小便斗一个;女厕所按每蹲位$3.5m^2$计算,即

$$A_{12}=A_m+A_n=\left(0.33\times\frac{3.5}{55}+\frac{4.5}{80}\times0.66\right)R_{max}=0.0587R_{max} \tag{5-20}$$

式中:A_m——男厕所面积(m^2);

A_n——女厕所面积(m^2)。

3.停车场及行车通道

停车场及行车通道面积,根据每辆停放客车平均占用场地面积乘以驻站客车数计算。车辆停放平均占用场地面积,一般按驻站客车投影面积的4倍计算,即

$$A_a = m\overline{A}_0 = 4m\overline{A}_1 \tag{5-21}$$

式中:A_a——停车场及行车通道面积(m^2);

m——驻站客车数(辆);

$\overline{A}_0$——停放客车平均占用场地面积(m^2);

$\overline{A}_1$——驻站客车平均投影面积(m^2)。

为保证客车在停车场内出入、通行、停放的安全与顺畅,《公路客运站建筑设计规范》(JGJ 60—99)中对公路客运站停车场中的通道做了如下规定:发车位和停车区前的出车通道净宽不应小于12m;停车场的进、出站通道,单车道净宽不应小于4m,双车道净宽不应小于6m,因地形高差通道为坡道时,双车道则不应小于7m;通向洗车设施及检修台前的通道应保持不小于10m的直道。

汽车的最小转弯半径可采用表5-7的规定。

停车场通道的最小平曲线半径　　表5-7

车辆类型	最小平曲线半径(m)	车辆类型	最小平曲线半径(m)
铰接车	13.00	中型汽车	10.50
大型汽车	13.00	小型汽车	7.00

4.维修车间

客运站车辆维修作业所需面积,由维修作业工位、辅助车间和材料库三部分面积组成。维修工位面积按每一车位75~90m^2计算;辅助车间面积按每车位10~15m^2计算;材料库面积按每车位10m^2计算。客车维修车位数N_m包括一级维护作业车位数和小修作业车位数,即

$$N_m = n_1 + n_s \tag{5-22}$$

式中:n_1——一级维护作业车位数(个);

n_s——小修作业车位数(个)。

表5-8为客运站占地面积及主要设施使用面积参照表。表内不包括职工生活用房面积。

客运站占地面积及主要设施使用面积参照表　　表5-8

日均旅客发送量	10000人次	8000人次	7000人次	5000人次	3000人次	1000人次
最高聚集人数	1000人次	880人次	840人次	620人次	500人次	200人次
占地面积	18000	14400	12600	9000	6400	1800
站前广场	1500	1320	1260	744	500	200
停车场	6750	4950	4500	3600	2250	1800
发车位	1350	990	900	720	450	360
站务用房	2660	2113	1964	1512	1006	451
候车室	1000	880	840	620	500	200
重点旅客候车室	200	●	●	●	0	0
售票厅	180	160	140	100	80	40
售票室	51	47	43	35	31	23
票据库	20	20	20	15	15	15
行包托运处	60	40	40	40	20	20
行包库房	115	103	99	77	65	0
站台及装卸平台	270	198	180	144	0	0

续上表

日均旅客发送量	10000 人次	8000 人次	7000 人次	5000 人次	3000 人次	1000 人次
行包提升室	20	20	20	20	0	0
问讯处	10	10	10	10	8	8
广播室	20	20	20	15	15	15
小件寄存处	75	59	57	46	40	25
失物招领处	20	20	20	15	15	15
邮电服务处	25	25	25	20	0	0
值班站长室	25	25	25	20	20	20
调度室	30	30	25	20	20	20
站务员室	105	90	68	57	39	25
驾驶员休息室	105	90	68	57	39	25
治安办公室	20	15	15	15	0	0
联运办公室	20	15	15	15	0	0
旅客厕所	175	156	149	104	84	55
盥洗饮水室	60	50	45	30	0	0
行政用房	340	290	260	180	120	60
车辆维修车间	●	●	●	●	0	0
辅助车间	●	●	●	●	0	0
材料库	●	●	●	●	0	0
洗车台	90	90	90	90	90	0
车辆安全检验台	100	50	50	50	50	0
配电室	30	20	20	20	20	15
锅炉室	100	●	●	●	●	0
门卫传达室	●	●	●	●	●	●
其他辅助设施	●	●	●	●	0	0
司乘公寓	1800	1440	1260	900	450	150
单身职工宿舍	800	640	560	400	240	100
医务室	60	0	0	0	0	0
旅客餐厅	●	●	●	●	●	●

5.人员配备

客运站的工作人员主要由站务人员、乘务人员、驾驶员、维修人员、调度员、管理人员和后勤人员组成。各类人员的配备应以作业工作量为依据。

(1)站务人员

站务人员是售票员、服务员(如检票、广播、寄存、问询、卫生等)、行包员、装卸工的统称。通常按站务工作量(旅客日发送量)每100人次配备1.80~2.00人计算,其中:售票员0.32人,服务员0.90人。当有过路班车时,每15个班次增配1人,行包员0.28人,装卸工0.40人。

(2)乘务人员

配有乘务员的客车,按每辆配备1.33~1.50人计算;双班运行的,应增加1倍。

(3)驾驶员

按每辆客车1.33~1.5的人配备;双班运行的,应增加1倍。

(4)调度员

调度员人数通常按驻站客车数配备。对30辆及30辆以下的一般配备2~3人。当高于30辆时,每增加30辆增配1人。

(5)维修人员

负责车站建制客车一级维护和小修作业的维修人员,按维修作业工作量计算,每一个维修车位配备2~4人;如双班作业时,可适当增加人数。其计算公式为:

$$M_p=\frac{1}{8\beta}(m_1+m_s)$$
$$m_1=t_1\left(\frac{L_d\times Z_m}{l_1}-\frac{L_d\times Z_m}{l_2}\right) \tag{5-23}$$
$$m_s=t_s\times f\times L_d\times Z_m$$

式中:M_p——维修人员数;

m_1、m_s——分别为一级维护和小修作业工作量(h);

t_1、t_s——分别为一级维护和小修作业工时定额(h);

β——工时利用率,一般为85%~90%;

L_d——车日行程(km);

l_1、l_2——分别为一、二级维护作业周期(km);

f——小修作业频率[1次/(1000车km)];

Z_m——车站建制客车数(辆)。

对于具体的一个客运站来说,上述各项数值都是定值。因此,维修人员数与车站建制客车数之间明显存在线性函数关系。

(6)管理人员和后勤人员

客运站的管理人员和后勤人员可按上述人员总数的20%~22%配备,其中管理人员包括站领导、各股室负责人、业务、财务、统计、公安、稽查、安检、政工人员等。

表5-9为客运站人员配备参照表。计算过程中,每车配备驾驶员和乘务员均为1.4人,单班制L_d取200km,l_1为1600km,l_2为11200km;t_1为5h(一般为4~6h),t_s为3h(一般为2~4h);β取85%,管理人员及后勤人员取职工总数的20%。

客运站人员配备参照表 表5-9

旅客日发送量 / 驻站客车数 / 项目	10000人次 150辆	7000人次 100辆	5000人次 75辆	3000人次 40辆	1500人次 20辆	500人次 5辆
总人数	770	521	386	215	108	31
一、站务人员	160	133	95	57	29	10
售票员	32	22	16	10	5	2
服务员	90	63	45	27	14	4
行包员	28	20	14	8	4	2
装修工	10	28	20	12	6	2
二、乘务员	210	140	105	56	28	7
三、驾驶员	210	140	105	56	28	7
四、调度员	7	5	4	3	2	1
五、维修人员	25	17	13	7	3	1
六、管理后勤人员	128	86	64	36	18	5

第五节　公路客运枢纽场站的平面布局设计

一、平面布局原则与要求

客运站的总平面布局是否合理,直接影响到使用效果。客运站的工艺流程设计、工艺计算数据和各部位的使用功能要求,是总平面布局的主要依据。在总平面布局时需遵循下列原则:

(1)符合城市规划要求

总平面布局需放在具体的城市环境中考虑,使其与周围环境构成协调、完整的统一体,满足城市规划的总体布局要求,起到美化城市的作用。在总平面布局前,必须熟悉环境,了解城建部门的总体规划意图,掌握建设地段在总体规划中的地位和作用,了解所在地段近、远期的发展情况,以及客运站有哪些建筑要求等;要求设计者进行仔细地分析研究,反复推敲,切忌盲目地采用旧式设计,脱离当地实际。

(2)充分利用地形,合理划分功能区

方案设计工作应以经济性和合理性为前提,本着合理分区的原则,妥善安排各功能区的位置,既能满足功能要求,又能方便相互联系;使区内的人流、车流与物流合理分流,防止干扰,并有利于消防、停车和人员集散。结合当地气象条件,使建筑物具有良好的朝向、采光和自然通风条件。站场建筑布局应紧凑合理,对站房建筑特别是辅助建筑可根据地形因地制宜地设置。此外,汽车噪声,防火等要求也应综合考虑进去。

(3)流线简洁流畅,避免交叉干扰

公路客运站的总平面流线设计主要解决进出站客流、附属建筑出入人流、客运服务人流、行包流线以及车辆的进出站流线关系等。应避免人流、车流和货流交叉混杂,力求做到路线顺捷、通畅,保证旅客能迅速、安全疏散。

二、客运站各功能区的平面设计

1.站前广场

为起到人流和车流集散的作用,客运站房与城市道路间需要设置站前广场作为过渡空间。站前广场是旅客、行包和站外各种车辆集散地场所,通常由停车场、旅客集散区,行包集散区、绿化区等部分组成。随着客运站设计理念的丰富和交通问题的日益复杂,站前广场的定位有了更丰富的想象空间。

站前广场一般可以分成旅客活动区、公共停车位、服务区、疏散通道和绿化等几个主要区域。其中旅客活动区应接近站房的主入口;公交车和出租车停车区应设于站前广场的一侧,以免干扰其他活动区;与停车区对应一侧可布置商业服务区。

站前广场的形式主要可以分为:矩形、梯形、扇形、三角形和L形5种,如图5-7所示。一、二级车站站前广场的面积可以按旅客最高聚集人数每人1.2~1.5m^2计算,三级车站按旅客最高聚集人数每人1.0m^2计算。

2.站房总体平面设计及其要求

站房是公路客运站最主要的生产设施,进站、购票、行包托运、候车、检票等工作均在此完成,对应设置有售票厅、票据库、候车厅、行包托运厅、行包提取处、小件寄存处、问讯处、广播室、调度室、办公室、驾驶员室、执勤室、卫生间等功能空间。公路客运站建筑的平面设计,是设计师面临的主要设计任务。

站房平面设计要满足如下要求:

①站房各部分面积与计算面积相符,既满足设计年度最高聚集人数的需要,又满足各服务设施和主要设备合理布置的要求。

②空间安排要尽量清晰、紧凑,满足复杂的空间功能要求。

③分区应明确、合理，流线短捷明快、便利，避免站内主要交通流线的混杂交叉。

④满足采光、通风等要求，以及设施齐全、位置适宜的服务处所，以提高旅客舒适性。

⑤要超越平面性思维，复合、立体、有效地利用空间。

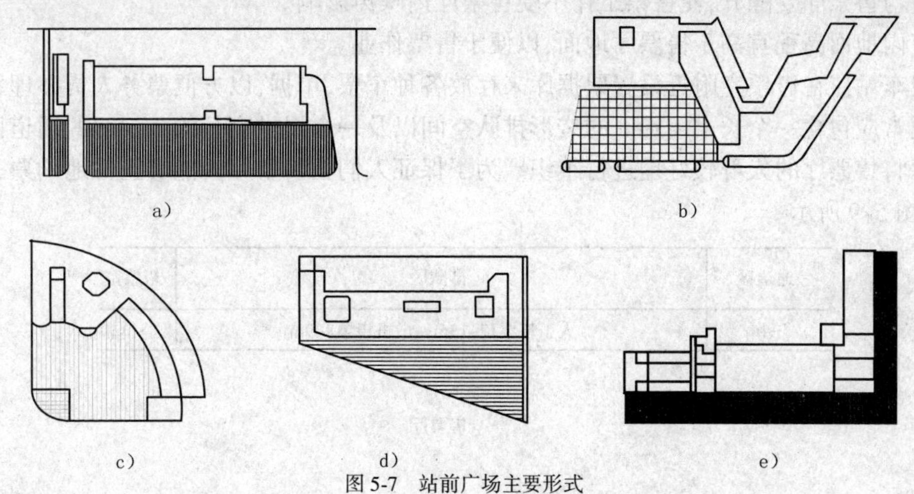

图 5-7　站前广场主要形式

a)矩形广场；b)梯形广场；c)扇形广场；d)三角形广场；e)L 形广场

客运站建筑空间主要分为旅客使用空间与站务空间，功能关系紧密且相互交错并联，而且往往以不同特征的旅客流线构成来加以组织和联系。旅客使用空间基本构成主要包括票务、候车、行包服务、站台及相关附属功能等部分。站务空间则可细分为辅助及内部管理部分(如旅客服务、行政办公、安全保卫等)和技术服务部分(如车队、维修等)。其余客运站附属建筑空间应根据站级规模和标准视具体条件灵活布置。

一级站站房平面布局方案可参考图 5-8。

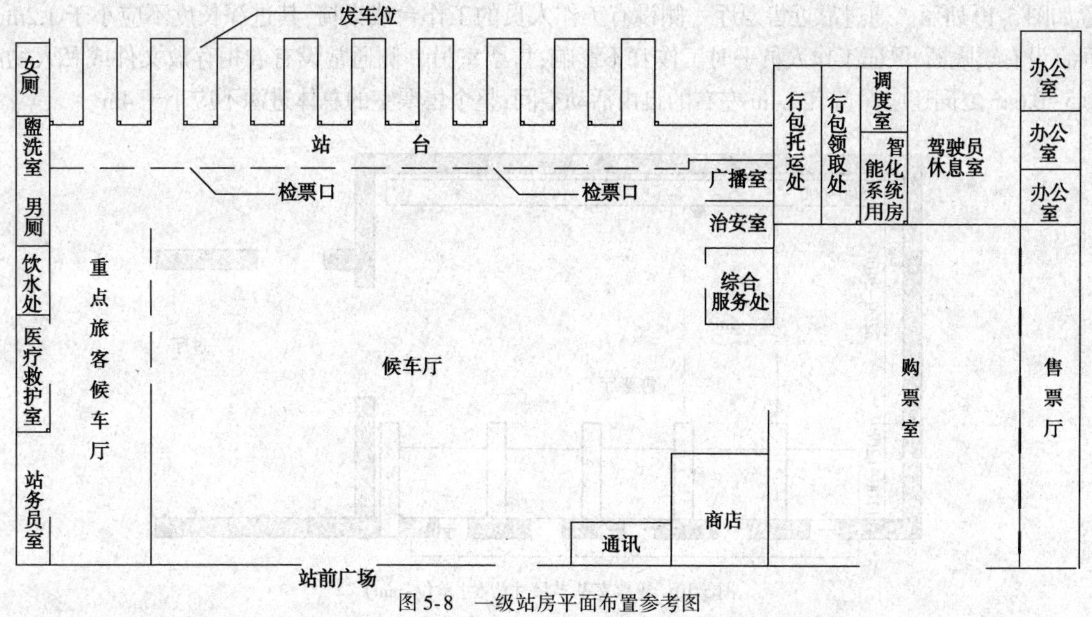

图 5-8　一级站房平面布置参考图

3.站房主要设施平面设计

(1)售票处

售票处主要包括售票室和售票厅两部分，另外还有票据库和办公室等功能面积。由于售票厅的人流集中，流动性较大，故售票厅宜单独设置，并成为站房建筑的一个主要入口。为便于旅客购票后能很快进入候车厅休息或办理其他乘车手续，售票厅应与候车厅毗连，以保证形成旅客从进站、购票到候车的合理流线。

根据售票处的业务特点，应满足下列基本要求：

①售票处应宽敞、明亮、通风良好，为旅客提供方便、舒适的购票条件。

②根据客流情况，开设适当数量的售票窗口，高度为1.1～1.2m，两窗口中心线之间距离为2m左右，尽量减少窗口之间的相互干扰。

③售票室与售票厅要隔开，使售票工作不受售票厅内噪声影响。

④售票室内地面高程宜高于售票厅地面，以便于售票作业。

⑤一二级车站应在售票室附近设置票据库来存放各种车票、单据，以方便票务人员办理领、存手续。

售票厅通常应包含一个长12～13m的袋形排队空间以及一个提供穿行的3～4m的通道区，有了这两部分空间可以将售票厅的人群较好地进行组织。为了保证人们在售票厅内能够正常地购票，售票厅不能兼作过厅，如图5-9所示。

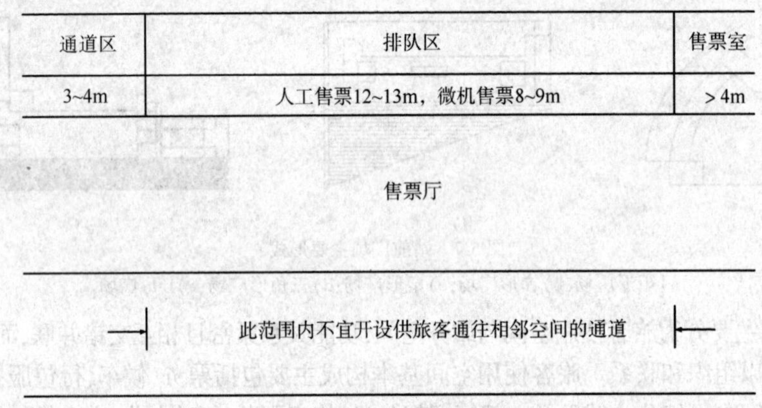

图5-9　售票厅的纵向尺寸及空间组成

售票室是售票处的另一重要组成部分，它与售票厅之间一般通过墙体或是玻璃窗分隔开。售票室内部空间布置如图5-10所示。通过靠近售票厅一侧设有工作人员的工作台或桌椅，其进深长度不应小于1.2m，工作台之间宜设有矮隔断，保证工作人员平时工作互不影响；售票室另一侧通常设有卷柜存放文件或私人物品，宽度以0.5～0.6m，之间还应保持有2.4m左右的自由活动空间；整个售票室的总体进深不应小于4m。

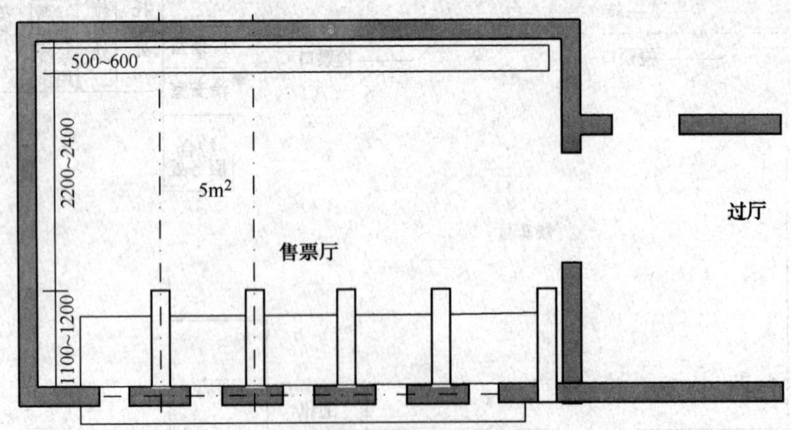

图5-10　售票室基本尺寸(尺寸单位：mm)

(2)候车厅

候车厅可分为专用式和综合式两种基本类型。专用式候车厅宜在大型车站设置，它是将候车厅分建成若干个分候车室，按照客流去向分别设置；在有条件的情况下，还设置专用候车室。综合式候车厅将不同去向的各类旅客集中在一起候车，中小型客运站多采用这种形式。

由于同时发出的客车班次较多，为维护秩序，候车厅内常采用按班次划分候车区域，有些还将候车厅设置为一般候车区和当次班车候车区。旅客先在第一候车厅等候，再凭当次班车客票进入第二候车厅，有利于组织旅客顺利进站上车和保证客车的正点发车，消除进站时的混乱现象。

候车厅应每3个发车位设不少于一个检票口。候车厅座椅的排列方向应有利于旅客通向检票口，每排座椅不大于20座，两端应设不小于1.50m的通道。

候车厅除有候车的功能和设施外，还应配备必要的服务设施，如饮水间、卫生间、问讯处、服务台、小卖部等。另外，候车厅的门要与售票处、行包办理处等相通；在靠近站台处应设置若干检票口，使旅客方便地经检票口进站上车。有条件的客运站还应尽可能配备客运班次时刻显示牌、客车到发信号装置、旅客指示标志系统、电子系统的问询设施、广播系统以及计时装置等。候车厅所有的功能和设施都应考虑残疾人的实际情况作相应的设计。

候车空间组织方式根据车站条件各有差异，但有向多向分散候车、小面积候车、多层候车模式发展的趋势，当候车厅空间有限时，也可采用旅客检票后再寻找自己的发车站台的组织方式。图5-11和图5-12分别是典型的大型和小型车站候车厅布局形式。

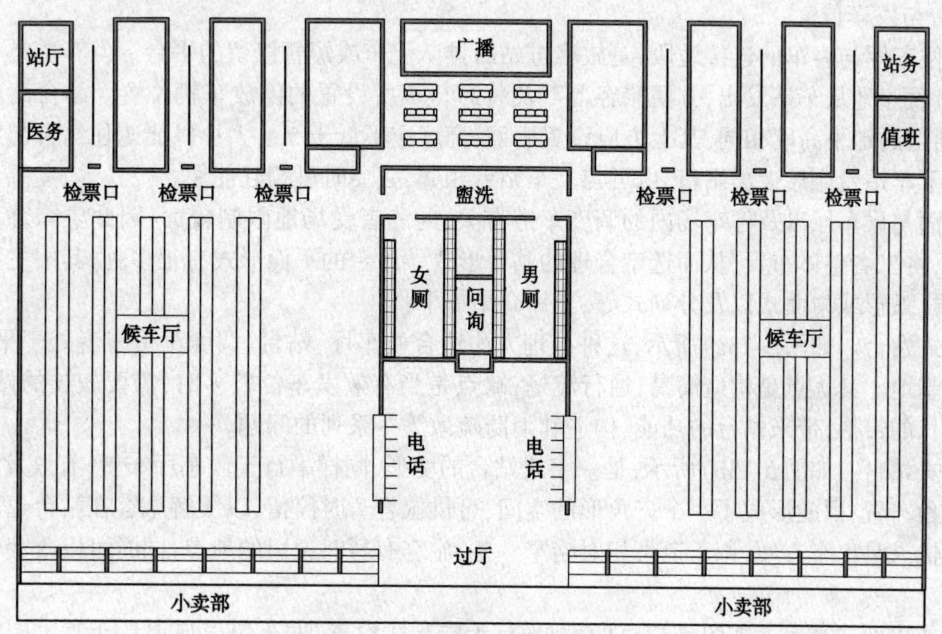

图5-11　大型公路客运站候车厅布局

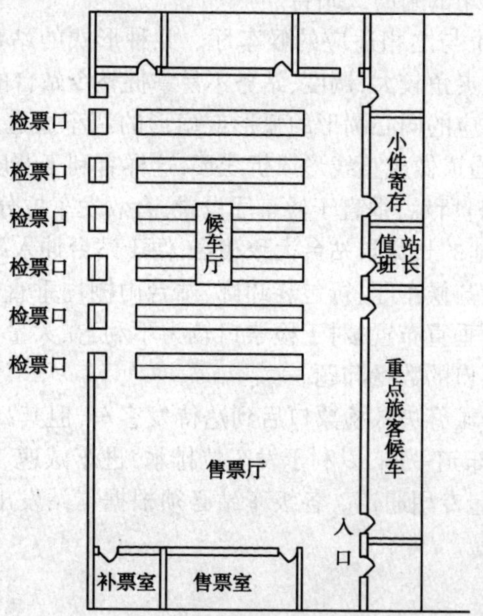

图5-12　小型公路客运站候车厅布局

(3)行包办理处

行包办理处是旅客办理行包托运和提取手续的地方,包括托运厅、作业室、库房、提取厅等,其中行包托运厅是分设还是合置需根据实际情况综合考虑。

行包办理处一般都设在站房内,通常是一边靠近街区和公共交通停车场,一边靠近站台,并开有宽敞的大门,以便于运送行包。大型车站行包办理处的位置,通常与候车厅分开而单独设置,且离售票厅较近,以便于旅客就近购票和托运行包;中、小型车站的行包办理处可设在候车厅内,以便于节约用地、方便旅客。

行包托运厅和提取厅是分设还是合置,要因地制宜。对于客流量较大的客运站,行包业务繁忙,为避免旅客托运和提取行包时拥挤及流线的不必要交叉,可分别设立行包托运厅和行包提取厅;而中、小型车站及客货兼营站,由于面积及人员有限,客流量不大、行包业务量较小,为充分利用设施、设备,也可合并设立,但发送和到达行包要分开堆放。

(4)站台与发车位

站台是候车厅与客车的连接地段,是旅客进站后排队上车或短暂停留的平台。发车位是为了保证客车按班次、有秩序地从车站发出,方便旅客上下及装卸行李所设置的停放车辆位置。站台高度往往与候车厅、进站通道的地平高度相同,其上方应设置雨篷,高度应不低于5m,大小以能遮住站台与发车位客车为宜。旅客下车站台应靠近出站口,也可与上车站台相邻,必要时可相互使用。

站台平面与候车厅以及停车场内的调度车道有关,此三者受场地限制较大,因此要综合考虑场地内的有关因素,将三者整体布置,从而选定合理的站台形式。站台的平面形式有很多种,其中主要形式有一字式、锯齿式、弧形或扇面式以及分列式等,具体介绍如下:

①一字式站台。如图5-13a)所示,这种处理方法适合候车厅、站台、调度车道三者处于平行状态时,适用于矩形基地。其优点是构造简易,通行流畅;缺点是当有效发车位较多时,需要较长的站台,因此平面被拉成较长的带形,带来站台的功能、构造和消防疏散等一系列的问题。

②锯齿式站台。如图5-13b)所示,是一字式站台的变形,同样平行于候车厅布置,有效发车位与站台呈一定的交角布置,因此形成了一个三角形的空间,可供旅客暂时停留,以缓解旅客在站台逗留而影响交通的问题。优点是出车方便,调车道可相对略窄一些,旅客有暂时逗留的地点,同时可以改变汽车站单调的背立面。

③弧形或扇面式站台。如图5-13c)所示,平行于候车厅设置,发车位呈放射形布置。国内多采用弧形的小型站台,而较少采用大夹角的扇面式站台。

采用扇面式站台应具有一个与之相适应的候车厅。此种形式的站台优点是造型美观大方,视角开阔,进出车方便。其缺点是由于夹角较大,调度、站务不易掌握整个站台的动态;并且由于夹角大,形成的调车通道面积较大,只能设成相应的同心圆形的弧形或扇形的调车通道和行包装卸廊,行车避让有一定的困难。解决的办法是将调车通道做成直线形或折线形,这样有利于调度车辆进入有效发车位。

④分列式站台。如图5-13d)所示,垂直于候车厅设置,有效发车位分列于站台的两侧,可以按发送路线划分成两个发车区。要求基地的长宽与站台大致相当,便于站台伸入站场布置。其优点一是可以大大缩短站台的长度,二是由于站台与候车厅、行包装卸廊、站台雨棚均垂直设置,不影响候车厅靠站台侧的采光;缺点是由于站台与候车厅垂直布置,对于检票口较为不利,在大量客流通过的时候,站台的宽度应适当加宽,并且应注意解决检票口的数量问题。

发车位必须设有站台,便于旅客进入检票口后到达待发客车,但其高度应较站台低0.2m左右,应有不小于5%的坡度,且坡向调度车道一侧,以利于发车位排水,进车减速、出车时顺车发车。此外,还应根据需要考虑设行包装卸廊或行包专用通道。各级车站必须根据本站发出的主要车型,建设形式适宜,大小、数量适应,位置适当的发车位。

4.停车场设计

停车场主要用于为营运车辆提供停放空间,一般分为三部分:一为停车所用,应画出停车线,使客车整齐停放；二为行车通道，使车辆畅通行驶；三为辅助用地，用于车辆清洗、加油和维修场地，以保证车辆的正常运行。

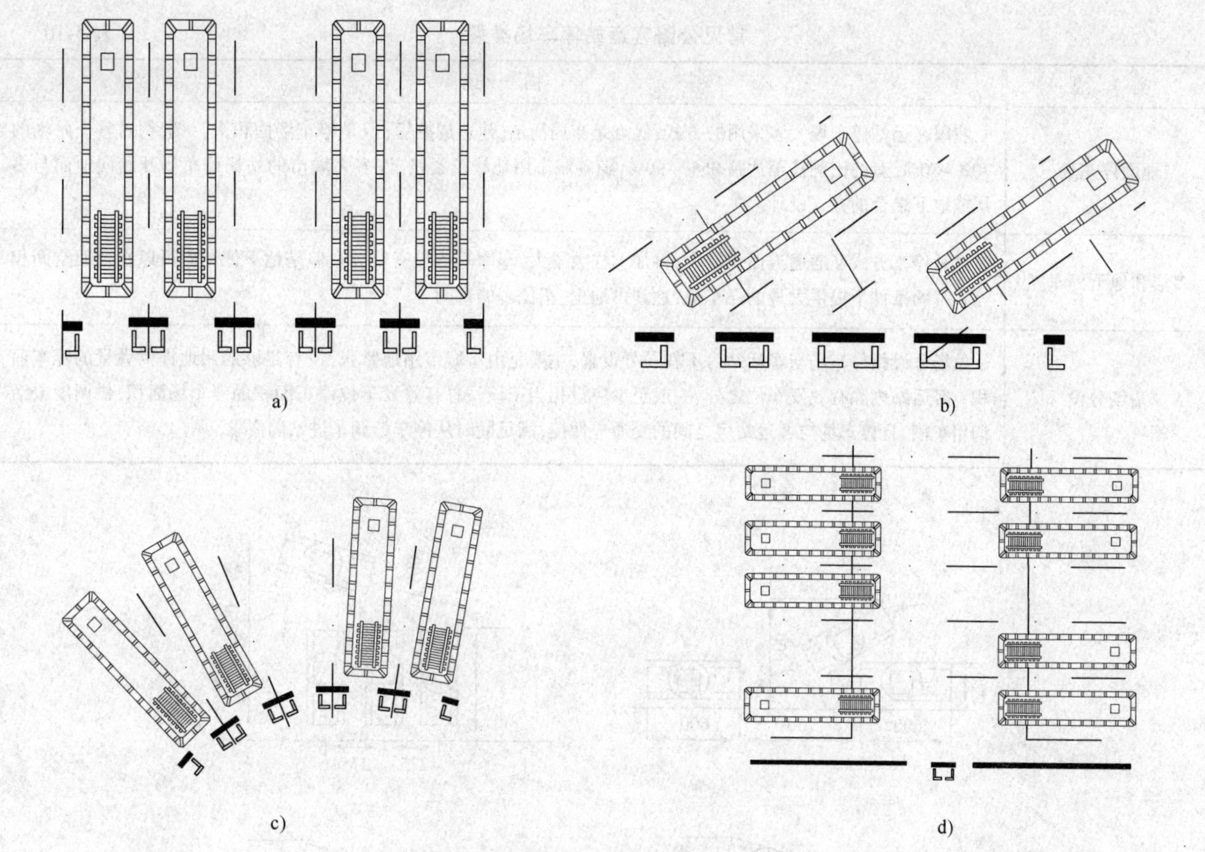

图 5-13　站台的平面形式

a）一字式站台；b）锯齿式站台；c）弧形或扇面式站台；d）分列式站台

（1）设计原则

客运站停车场的设计，必须适用、经济并符合运行安全、技术先进和环境保护方面的特定要求。客运站停车场应满足以下设计原则要求：

①符合城市规划与交通管理的要求。

②分区明确、流线组织顺畅，交通标志清晰。

③出入口应避开城市主要干道及其交叉口，并应右转进出停车场。

④满足停车场自身的技术要求。

⑤综合考虑场内的各种工程及附属设施。

（2）停车场类型

停车场在公路客运站占地面积中所占比重较大。停车场的类型主要有地面停车场、多层停车库或地下停车库、站场分设的停车场等，具体见表 5-10。

（3）功能组成

停车场基地的平面布局按使用功能主要有车辆停放区、车行通道、出入口、辅助设施区（车辆清洗及维修保养）和绿化等部分。

（4）车辆停放方式

停放方式主要有三种，即平行式停车、垂直式停车和倾斜式停车。在场地宽阔完整的情况下，一般多采用垂直式停车方式，用地较为经济。当通道不能满足垂直停车要求时，也可随地形平行或倾斜停放，倾斜角度可分为 45°、60°和 90°等多种。垂直停车方式用地不经济，排列不易整齐，但停车带宽度较小。平行式与倾斜式停车方式一般较少采用。如图 5-14 所示。一般客运站停车场应根据地形状况等场地具体条件混合采用几种停车方式。

常见公路客运站停车场类型　　表 5-10

类　型	描　述
地面停车场	我国客运站停车场大多采用的方式,优点是布局简洁,建造周期短,但是停车场面积大,一般约占整个站场的70%~80%,有的比例甚至达到85%~90%,随着城市用地趋于紧张,许多大城市的站场停车场开始向地面与多层或地下结合的方式设计
多层和地下停车库	这种停车方式交通通道面积较大,再加上柱大梁大,车库基建投资较大。但是地下停车库可以在地面空间相当狭窄的条件下提供大量的停车位,达到占地少、车位多的目的
站场分设	站场分设指停车场与客运站房不在一处设置,主要是由于城市用地紧张,没有足够的用地提供大量的停车面积。客运站内除有效发车位之外,一般至少应设相当于该站总有效发车位停车面积的停车场面积,供调度灵活调用车辆,且停车场与客运站房之间的交通应便捷,满足随时从停车场调车进站的要求

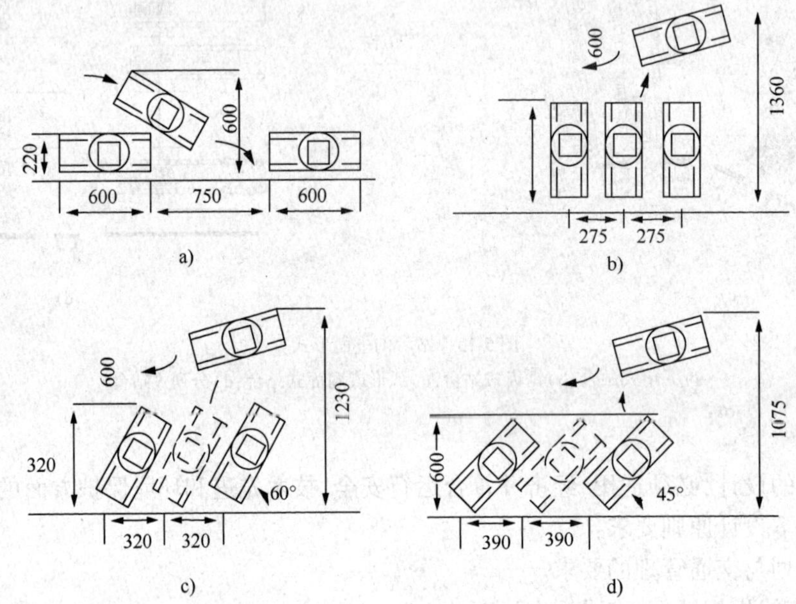

图 5-14　四种停车方式(尺寸单位:cm)

a)平行停车:停车和出入所需小,常用于交通量大的道路旁;b)垂直式停车:停车和出入所需宽度最大,但长度最短;c)60°倾斜式停车:斜向停车按道路和停车场的实际情况进行设计;d)45°倾斜式停车:按道路和停车场的实际情况进行设计

停车区和发车位的相对位置,要求按照车辆进出运行路线布置,车辆流线要简捷顺畅,各行其道,避免交叉。停车场内车辆宜分组停放,每组停车数量不宜超过 50 辆,车辆停放的横向净距不应小于 0.80m,尽可能做到每辆车都能单独进出,互不干扰。

(5)车辆的停驶方式

车辆进出停车场的停驶方式有以下 3 种:

①顺车进倒车出方式。顺车进倒车出方式,如图 5-15a)所示,是车辆直接驶入停车位,入位迅速,大量车辆同时入场停车时不易造成混乱和通道堵塞,车辆也容易排列整齐。后退发车较为不便,出车较费时间,出车时的视线也受到两侧停放车辆的限制。所需通道宽度较大,用于行车集中、出车不急的车库。

②倒车进顺车出方式。倒车进顺车出方式,如图 5-15b)所示,是车辆驶入停车场内首先停止与停车位前的通道上,再后退进入车位,车头正对通道。该方式缺点是不易就位,停车费时;优点是发车迅速、便利。同时该方式所需通道最小,平均每车占地面积最小,多用于有紧急出车要求的多层、地下车库。

③顺车进顺车出方式。顺车进顺车出方式,如图 5-15c)所示,停车发车都很方便,但需占地面积较大,一般无特殊要求不宜采用。

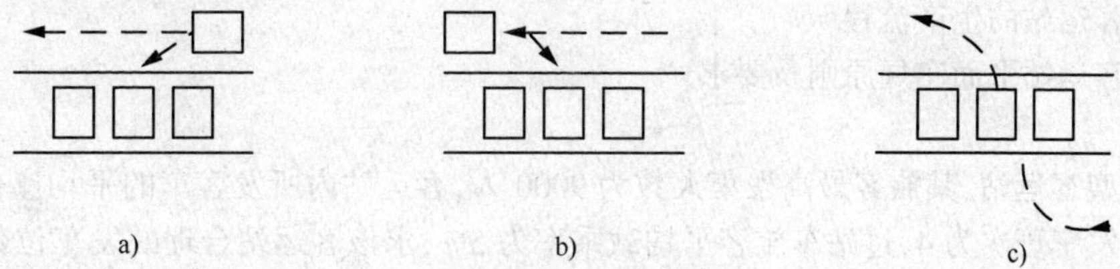

图 5-15　车辆停驶方式

a)顺车进倒车出方式;b)倒车进顺车出方式;c)顺车进顺车出方式

(6)旅客下站区

客运站一般在停车场内靠近停车场进口处结合设置进站车辆停靠区,一二级客运站还应设置下车站台,供到站旅客停靠下车。下车站台应与站房或发车站台相结合,设置单独的出站口通向站前广场,并应与行包提取厅有紧密的联系,利于引导人流迅速疏散出站或转车。不允许人流在停车场内逗留,出站人流不应与进站车流形成交叉。

(7)车行通道

停车场内的行车路线必须明确,尽量采用单向行驶,并应设置明显的标志。

(8)停车场出入口

出入口是停车场与外部道路取得联系的接入点,其数量、宽度取决于停车场的停车泊位数及场地条件。一二级站由于班次较多,进出站车辆较频繁,停车场的汽车疏散口不应少于两个,宜分别设置出口和入口,出入口应保持净距大于 10m;三四级站适宜分别设置进出站口,在基地面积、地形等受限制,停车数量不超过 50 辆时,可设一条通道进出车之用,汽车进出站口的宽度不应小于 4m,停车场出入口的宽度一般不小于 7m。如出口和入口不得已合用时,其进出通道的宽度应为双车道,宜采用 9~10m 的宽度。机动车停车场的出入口还应符合行车视距的要求,具有良好的通视条件,其通视距离一般不小于 50m,并设置交通标志。

思　考　题

一、填空题

1.公路客运站的规模参数为客运站的建筑面积设计提供依据。它主要包括(　　　　)、(　　　　)、发车位数。

2.为了实现其功能,公路客运枢纽场站设施一般由(　　　　)、(　　　　)、生活服务设施三部分组成。

3.公路客运场站内工艺流线可分为(　　　　)、车辆流线、(　　　　)三类。

4.目前,客运场站前广场的形式主要分为矩形、(　　　　)、扇形、(　　　　)、三角形、(　　　　)。

二、判断题

1.公路客运场站是组成公路客运枢纽的基本要素,公路客运枢纽是公路客运场站发展的高级形式。(　　)

2.汽车客运一级站必须设置汽车尾气排放测试设备。(　　)

3.旅客最高聚集人数是指一年中客流高峰日中最高时刻聚集在车站的旅客人数。(　　)

4.为了防止车流与人流的交叉,站前广场上接送旅客的社会车辆的停车位应设在广场的中央。

( )

三、简答题

1.简述公路客运站的类型及分级标准。

2.简述公路客运站的基本功能。

3.简述公路客运站的生产流程。

4.简述公路客运站平面布局原则及要求。

四、计算题

重庆市某大型客运站,其旅客最高聚集人数为9000人,客运站内所发客车的平均座位数为40个,营运时间每小时的发车班次为4,过站车旅客平均载乘率为5%,求该客运站合理的发车位数(其中,始发车车座利用率取85%,考虑到达客车与过站车停靠需增加车位的系数取1.2)。

五、分析题

对你所在城市的公路客运站进行调研,分析其现有公路客运站的设计存在哪些问题?

第六章　公路货运枢纽规划设计

第一节　公路货运枢纽

一、公路货运枢纽

公路货运枢纽是公路货运系统的节点，即货物的集散点，是实现货物从部门到部门运输和在物流大系统中为物主或用户提供多种服务的场所。在公路运输市场中，它起到集散货物、提放车辆、运行指挥以及其他综合服务的作用。

随着我国经济社会的发展，公路货运业进入了综合发展时期，公路货运体系的框架结构基本形成，货运枢纽也是公路货运体系的重要组成部分。

二、货运场站分类

公路货运站可根据不同的属性进行分类，如按公路货运站建设投资主体、公路货运站的核心功能和公路货运站规模等分类。

1.按建设投资主体的不同分

根据公路货运站建设投资主体的不同，公路货运站可以分为政府主导型、企业主导型两种。

(1)政府主导型

公路货运站的建设投资主体是政府，在公路货运站建设过程中除了交通运输部、省交通运输厅场站建设的专项补助外，多数靠地方交通运输主管部门自筹资金进行建设。

(2)企业主导型

公路货运站的建设投资主体是企业。这种模式主要包括运输企业主导公路货运站建设的模式、集团制建设模式和投标建设模式等3种方式。运输企业主导公路货运站建设的模式即建设资金除了省交通运输厅、交通运输部的补助资金外，多数来源于银行贷款或运输集团公司或某大型公路运输企业的自筹资金。集团制建设模式是由交通运输主管部门成立相应机构，对公路货运站进行统一管理，这些机构在代表政府对政府投资进行管理的同时，也是公路货运站建设的具体组织者。招投标建设模式即由政府成立专门的项目招标办公室对公路货运站项目实施招投标建设，建设资金主要由企业自筹解决。中标企业可以是运输经营企业，也可以是其他投资方。

2.按公路货运站核心功能

根据核心功能不同，公路货运站可以分为综合型公路货运站和专业型公路货运站两类。

(1)综合型公路货运站

指由两种及其以上的货运站形式通过相互衔接、转运共同完成的运输过程的复合运输，也称为公路货运的多式联运。目前，公路货物运输在我国主要由公路零担货运站、公路集装箱货运站、公路整车货运站等多种货物运输场站连接组成，代理运输装卸和中转等业务。多式联运优质服务主要表现在货物运输质量好、货运安全可靠且运输费用更加便宜。

(2)专业型公路货运站

专业型公路货运站，是指专门服务于某种特征货物的公路货运站，主要包括公路零担货运站、公路集装箱货运站。

①公路零担货运站。简称零担站，是专门从事公路零担货物运输业务的场所，是货物运输重要的基础设施之一。它贯通与衔接了零担货物的收集、整理、仓储、编组、装运、中转、分发、交付等环节。

②公路集装箱货运站。是专门从事公路集装箱货物运输业务的场所，主要进行集装箱拆箱、装箱、仓储和接取、送达业务，实现港口、车站、货主间的集装箱中转运输与门到门运输，在整个集装箱运输和集装箱多式联运中，发挥了“链接”“纽带”的作用。

3.按公路货运站规模分

交通运输行业规范《汽车货运站(场)级别划分和建设要求》(JT/T 402—1999)中，明确了其货运枢纽场站分类的标准，即依据货物换算吞吐量计算，货运站划分为一级站至四级站。一级站为年换算货物吞吐量 600×10^3t 及以上；二级站为年换算货物吞吐量 $(300\sim600)\times10^3$t；三级站为年换算货物吞吐量 $(150\sim300)\times10^3$t；四级站为年换算货物吞吐量不足 150×10^3t。

货运站换算货物吞吐量计算方法如下：

$$Q_h=\sum_{i=1}^{n}\lambda_iQ_i \tag{6-1}$$

式中：Q_h——货运站换算货物吞吐量(t)；

λ_i——第 i 种货物吞吐量(t)；

Q_i——第 i 种货物吞吐量换算系数，见表 6-1；

n——货物类别数。

各类货物吞吐量换算系数 表 6-1

货物类别 n	换算系数 Q_i	货物类别 n	换算系数 Q_i
快速货运	1.3	配送	+0.2
零担货物	1.25	包装	+0.5~0.25
集装箱拼装箱	1.25	半成品加工	+0.20~0.50
仓储	1.0		

资料来源：《汽车货运站(场)级别划分和建设要求》(JT/T 402—1999)。

三、公路货运枢纽的发展趋势

运输枢纽布局调整规划的目标是在规划期内，建设适应公路货运运输发展趋势，在运输网络中起主导作用的枢纽体系，衔接各种运输方式。因此，公路货物运输有着逐步走向专业化发展，逐步走向多式联运，向物流全过程服务拓展的趋势。

1.向专业化发展趋势

由于社会分工和运输需求进一步深化，促使公路运输市场细化并进一步向着专业化方向发展。“十一五”后，我国工业化发展进入了大规模生产、市场化经营、上下游联动、构建工业化链条的轨道。工业生产的专业化、协作化水平进一步提高，企业对原材料、半成品、成品的流通速度的要求大大增加，必然要求在准确的时间、准确的地点，以准确的交付条件交付准确的货物。

2.向多式联运发展趋势

各种运输方式具有其自身的技术经济特点，在特定的条件下，具有其他运输方式所无法替代的优越性。国外公路与其他运输方式的多式联运，大大提高了运输中转的装卸效率，减少了货物的在途时间，使货物运输速度和质量显然提高。随着公路运输基础设施的进一步完善，各种运输方式在不断发挥自身优势的同时，必须加强各种运输方式之间的协调配合，大力发展能够发挥综合运输整体效益的集装箱多式联运。

3.向物流全过程服务拓展的趋势

随着物流服务质量的提高和市场占有率的扩大,越来越多的货主不再拥有自己的车队和仓储设施,更多地依赖于物流服务企业。因此,用户和物流服务企业形成了新的战略伙伴关系。由此,既为用户带来物流成本的降低和服务质量提高的效益,也使运输企业有了稳定可靠的货源,降低企业风险,提高了企业效益。

第二节　汽车零担货运站设计

汽车零担货运站(简称零担站)是专门从事公路零担货物运输业务基地,是货物运输重要的基础设施之一。它集零担货物的收集、整理、仓储、编组、装运、中转、分发、交付等环节于一体,实现零担货物运输各个环节间的衔接与贯通。零担站不仅为货主提供"优质、安全、迅速、经济、方便"的运输服务,促进公路货运市场的变化,而且对于完善货运网络、发展综合运输具有十分重要的意义。根据零担站年工作量,即零担站年货物吞吐量,可将零担站划分为一、二、三级。

货物吞吐量指报告期内汽车零担货运站发出和到达的零担货物的数量,包括中转、收发量的总和。一级站年货物吞吐量在60000t以上;二级站年货物吞吐量在20000t以上,但不足60000t;三级站年货物吞吐量在20000t以下。

一、主要特点及基本内容

1.零担货运站主要特点

(1)零担货物一般均由托运单位及个人根据其需要自行运到货运站点,也可以联系后由车站指派业务人员上门办理托运手续,因此,货运计划性差,难以采用运输合同等方法将其纳入计划管理的轨道。

(2)站务作业工作量大而复杂。汽车零担货运作业环节是根据零担货运工作的特点,按照流水作业形式构成的一种生产方式。它的内容及其程序包括:受理托运;退运与变更;检货司磅;验收入库;开票收费;装车与卸车;货物交接,货物中转;到达与交付等。这些站务作业是汽车货运站的基础工作,工作量大而复杂,且十分重要。通过这些作业环节的协调工作,不仅有效地完成零担货运的生产任务,而且还担负着社会主义文明建设的"窗口"作用。

(3)对车站的建设要求较高。由于零担货运站是沟通汽车零担货物运输网络的枢纽,货主多,货源广,货物品种繁多,质高价贵,时间性强,因此车站的建设必须满足零担货运的工艺要求,合理地设置零担货运站房、仓库、货棚、装卸场、停车处以及有关的生产辅助设施,且各组成部分的相互位置和面积,应符合方便货主、便于作业、适应需要、优质服务的客观要求。

(4)车站的设备和设施应满足零担货运的需要。由于零担货物具有数量小、批量多、包装不一、到站分散的特点,加之零担货物质高价贵,因此普通车型显然不适于用来运载零担货物,必须选择厢式车作为专用零担车辆,同时还应配置高生产率的站内运输机械和装卸设备。

2.零担货运站基本作业内容

(1)根据零担货物站务作业过程,可将汽车零担货运站的生产作业分为以下内容:

①承运货物受理。托运人将所托运的货物中种类、运量、体积以及运输要求等信息通知货运站或受理点,货运站或受理点到货运服务要求后,派出取货车辆上门受理,完成取货业务手续。

②办理托运。由托运人填写托运单,经承运人检验货物内容、包装、标志符合规定后,按到站货物分批过磅计重,填开磅码单。

③开票收费。凭磅码单填开零担货票,再计收运费,按票号、件数填发和拴挂标签,并逐件拴挂妥当。

④验货进库。由仓库保管人员查验货物、核对拴挂标签上的到达站和件数无误后,指定仓位逐票点件,分线堆码。

⑤编配货单。零担货物计重后,按分线装配、先收先运、先近后远、上轻下重、轻重搭配的原则编配货单,然后调车承运;装车和卸车均应逐件核对,会同驾驶员点件交货,双方签字以明确责任。

⑥货物运输组织。货物装载到运输车辆后,依据营运线路、班次安排,将货物由汽车零担货运站发出。

⑦到达货物装卸分拣作业。货物到站后先进行卸货并查验所收到的货物,利用站内的装卸分拣设施,按照货物的流向进行分拣处理。

⑧货物提取或送达。通知收货人到零担货运站提货或者根据协商安排送货车辆按照对应配送区域分工将货物送到收货人手中。

(2)零担站作业工艺流程组织见图 6-1。

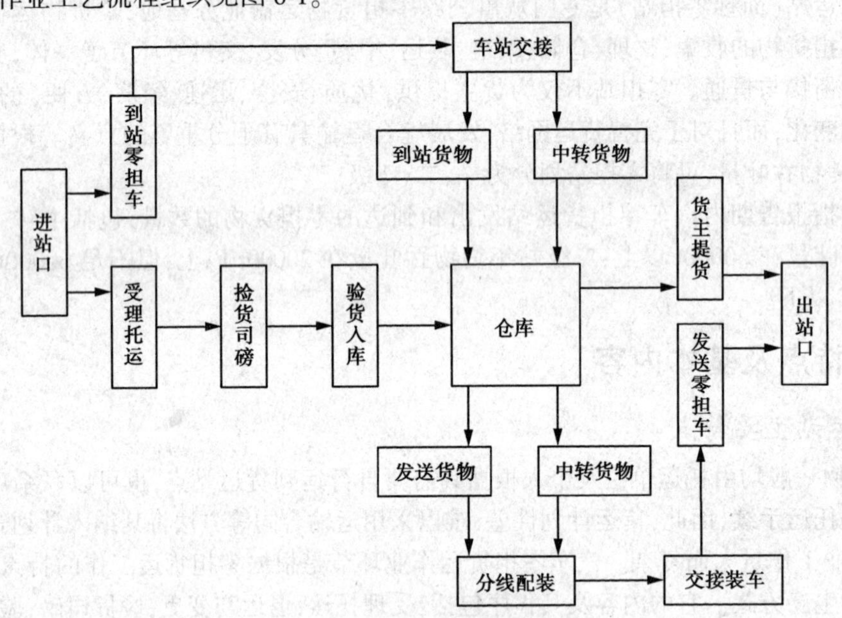

图 6-1　零担站作业工艺流程图

为了避免零担站内各种流线发生相互干扰和交叉,必须注意解决下列问题。

①分设托运处和提货处,把货物托运及提取两股货流分开,组织站内货物的单向流动。

②将车流和货流分开,单独设置车辆的进出站口。由于发送车辆多数集中在上午,到达车辆多数集中在下午,所以除一级零担站外,车辆可共用一个进出站口。仓库附近是车流和货流的汇集处,容易发生发送货物与到达货物、发送车辆与到达车辆相互间的干扰和交叉,所以大型零担站的仓库,通常在其两侧均设置装卸场,使到达车辆和发送车辆分开停靠,保证出入仓库的货流单向流动,同时也避免了车流间的相互干扰和交叉。对于有条件的零担站,亦可将发送货物仓库与到达货物仓库分开设置,以合理组织站内的货流和车流。

由于零担站负责托运货物的入库和提取货物的出库运输,因此站内很少发生人流与车流或货流的相互干扰。

二、工艺计算及设计

1.规模指标量化方法

反映汽车零担货运站的规模指标主要有设计年度货物吞吐量、日均最大货物吞吐量、日均最大货设计年度货物吞吐量。

1)设计年度货物吞吐量

汽车零担货运站的设计年度是指零担货运站建成投产后的使用年度,一般至少 10 年。设计年度货

物吞吐量是指设计年度内零担货运站发出、中转及到达货物的数量之和,可按下式计算:

$$Q=Q_i\ (1+i)^n \tag{6-2}$$

式中:Q——设计年度货物吞吐量(吨/年);

Q_i——统计年度货物吞吐量(吨/年);

i——货物吞吐量预计每年递增幅度;

n——统计年度至设计年度的年数。

2)日均货物最大吞吐量

日均货物最大吞吐量是指汽车零担货运站在货物吞吐量偏高期内平均每日的货物吞吐量,即

$$q=\alpha\cdot Q/T \tag{6-3}$$

式中:q——日均货物最大吞吐量(吨/日);

α——日均货物吞吐量系数;

T——年工作天数(日/年)。

日均货物吞吐量系数α是指零担货运站在货物吞吐量偏高期间内,平均每日的货物吞吐量与年内日均货物吞吐量之比,其大小受站型规模、货源组织等客观条件与生产管理诸多方面因素的影响。确定它是应根据所在地不少于连续3年的货运统计资料计算。按照《汽车零担货运站级别及建设要求》(JT 3134—88)的建议,α一般取1.23~1.25。

3)日均货物最大受理量

日均货物最大受理量是指汽车零担货运站在货物受理偏高期内平均每日货物受理量,即

$$U=\beta\cdot Q/T \tag{6-4}$$

式中:U——日均货物最大受理量(吨);

β——日均货物受理量系数。

日均货物受理量系数β是指在货物受理偏高期内,平均每日货物受理量与年内日平均受理量之比。根据《汽车零担货运站级别及建设要求》(JT 3134—88)所推荐,β一般取1.20~1.25。

2.主要设施面积计算

1)站房面积F_1

$$F_1=S_1+S_2\quad(\mathrm{m}^2) \tag{6-5}$$

(1)托运处面积S_1

$$S_1=S'_1+S''_1\quad(\mathrm{m}^2) \tag{6-6}$$

式中:S'_1——托运处工作间面积(m^2),其值为:$S'_1=6.0\times$托运处当班工作人员数;

S''_1——托运室面积(m^2),其值为:$S''_1=1.20\times$日均最大货物受理量。

(2)提货处工作间面积S_2

$$S_2=S'_2+S''_2\quad(\mathrm{m}^2) \tag{6-7}$$

式中:S_2——提货处工作间面积(m^2),其值为:$S'_2=6.0\times$提货处当班工作人员数;

S''_2——办理提货手续场所的面积,m^2,其值为:$S''_2=0.3\times S''_1$。

2)仓库面积F_2

$$F_2=4.0\times q\cdot t_1\quad(\mathrm{m}^2) \tag{6-8}$$

式中:t_1——货物平均堆存期(日)。

3)货棚面积F_3

零担货运站货棚面积按仓库面积的20%~25%计算,即

$$F_3=(0.2\sim0.25)\times F_2\quad(\mathrm{m}^2) \tag{6-9}$$

4)装卸站台面积

$$S_{10}=L_t\times B_t\quad(\mathrm{m}^2) \tag{6-10}$$

式中：S_{10}——装卸站台面积(m^2)；

L_t——装卸站台长(m)；

B_t——装卸站台宽(m)。

5)装卸作业场面积

(1)装卸质量为4~5t车辆采用后门装卸，装在质量为8~10t车辆采用侧门装卸的装卸作业场面积F_4可按下式计算：

$$F_4 = 13.0 \times L_t \quad (m^2) \tag{6-11}$$

式中：L_t——装卸站台的长度(m)。

(2)装卸质量为8~10t车辆采用后门装卸的装卸作业场面积F_5，可按下式计算：

$$F_5 = 22.0 \times L_t \quad (m^2) \tag{6-12}$$

6)停车场面积S_{13}

$$S_{13} = C_0 \times S_0 \times 3 \tag{6-13}$$

式中：S_{13}——停车场面积(m^2)；

C_0——日均驻站最大车辆数(辆)；

S_0——车辆最大投影面积(m^2)。

7)行车人员宿舍面积S_{14}

$$S_{14} = X_m \times 4.00 \tag{6-14}$$

式中：S_{14}——行车人员宿舍面积(m^2)；

X_m——最大驻站车辆数的行车人员数(人)。

3.主要设备规模计算

(1)进出仓门个数G

$$G = \frac{q}{30} \quad (个) \tag{6-15}$$

(2)零担运输专用车需要量N

$$N = \frac{2 \cdot Q_1 \cdot l_m}{T \cdot q_1 \cdot \alpha_w \cdot \varepsilon \cdot l_r} \quad (辆) \tag{6-16}$$

式中：Q_1——零担货物吞吐量(t/年)；

l_m——零担货物平均运距(km)；

q_1——单车额定载质量(t)；

α_w——车辆完好率；

ε——实载率；

l_r——平均车日行程(km/日)。

三、零担站的设施与设备

为了方便货主，便于作业，提供优质服务，提高经济效益，各级零担站必须结合企业实际，配置各种设施和设备。营业场所必须设置零担车运行线路图、营运班期表、里程运价表、托运须知和营业时间标志，并设座椅、电话、意见簿等设施。

一级站应采用货物传送装置；一、二级站均应配置装卸笨重零担货物的设备，如叉车等；三级站视本站情况，自行配备装卸设备。

各级零担站必须采用经检定合格的计量器具，并尽可能采用数字显示计量装置。

零担站业务人员的配备应按零担站货物吞吐量确定。月均货物吞吐量30t的配备1人；30~100t的配备2人；100t以上每增加100t的增配1人；500t以上每增加200t的增配1人。上述业务人员中不包括装卸人员。

零担站的机构设置和行政管理、后勤人员的配备，应根据实际需要由各交通运输主管部门研究商定。

表 6-2 和表 6-3 分别为零担站有效使用面积及人员配备参考表。

零担站有效使用面积(m^2)参考　　表 6-2

年吞吐量(t)	100000	60000	20000	8000
日均最大吞吐量(t)	340	211	75	30
日均货物最大受理量(t)	150	95	35	15
宿站车辆(辆)	30	20	7	5
宿站人员(名)	60	40	14	10
货物平均堆存期(天)	4	4	5	6
项目				
一、站房				
1.托运处	180	108	42	18
2.提货处	18	11	5	5
3.工作间	320	215	110	55
二、仓库	5440	3360	1200	480
三、货棚	1100	680	250	100
四、装卸站台	816	504	180	50
五、装卸场	5984	3696	1820	528
六、停车场	2683	1758	615	440
七、行车人员宿舍	240	160	56	40
八、其他				
九、总有效使用面积	16816	10548	3798	1750

零担站有效使用面积(m^2)参考　　表 6-3

项目年吞吐量(t)	100000	60000	20000	8000
业务人员	52	35	18	9
行管及后勤人员	12	8	4	2
全站正式职工	64	43	22	11

四、平面布局设计

1.设计原则

零担货运站的平面布局设计的基本任务是根据选定的站址地形特点、生产工艺流程等计算结果等，对零担货运站各类建筑设施的相互位置及站房内部各功能部位等进行合理的布局，并获得工艺上和经济上的合理性。进行零担货运站平面布局设计时，一般应遵循以下原则：

(1)根据零担货运站生产工艺要求，合理划分生产区、生产辅助区、业务办公区和生活区。为了满足生产工艺要求和加强生产联系，力求做到各区域划分明了，通行线路短捷，联系方便。根据货运站特点，仓库是货运生产作业的中心和关键环节，所以必须很好地规划仓库的位置以及它与各作业区的相互配合，使之满足生产工艺要求，并取得良好的生产协作联系。

(2)尽可能使车辆及货物在站内流通路线短捷，避免发生相互交叉和拥挤，确保站务作业有序进行和安全生产。对于一、二级站，进出车辆的大门宜分开设置，并应远离托运处和提货处；为了避免货流与人流的交叉，托运处和提货处位置应尽可能分开设置。站内道路应采用无交叉的环形行驶路线，组织车辆单向流动。

(3)因地制宜,重视技术经济分析与论证,对不同方案进行比较,使确定的方案在工艺上合理、经济上可行、技术上先进。在满足城市规划对零担货运站建设要求的同时,既要考虑节约占地面积,又要满足功能与工艺要求,并留有发展余地。

2.功能区布局基本要求

零担货运站各个组成部分,既分工明确,又有其作业程序的连续性,相互联系与协作。对其主要功能区布局有以下要求:

(1)托运处、提货处及其工作间应设置在交通方便的进站口附近,通常在办公楼底层营业,很少单独建造,并与所在地主干道有较方便的道路衔接,以便于货主送、取货物。由于办理托运的时间比较集中,托运处人流、货流容易发生交叉和干扰,因此必须组织好托运作业流程,并提供足够的使用面积;受理托运的工作间应按作业流程设置,便于办理货物托运手续。

(2)托运处与仓库间的距离应短捷,便于承托后的货物搬运和报关存放。对于货物吞吐量较大的零担货运站,应设置货物传送装置;提货处应靠近到达仓库或货位布置,以利于货物的提取。

(3)仓库是存放报关受理托运货物、到站交付货物以及中转货物的场所,仓库作业时零担货运站站务工作的关键,仓库位置和布局不但应便于货物的入库和提取,而且必须有利于仓库生产的有序进行,并适应零担货物仓储的生产工艺要求;有利于提高零担车辆的装卸效率,有利于采用先进的装卸工艺和设备,保证库内运输方便通畅;有利于保证仓库作业的安全生产和文明生产。零担站仓库的作业平台,可以设置在仓库的一侧或两侧。当仓库两侧均设置作业平台时,可以把货物的装卸作业按入库和出库方向分区进行,这样可以避免货流、车流间的相互干扰。但两侧均设置作业平台和装卸场,必然增加占地面积。

(4)进出仓门的多少,既要考虑车辆在比较集中到达时有可能同时进行装卸作业,又要考虑由于增设货门造成仓库有效堆放面积的损失。

(5)装卸站台应设置在靠近装卸作业场的仓库一侧,其长度应满足通知有较多车辆进行作业的方便性,并有利于采用装卸机械(如叉车)作业。

(6)装卸作业场和停车场应与站内的车辆通道合理衔接,尽可能地避免车辆在站内发生交叉;场地的大小及宽度要与所选用的车型相适应,确保车辆行驶、停放和装卸作业方便、安全,避免不必要的辅助调车。

(7)货运站的办公室(楼)一般宜临近主干道,以满足城市建设的基本要求。

3.站台与货运布局形式

根据作业时车辆与站台的相互位置关系,可以把站台布设成直线型和阶梯型两种。同时直线型的站台又有平行式和垂直式两种布设方式,如图6-2所示。

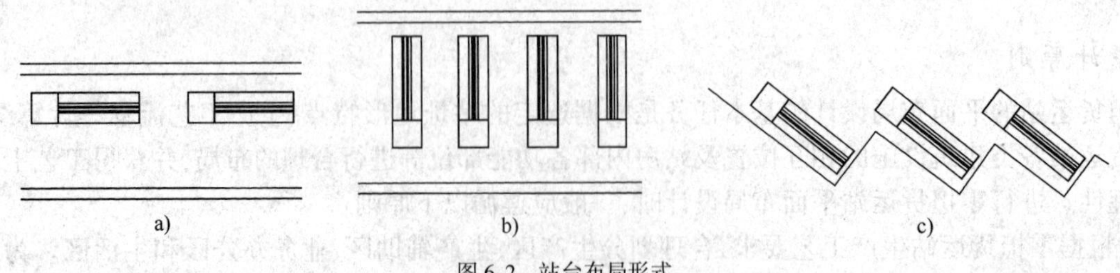

图6-2　站台布局形式

a)直线型站台平行式;b)直线型站台垂直式;c)阶梯型站台

第三节　公路集装箱货运站设计

公路集装箱货运站是公路货物运输各网络的节点,即货物的集散点,实现货物"门到门"运输和直接为货主和车主提供多种服务的场所。在道路运输市场,它起着集散集装箱及其货物、停放车辆、运行指挥和综合服务等作用，是集装箱运输过程中至关重要的环节。

集装箱货运（中转）站的站级划分见表6-4，分为国内和国际两部分。主要是由于国际箱较国内箱吨位差较大，对诸如起重设备、装卸机械等均有影响。对兼营国内、国际集装箱的站.均统一核算为标准箱，主要考虑侧重时有所依据。

分级标准　　表6-4

级　别	划分标准
一级站	（1）位于沿海地区，年箱运组织量在30×10^3TEU以上或年箱堆存量在9×10^3TEU以上的集装箱中转站； （2）位于内陆地区，年箱运组织量在20×10^3TEU以上或年箱堆存量在6×10^3TEU以上的集装箱中转站
二级站	（1）位于沿海地区，年箱运输量在$(16\sim30)\times10^3$TEU或年箱堆存量在$(6.5\sim9)\times10^3$TEU的集装箱中转站； （2）位于内陆地区，年箱运输量在$(10\sim20)\times10^3$TEU或年箱堆存量在$(4\sim6)\times10^3$TEU的集装箱中转站
三级站	（1）位于沿海地区，年箱运输量为$(6\sim16)\times10^3$TEU或年箱堆存量在（3000~6500）TEU的集装箱中转站； （2）位于内陆地区，年箱运输量为$(4\sim10)\times10^3$TEU或年箱堆存量在$(2.5\sim4)\times10^3$TEU的集装箱中转站

我国国家标准集装箱质量系列采用5t、10t、20t和30t四种，相应的型号为5D、10D、lCC［箱长为6m（20英尺）］及lAA［箱长为l2m（40英尺）］型。5D和10D型主要用于国内运输；1CC和1AA型主要用于国际运输，表6-5为上述各箱的外部尺寸。为了统一核算各种集装箱的运输量，并与国际统计相一致，采用折算成标准集装箱的办法，表6-6列出折算系数。

集装相外部尺寸（mm）（GB 1413—78）　　表6-5

型　号	高		宽		长		最大总质量
	尺寸	公差	尺寸	公差	尺寸	公差	（kg）
1AA	2591	0~5	2438	0~5	12192	−16~0	30480
1CC	2591				6058		20320
10D	2438				4012	−5~0	10000
5D	2438				1968		5000

集装箱按TEU折算系数　　表6-6

箱　型	折算系数	箱　型	折算系数
45英尺箱	2.25	30英尺箱	1.5
40英尺箱	2	20英尺箱	1
35英尺箱	1.75	10英尺箱	0.5

资料来源：中国交通统计信息网。

一、基本业务及生产工艺流程

1.基本业务

（1）港口、火车站与货主间的集装箱门到门运输与中转运输。

（2）集装箱适箱货物的拆箱、装箱、仓储和接取、送达。

（3）空、重集装箱的装卸、堆放和集装箱的检查、清洗、消毒、维修。

（4）车辆、设备的检查、清洗、维修和存放。

（5）为货主代办报关、报检等货运代理业务。

2.集装箱站主要组成部分的功能要求

由于集装箱站的主要组成部分及其功能要求，与零担站大致相同，所以不必重复叙述。与零担站相比、集装箱站所不同的组成单元是集装箱堆场、拆装箱库和拆装箱作业区。

1)集装箱堆场

集装箱堆场是堆放集装箱的专用场地。它应满足中转箱、拼装箱、周转和维修箱等分区堆放的不同功能要求,并应缩短运距,避免作业交叉,能准确、便捷地运送所需集装箱,利于管理。合理的集装箱堆场布置应符合下列基本原则:

(1)中转箱区宜布置在便于“箱不落地”而能顺利地由一辆车换装到另一辆车的交通方便处。

(2)拼装箱区应尽量设置在仓库附近,作业干扰小,减少了中间运输量。

(3)周转和维修箱区可尽量布置在作业区的外围,便于取送和维修,并减少对正常作业区的干扰。

(4)合理采用集装箱的运输机械,除保证机械进出场地畅通和足够的作业半径外,应尽量减少其行走距离,提高机械利用效率。

(5)合理布置箱位,既要考虑充分利用堆场面积,又要留够箱与箱之间的距离,做到发送安全方便。多数集装箱堆场采用双层堆码方法。

(6)场区内应有一定坡度,以利排水。

2)拆装箱库和拆装箱作业区

拆装箱库及其作业区是指对拼装箱进行拆箱和装箱的作业场所,也是拼装箱零担货物的集散地。其作业内容主要是把适箱零担货物装入集装箱,或从集装箱中取出,按类保管、存放和发放。因此,拆装箱库及其作业区应满足下列功能要求:

(1)设置拆装箱平台,留有足够的场地,便于进行拆箱和装箱作业。

(2)能满足机械装卸作业所需工作场地的要求,以免相互干扰。

(3)留有适当理货空间,有利于货物的集结和疏运。

拆装箱平台通常设置在拆装箱库的两侧或四周,所需场地应保证车辆进出和人员操作互不干扰。拆装箱平台的工位数应满足进行拆装箱作业的需要。

集装箱运输是以集装箱作为基本工具,实现成组运输的一种形式,同时也为适箱零担货物、提高运输质量提供了新的运输方式,所以零担运输与集装箱运输关系密切、相互促进。因此,目前有不少汽车运输企业的车站,同时经营零担运输和集装箱运输,以适应社会发展的需要。

3)生产工艺流程

集装箱站的主要作业流线是货流(含箱流)和车流,其中箱流必须通过专用运输机械才能进行。根据集装箱型号的发、收货人及货流的特点,可把集装箱分为整装箱和拼装箱两类,且它们在站内的作业工艺也有很大区别。整装箱的接取、送达作业是以“箱”为单位的,它在站内只作临时停放,应及时组织中转,其装箱与拆箱作业由货主自理。拼装箱的接取、送达作业是以普通货物形态完成的,其作业方式与零担站相仿。拼装箱的装箱或拆箱作业,均由集装箱站负责在站内作业区完成。集装箱装拆工艺流程如图6-3所示。

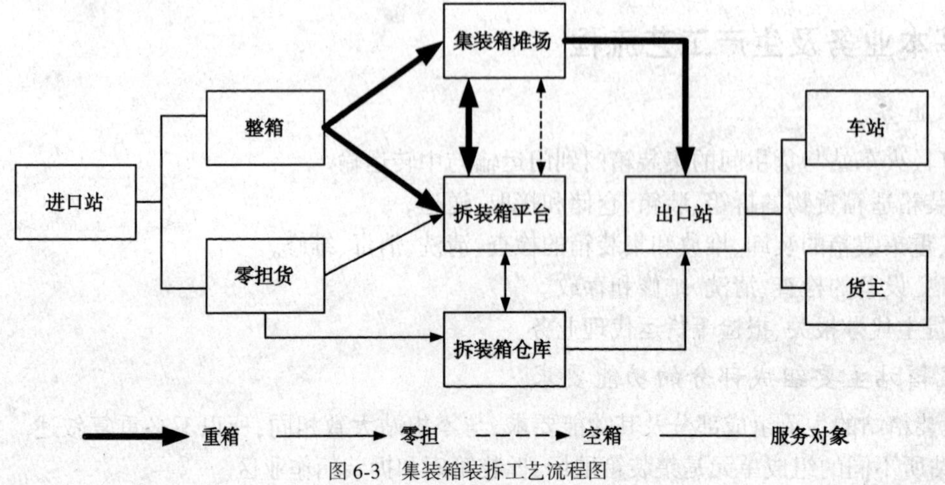

图6-3　集装箱装拆工艺流程图

二、工艺计算

1.规模指标及其量化方法

公路集装箱货运站的建设,要与城市建设的总体规划密切结合,协调发展,其布局和规模要与城市的站、港改造、扩建同步进行。要根据城市总体规划中工业、商业、居民区布局、道路网以及其他运输方式的设施规模等情况,结合所在地域货源和现有货运站的市场占有率等因素,确定公路集装箱货运站建设规模。

反映公路集装箱货运站的规模指标有设计年度集装箱运量、日均最大货物吞吐量、日均最大货物受理量、年箱运量、集装箱堆存量等。

1)设计年度集装箱运量

公路集装箱货运站的设计年度指货运站建成投产后的使用年度,一般至少10年。

设计年度集装箱运量是指设计年度内,货运站发出、中转即到达集装箱的数量之和。它是反映公路集装箱货运站生产能力和建设规模的重要参数,也是确定各类设施规模的主要依据。确定集装箱吞吐量时应坚持货运站规模收益递增原则,以所在地城市社会经济发展长远规划和社会需求为依据,选用科学的预测方法。

2)年集装箱堆存量

年集装箱堆存量是指设计年度内,通过公路集装箱货运站堆存的集装箱(计算标准箱)总量。它可根据年拆装箱数量、中转箱数量、周转箱数量级集装箱平均堆存期来计算。

$$D=(D_1+D_2)+D_3+D_4 \tag{6-17}$$

式中:D——年堆存量;

D_1——年拆箱数量;

D_2——年装箱数量;

D_3——中转箱数量;

D_4——周转箱数量。

(1)满足拆掏货物要求所需堆存的集装箱数量D_1:

$$D_1=m\cdot\rho\cdot Q'\cdot K_i\cdot K_b\cdot S_1 \tag{6-18}$$

式中:m——到达箱占总箱运量的比例,均衡时为50%;

ρ——到达箱中拆掏箱量的比例系数,一般为0.3~0.4;

Q'——年箱运量(TEU);

K_i——年度拆掏箱不平衡系数,一般取1.20~1.30;

K_b——备用(包括修理)系数,一般取1.05;

S_1——到达箱平均堆存期(天)。

(2)满足拼装箱需要所需堆存的集装箱数量D_2:

$$D_2=(1-m)\cdot V\cdot Q'\cdot K_i\cdot K_b\cdot S_2 \tag{6-19}$$

式中:V——拼装箱数量占发送箱数量的比例,一般取1.20~1.40;

S_2——发送箱平均堆存期(天)。

(3)满足直接中转所需堆存的集装箱数量D_3:

$$D_3=m\cdot[(1-\rho)+(1-V)]\cdot Q'\cdot K_i\cdot K_b\cdot S_3 \tag{6-20}$$

式中:S_3——中转箱平均堆存期(天)。

(4)适应空箱周转所需堆存的集装箱数量D_4:

$$D_4=(1-f)\cdot Q'\cdot K_i\cdot K_b \tag{6-21}$$

式中:f——重载箱比重。

3）日均拆装箱数量

日均拆装箱数量是指货运站平均每天拆掏箱与拼装箱数量的综合，其中包括到达箱中拆掏箱量、发送箱中拼装箱量，即

日均拆装箱量=到达箱中拆掏箱量 C_1+发送箱中拼装箱量 C_2

（1）到达箱中拆掏箱量 C_1：

$$C_1 = m \cdot \rho \cdot Q'/T \tag{6-22}$$

式中：T——年工作天数（天）。

（2）发送箱中拼装箱量 C_2：

$$C_2 = (1-m) \cdot V \cdot Q'/T \tag{6-23}$$

2.主要设施规模计算

1）站房面积 F_1

$$F_1 = \sum_{i=1}^{n} S_i \tag{6-24}$$

（1）托运处面积 S_1：

$$S_1 = S'_1 + S''_1 \quad (\text{m}^2) \tag{6-25}$$

式中：S'_1——托运厅工作间面积（m^2）；S'_1=6.0×托运厅当班工作人员数；

S''_1——托运厅面积（m^2）；S''_1=1.20×日均最大货物受理量。

（2）提货处面积 S_2：

$$S_2 = S'_2 + S''_2 \quad (\text{m}^2) \tag{6-26}$$

式中：S'_2——提货处工作间面积（m^2）；S'_2=6.0×提货处当班工作人员数（m^2）；

S''_2——办理提货手续场所的面积（m^2）；$S''_2 = 0.3 \times S'_1$（m^2）。

（3）联运代理业务用房面积 S_3：

S_3=10.0×代理业务定编人数 （m^2）

（4）业务行政办公用房面积 S_4：

S_4=8.0×（业务科室定编人数+行政管理人员定编人数） （m^2）

（5）通信信息中心用房面积 S_5：

包括通信机房、电话总机室、计算机管理系统总控室、配载调度室、业务办公室等，其面积一般为100~200m^2，计算时根据实际情况选取。

（6）其他用房面积 S_6：

包括会议室、接待室、货物交易厅等，其面积根据所在地实际情况确定。

2）货物仓库面积 F_2

$$F_2 = \frac{q \cdot t_1 \cdot \delta \cdot W}{\gamma \cdot h} \quad (\text{m}^2) \tag{6-27}$$

式中：q——日均货物最大吞吐量（吨/日）；

t_1——集装箱货物平均堆存箱（日）；

δ——每吨货物占地面积（m^2/吨），一般为2.0~4.0m^2/吨；

γ——仓库有效面积利用率，一般为0.6~0.75；

h——空间利用系数，设货架时取1.50~1.60，无货架时取1.15~1.25；

W——入库系数，一般取0.7。

3）中转大厅面积 F_3

$$F_3 = \frac{q_1 \cdot t_2 \cdot \delta \cdot W}{\gamma \cdot h} \quad (\text{m}^2) \tag{6-28}$$

式中：q_1——日均货物最大中转量(t/日)；

t_2——中转货物平均堆存期(日)；一般为1~2日。

4)仓储仓库面积F_4

$$F_4=\frac{q_2\cdot t_3\cdot \delta}{\gamma\cdot h}\quad (\mathrm{m}^2) \tag{6-29}$$

式中：q_2——日均最大仓储量(吨/日)；

t_3——仓储货物平均保管期(日)。

5)拆装箱库面积F_5

$$F_5=\frac{C\cdot G\cdot t_4\cdot \delta\cdot K_1}{\gamma\cdot h}\quad (\mathrm{m}^2) \tag{6-30}$$

式中：C——日均拆装箱数量(计算标准箱/日)；

G——单箱平均有效装载质量(吨/计算标准箱)；

t_4——集装箱货物平均堆存期(日)；

K_1——不平衡系数。

6)集装箱堆场面积F_6

$$F_6=\frac{K_2\cdot e\cdot E\cdot D\cdot t_5}{T\cdot h\cdot g}\quad (\mathrm{m}^2) \tag{6-31}$$

式中：K_2——年堆存不均衡系数；

e——通道系数；

E——单箱平面占用面积；

g——堆码层数；

t_5——集装箱平均堆存期(日)。

3.主要设备规模计算

1)集装箱专用运输车需要量N_i

$$N_i=\frac{2\cdot Q_2\cdot L_j}{T\cdot a\cdot b\cdot r\cdot l_j}\quad (\text{辆}) \tag{6-32}$$

式中：Q_2——年集装箱“门到门”箱运量(TEU/年)；

L_j——集装箱平均运距(km)；

a——车辆完好率；

b——箱位利用率；

r——每车每次运送的箱数(TEU/辆)；

l_j——平均车日行程(km)。

2)堆场起重、装卸设备需要量N_{d}

$$N_{\mathrm{d}}=\frac{2\cdot D\cdot K_i}{T\cdot J_n\cdot t}\quad (\text{辆}) \tag{6-33}$$

式中：K_i——不平衡系数；

J_n——装卸设备工作能力(TEU/台·小时)；

t——设备每日工作时间(小时/日)；

D——年集装箱堆存量(TEU/年)。

3)拆装箱库内起重运输设备配置量N_{c}

$$N_{\mathrm{c}}=\frac{q_2\cdot K_i\cdot c}{J_n\cdot t}\quad (\text{辆}) \tag{6-34}$$

式中：q_2——单箱平均有效装载。

4)集装箱站有关设备的配备

(1)车辆机械维修设备。可根据车辆、机械的维修级别和作业内容,参照相同规模汽车运输企业维修车间的设备配备要求,并结合集装箱站的特点进行选型配备。

(2)集装箱的清洁和维修设备。有条件开展集装箱清洗、消毒、熏蒸和维修作业的集装箱站,可根据实际需要配备符合其工艺要求的清洁和维修设备,并按环保法规要求配备三污处理设施。

(3)自动化管理系统。有条件的集装箱站,可根据实际需要设置堆场自动化系统、车辆自动化调度和通讯系统。

三、平面布局设计

1.总平面布局设计

1)总平面布局设计原则

公路集装箱中转站的总平面布局设计主要包括区域划分、各组成部分的形式和占地面积及位置的确定。进行总平面设计时既要满足货运站总的作业要求,又要考虑土建和其他方面的要求,最大限度地满足生产要求及最少的建设投资。据此,总平面设计过程中应遵守以下原则:

(1)充分考虑站址的地形、地貌和集装箱运输的功能要求,合理划分营业区、生产区、辅助生产区,库区、停车区和生活区,力求做到区域划分明确,联系方便。除了具备零担货运站的功能分区外,集装箱货运的生产区还应包括堆场及拆装箱作业区;有条件的货运站生产辅助区还应设置集装箱的清洗、消毒、熏蒸和维修作业的专用场地。仓库对于集装箱货运站同样是货运生产作业的中心和关键环节,所以也必须很好地规划仓库的位置以及它与各作业区的相互配合。

(2)各区域的布置,既要做到节约面积,提高土地利用率,又要满足作业场面积要求和生产工艺流程的要求;有作业联系的区域应使运输距离最短,并尽量避免交叉往返;厂区内车流、货流的移动线路要通畅,且互不交叉,力求做到笨零货物和重箱在场区的移动线路最短。为了避免货流与人流的交叉,托运处和提货处位置应尽可能分开设置。站内道路应采用无交叉的环形路线,组织车辆单向流动。

(3)建筑物的位置、形式要符合城市建设规划要求,并能突出反映集装箱运输的特征。

(4)充分考虑防火、卫生、环保及“三废”处理等方面的要求,留有必要的绿化区带和发展余地。

(5)在进行平面布置时,要因地制宜,重视对不同方案进行逆向比较和技术论证,既要考虑占地面积节省、经济,又要为以后的发展留有余地。根据不同的站级、运输量及其分布特征、站址条件等因素,拟定多种布置方案,进行技术经济论证和比较,选出最佳方案,以使最后的方案在工艺上合理、经济上可行、技术上先进。

2)集装箱堆场布置原则

集装箱堆场应按中转箱、掏装箱和维修等几个部分划区布置,并尽量缩短运输距离,防止与避免交叉作业,做到能够及时、准确、便捷地找出所需集装箱,方便管理。进行堆场平面设计时,一般应遵守以下原则:

(1)中转箱区应布置在便于“箱不落地”并能顺利地由装卸机械换装到运输车场上的交通方便处。

(2)拼装箱区和掏装箱区尽量设置在仓库附近,以减少各环节的作业干扰和中间运箱量。

(3)周转和维修箱区应布置在作业区外围靠近维修车间的一侧,以便于取送和维修,减少对正常作业的干扰。

(4)合理布置箱位,既要考虑充分利用堆场面积,又要留足运输通道及箱与箱之间的距离,做到安全方便。

(5)合理利用装卸机械和起重运输设备,除保证机械进出场畅通和足够的作业半径外,应尽量减少机械设备的行驶距离,提高设备利用率。

(6)堆场应有一定的坡度,并有良好的排水系统,以免积水,但要力求平坦,以保证集装箱堆码稳妥。

(7)堆场的场地必须坚固、耐用。

3)仓库布置原则

进行仓库平面设计时，应遵循以下原则与要求：

(1)仓库的位置尽量靠近营业区的公路主干线，以便于货物进出库，并减少不必要的运输环节。

(2)库内要留有足够的叉车行驶通道，满足装卸机械作业工作面的要求。

(3)要留有适当的理货空间。

(4)留有足够的拼、装箱场地(一般设置拆、装箱平台)，便于进行拆掏箱和拼装箱作业。

(5)设置适量的货架，以充分利用仓库空间，提高面积与空间利用率。

采用仓库和单层堆码集装箱，将会给生产作业提供方便和有利条件，但占地面价大；如果采用立体仓库或多层仓库，占地面积小，但生产作业却增加了难度，造价也明显增加。目前货运站仓库仍以单层居多，近几年逐渐向双层或立体仓库发展。采用双层或立体仓库时，要注意装卸设备的选择，很好地解决货物的垂直运输问题和集装箱的堆码方法。现在，货运站多建为双层仓库，堆场以钢筋混凝土浇制，并注意重箱堆场基础加固。

4)装卸作业场布置原则

进行装卸场布置时，不仅要留有足够的场地来保证装卸作业，而且要考虑场地的适应性(既可适应侧面装卸，又能适应后面装卸)，对汽车停靠线、行车通道、集装箱堆放区、装卸机械作业区均要进行合理的布置。

2.堆场集装箱布置方式

按照集装箱与通道的I形正对位置，堆场集装箱的布置方式有直角与斜角布置两种形式。按照集装箱的排列数，其布置形式可分为单排排列、背靠背双排排列、多排排列三种布置方案共5种排列形式，如图6-4所示。

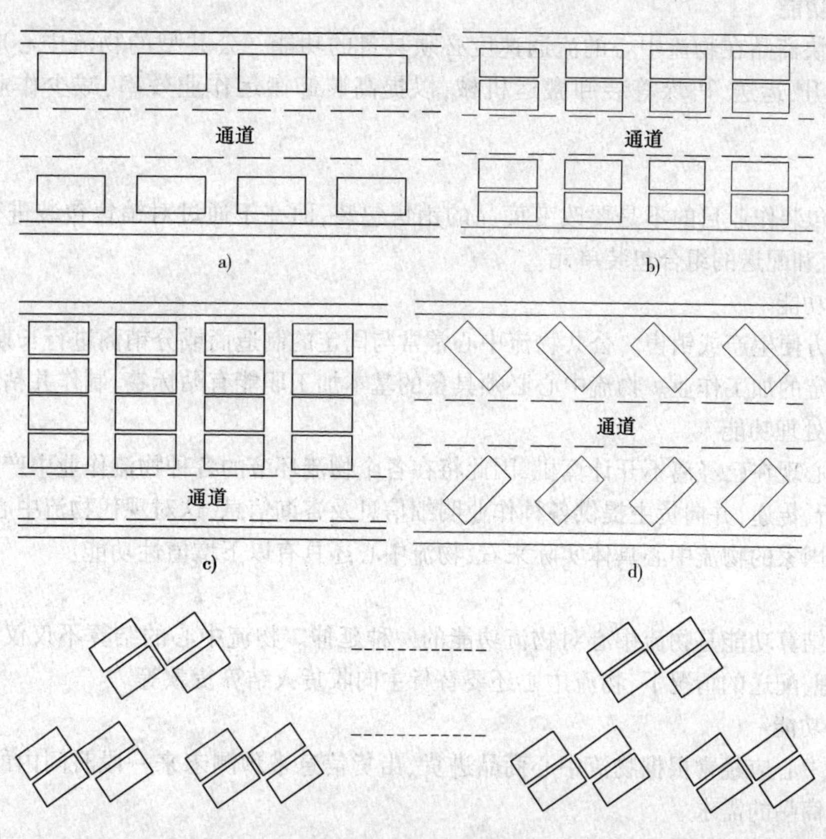

图6-4　堆场集装箱布置方式

a)直角单排排列；b)直角双排排列；c)直角多排排列；d)斜角单排排列；e)斜角背靠背双排排列

第四节　物流中心的规划

物流中心是物流网络的一个重要节点，起着衔接、调节和管理供应链物流活动的作用，具有供应链管理主体的职能。通过对供应链上的各种物流活动进行计划、协调和控制，使得物流活动在整合的基础上效率更高，有效降低了供应链的总成本，提高了供应链的整体绩效。

一、物流中心的功能及物流中心流程

1.物流中心功能

1）运输功能

物流中心需要自己拥有或租赁一定规模的运输工具。具有竞争优势的物流中心不只是一个点，而是一个覆盖全国的网络。因此，物流中心首先应该负责为客户选择满足客户需要的运输方式，然后具体组织网络内部的运输作业，在规定的时间内将客户的商品运抵目的地。除了在交货点交货需要客户配合外，整个运输过程，包括最后的市内配送都应由物流中心负责组织，以尽可能方便客户。现代的运输需求就是这样。

2）储存功能

物流中心需要有仓储设施，但客户需要的不是在物流中心储存商品，而是要通过仓储环节保证市场分销活动的开展，同时尽可能降低库存占压的资金，减少储存成本。因此，公共型物流中心需要配备高效率的分拣、传送、储存、拣选设备。

3）装卸搬运功能

这是为了加快商品在物流中心的流通速度必须具备的功能。公共型的物流中心应该配备专业化的装载、卸载、提升、运送、码垛等装卸搬运机械，以提高装卸搬运作业效率，减少作业对商品造成的损毁。

4）包装功能

物流中心的包装作业目的不是要改变商品的销售包装，而在于通过对销售包装进行组合、拼配、加固，形成适于物流和配送的组合包装单元。

5）流通加工功能

主要目的是方便生产或销售。公共物流中心常常与固定的制造商或分销商进行长期合作，为制造商或分销商完成一定的加工作业。物流中心必须具备的基本加工职能有贴标签、制作并粘贴条形码等。

6）物流信息处理功能

由于物流中心现在已经离不开计算机，因此将在各个物流环节的各种物流作业中产生的物流信息进行实时采集、分析、传递，并向货主提供各种作业明细信息及咨询信息，这对现代物流中心是相当重要的。

从一些发达国家的物流中心具体实际来看，物流中心还具有以下增值性功能：

1）结算功能

物流中心的结算功能是物流中心对物流功能的一种延伸。物流中心的结算不仅仅只是物流费用的结算，在从事代理、配送的情况下，物流中心还要替货主向收货人结算货款等。

2）需求预测功能

自用型物流中心应经常根据物流中心商品进货、出货信息来预测未来一段时间内的商品进出库量，进而预测市场对商品的需求。

3）物流系统设计咨询功能

公共型物流中心要充当货主的物流专家，因而必须为货主设计物流系统，代替货主选择和评价运输商、仓储商及其他物流服务供应商。国内有些专业物流公司正在进行这项尝试，这是一项增加价值、增加

公共物流中心的竞争力的服务。

4）物流教育与培训功能

物流中心的运作需要货主的支持与理解，通过向货主提供物流培训服务，可以培养货主与物流中心经营管理者的认同感，可以提高货主的物流管理水平，可以将物流中心经营管理者的要求传达给货主，也便于确立物流作业标准。

2.物流货运中心作业流程

物流中心的作业流程形式有许多种，这主要取决于物流中心本身规模大小、设施条件、客户方向、服务功能等诸多因素。

物流系统的规划是一个系统工程，要求规划的物流中心合理化、简单化和机械化。所谓合理化就是各项作业流程具有必要性和合理性；所谓简单化就是整个系统的物流作业简单、明确易操作，并努力做到作业标准化；所谓机械化就是规划设计的现代物流系统应力求减少人工作业，尽量采用机械或自动化设备来提高生产效率，降低人为因素可能造成的错误。

图6-5所示为一般物流中心的作业流程图。

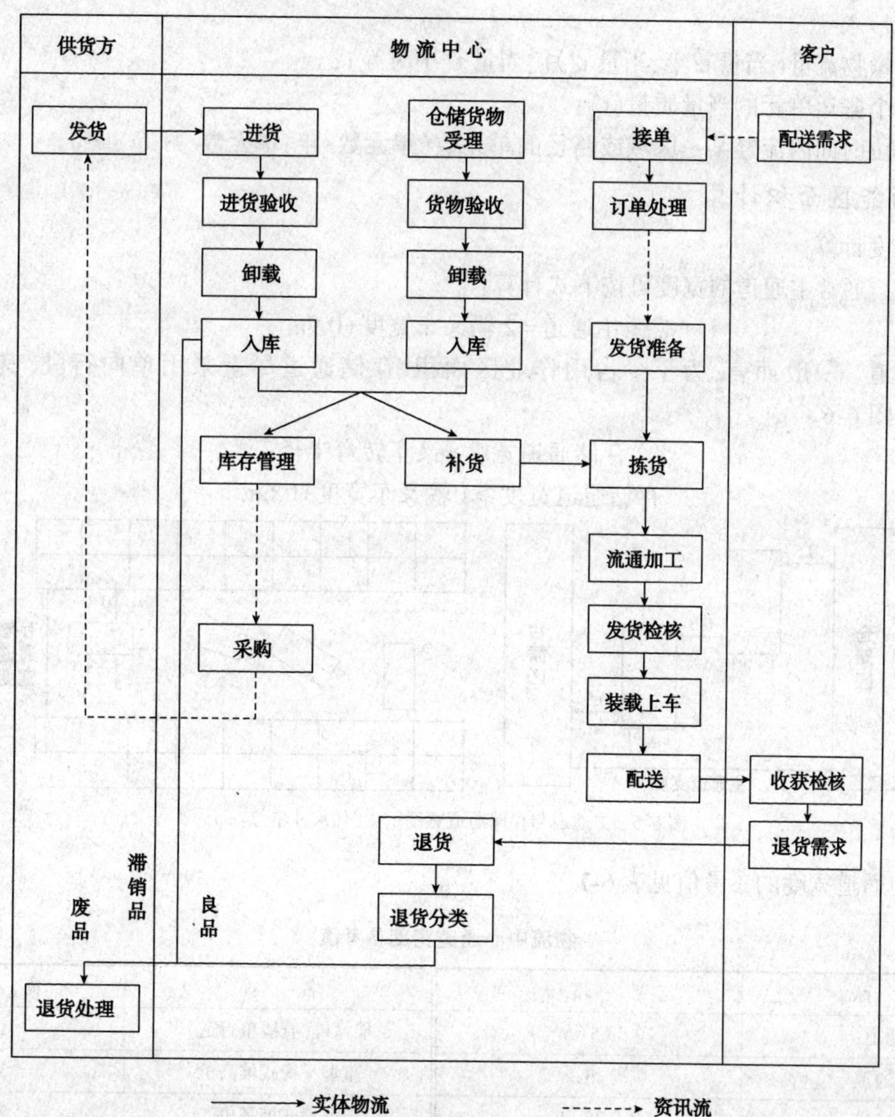

图6-5　物流中心流程图

二、工艺计算

1.物流中心业务量计算

进行物流中建设规模计算时,除要对各种基本数据分析外,还要考虑物流中心的业务量、业务性质、内容及作业要求,同时预计物流中心未来的业务发展需要,使物流中心建设规模保持适当的超前性。

进行规模计算时所需的物流中心业务量现状数据主要包括:每月产值、入库峰值系数(一般取 1.2)、商品在库月数(如半个月至一个月)、出库峰值系数(一般取 1.4)等。确认这些数据时,通常以备齐商品的品种作为前提,根据商品数量的 ABC 分析,使 A 类商品备齐率为 100%、B 类商品 95%、C 类商品 90%,由此来概算物流中心的平均储存量和最大储存量。

在现有需求的基础上,还要预测物流中心未来物流量要求,可采取传统的预测方法对各种商品的年增长率进行预测,也可在指定物流中心的中长期规划中进行专项预测。

当量物流量是指物流系统运动过程中一定时间内按规定标准修正、折算的搬运和运输量,计算公式为:

$$F = Nq \tag{6-35}$$

式中:F——当量物流量(当量 t/年、当量 t/月、当量 t/小时等);

q——一个搬运单元的当量质量(t);

N——单位时间内流经某一区域或路径的单元数(单元数/年、单元数/月等)。

2.主要功能区面积计算

1)通道宽度计算

①主通道。通常主通道的宽度可按下式计算:

$$主通道=2\ 辆叉车宽度+0.9\text{m} \tag{6-36}$$

②存储通道。一般而言,为了少占用作业区面积,存储通道尽量采用单向行驶,其宽度计算如式(6-37)并见图 6-6。

$$存储通道宽度=叉车转弯半径$$

且

$$存储通道宽度\geqslant 1\ 辆叉车宽度+0.6\text{m} \tag{6-37}$$

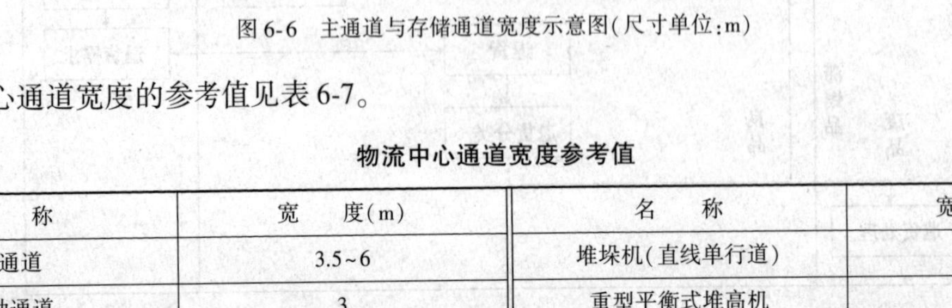

图 6-6 主通道与存储通道宽度示意图(尺寸单位:m)

物流中心通道宽度的参考值见表 6-7。

物流中心通道宽度参考值　　表 6-7

名　称	宽　度(m)	名　称	宽　度(m)
主通道	3.5~6	堆垛机(直线单行道)	1.5~2
辅助通道	3	重型平衡式堆高机	3.5~4
人行通道	0.75~1	前置式堆高机	2.5~3
小型台车	车宽加 0.5~0.7	窄巷道式堆高机	1.7~2
手动叉车	1.5~2.5(视载重而定)	手推车	

2）进、出货区面积计算

物流中心内所有货流都会流经进货区、发货区，因此，进出货区的设计是物流中心规划的重要内容之一。由于出货区与进货区在结构上有相似性，故设计过程也相似，在此以进货区设计为例进行分析。

（1）影响因素。计算进货区时需要考虑的影响因素有：每日进货数量、托盘使用规格、容器流通程度、进货点收祖业内容、进货等待入库时间、进货频率和进货时间、进出货口是否公用、卸货车辆特征及进出频率、货物特征及装载特性、卸货方式及配置设备的特征等。

（2）进货区面积。根据进货区的构成，进货区面积可按式（6-38）计算：

$$S_1 = \sum_{i=1}^{n} S_i \quad (i = 1,2,\cdots,n) \tag{6-38}$$

式中：S_1——进货区面积（m^2）；

S_i——进货区功能子区（如卸货区，暂存区等）的面积（m^2）；

n——功能子区的数量。

（3）车位数计算。车位数的确定，即指在现有装卸水平条件下，并综合考虑未来的需求变化，确保所有货物按时装卸所需的车位数。

月台车位数通常可按下式计算：

$$n = \frac{\mu \sum N_i t_i}{T} \tag{6-39}$$

式中：n——月台车位数；

μ——进（出）货峰值系数；

i——进（出）货车种类数；

N_i——第 i 类进（出）货车台数；

t_i——第 i 类进出货车装卸货时间；

T——进（出）货时间。

（4）进出货区其他设施。

①平台高度。首先应确定使用该平台的货车底板高度的范围，再以这个范围的中间高度作为平台高度的参考值，应尽量使平台与货车车厢底板之间高度差缩至最小，通常货车所需平台的高度在 120~140cm 之间。表 6-8 为各种货车对应的平台高度参考值。

平台高度参考值　　表 6-8

货车类型	货柜车	平拖车	四轮货车	冷藏车	平板车
平台高度（cm）	135	120	110	130	130

②连接设备。为了消除平台与货车之间的空隙和高度差，满足装卸货的顺利进行，进出货平台必须备有连接设备。通常这种连接设备需要 1~2.5m 的空间，若使用固定式连接设备则需要 1.5~3.5m 的空间。

③月台间距。码头月台中心线间的间距不能小于 3m，通常我们取标准宽度为 4m，若是锯齿式码头，间距要大于 5m，如图 6-7 所示。

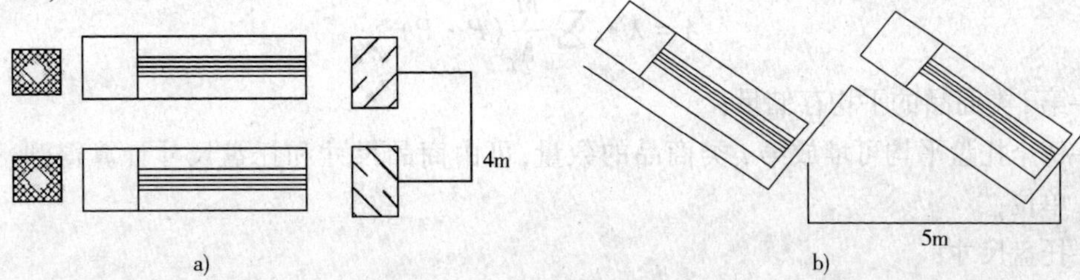

图 6-7　月台间距示意图

a）码头式；b）锯齿式

④遮阳(雨)棚。由于一些商品对湿度以及太阳直射非常敏感,所有进出货平台的遮阳(雨)棚也是必要的设备。通常,遮阳(雨)棚与进出货平台的高度至少需要3m以上,与地面的高度至少需要4m以上,其长度至少需要5m以上,而且遮阳(雨)棚的斜度最好是往内部倾斜,以避免雨水滴落到车厢后被风吹刮弄湿了商品。

此外,由于商品在进出货时可能需要拆装、理货、检查或暂存以待车装载配送,所以在进出货平台长应留一定的空间作为缓冲区。

3)仓储区面积计算

(1)仓储区面积影响因素。影响仓储区面积的主要因素有:最大库存量需求、物品特性基本资料、物品项目、储区划分原则、储位指派原则、存货管制方法、自动化程度需求、物品使用期限、储存环境需求、盘点作业方式、物品周转效率及未来需求变动趋势。

(2)仓储存储能力。物流中心存储能力的估算方法有:周转率计算法、商品送货频率估计法两种。

①周转率计算法。利用周转率估计仓储运转能力的特点是渐变快速、实用性强,但不够精确。

②商品送货频率估计法。如果能搜集到各物品的年运转量和工作天数,根据厂商送货频率进行分析,则可计算仓储量。其计算程序如下:

a.年运转量计算。根据搜集到的有关资料计算物流中心各产品的年运转量。

b.估计每年的工作天数。

c.计算发货的平均日储运量:

$$\text{平均日储运量} = \frac{\text{周转量}}{\text{年工作天数}} \tag{6-40}$$

d.估计送货周期。

e.估算仓容量:

$$\text{仓容量} = \text{平均日储量} \times \text{送货周期} \tag{6-41}$$

f.估计放宽比。估计仓储运转的变化弹性,一般取放宽比为1.1~1.25。如果放宽比过高,就相应增加了仓储空间过剩的投资费用。

g.计算规划仓容量。考虑到仓储运转的变化弹性,以估计的仓容量乘以放宽比,便是规划仓容量,以适应高峰期的高运转量要求。

$$\text{规划仓容量} = \text{仓容量} \times \text{放宽比} \tag{6-42}$$

实际工作天数计算有两种基准:一是每年的实际工作天数;二是各产品的实际发货天数。如果能真实求出各产品的实际发货天数,则可计算平均日储运量,这一基准比较接近真实情况。但要特别注意,当部分商品发货天数很少,并集中在少数天数发货时,就会造成仓储量计算偏高,闲置储运空间过多,浪费投资。

(3)地面堆码存储面积。当大量发货时,采用地面堆码存储方式可以方便作业,提高效率,具体有单层托盘存储和累叠料框存储两种形式。此时应根据托盘数量、尺寸和通道宽度来确定作业面积。

①单层托盘存储方式的仓储区作业面积

$$A = \lambda \cdot \sum \frac{M_i}{N_i}(P \cdot P) \tag{6-43}$$

式中:M_i——第i类商品的平均存储量;

N_i——每个托盘平均可堆放第i类商品的数量,可由商品尺寸和托盘尺寸计算得到,通常以箱为单位;

$P \cdot P$——托盘尺寸;

λ——放宽比,视通道占仓储区总面积的比例而定,一般中枢型通道约占全部仓储面积的30%~50%,可取:

$$\lambda = \frac{1}{1 - 35\%} \approx 1.5 \tag{6-44}$$

②累叠料框存储方式的仓储区作业面积

$$A = \lambda \cdot \sum \frac{M_i}{L \cdot N_i}(P \cdot P) \tag{6-45}$$

式中：M_i——第 i 类商品的平均存储量；

L——商品堆放层数；

N_i——每个料框平均可堆放第 i 类商品的数量，以箱为单位；

$P \cdot P$——料框尺寸；

λ——放宽比。

(4)托盘货架存储方式的仓储区作业面积。托盘货架是目前物流中心最普遍应用的存储方式，具有很好的拣取效率，但需要通道较多，影响了存储密度。

使用托盘货架存储货物，在计算作业面积时，除了要考虑货物尺寸和数量，托盘尺寸、货架形式和层数之外，还应考虑相应的通道空间。

通常采用每货位存放两个托盘的货架，图 6-8 为其存储示意图。从图中可以看出，托盘货架具有区块特性，即每个区块由两排货架和通道组成。图中虚线所围区域即为一个区块。

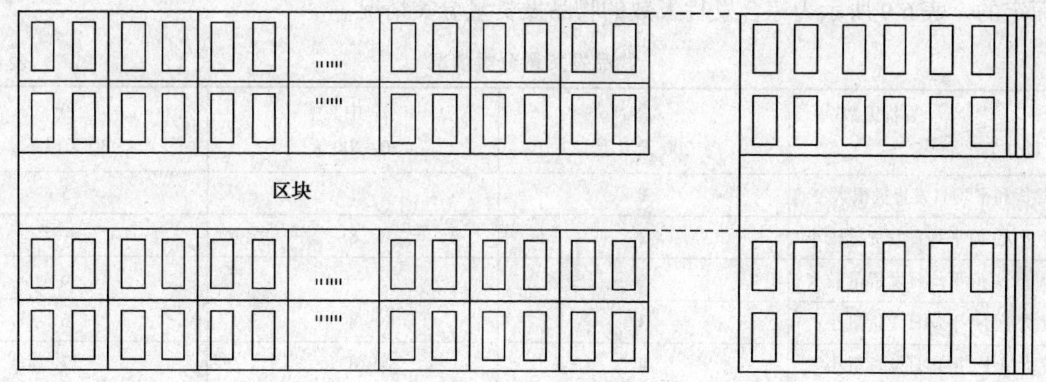

图 6-8　货位存储示意图

(5)仓储区占地面积可按以下公式计算：

$$A = D \cdot B = D \cdot \frac{P}{T} \tag{6-46}$$

其中：

$$P = \sum \frac{M_i}{L \cdot N_i} \tag{6-47}$$

式中：D——每一区块的占地面积，可根据每一货位实际的长、宽尺寸和货位列数以及通道的长、宽求得；

B——存货所需的区块数；

P——存货需要的托盘单层占地个数；

T——各区块单层容纳的托盘个数，可根据各区块的货位列数和每一货位存放的托盘个数求得；

L——货架层数；

M_i——第 i 类商品的平均储存量；

N_i——每个托盘可堆放第 i 类商品箱数。

4)拣货区面积计算

(1)影响因素。计算拣货区面积时需要考虑的影响因素有：物品特性的基本资料、配送品项、每日拣出量、订单处理原则、订单分割条件、订单汇总条件、客户订单数量资料、订单拣取方式、有无流通加工作业需求、自动化程度需求及未来需求变动趋势。

(2)拣货区的运转能力计算。拣货区是以单日发货品所需的拣货作业空间为主。为此,考虑的最主要因素是货品种类和作业面。一般拣货区的规划不包括当日所有发货量,在拣货区货品不足时可以由仓储区进行补货。拣货区运转能力计算方法如下:

①年拣货量计算。把物流中心的各项进出产品换算成相同拣货单位,并估计各物品的年拣货量。

②计各物品的发货天数。根据有关资料分析各类物品估计年发货天数。

③估计放宽比。

④计算各物品平均发货天数的拣货量。

$$平均发货天数的拣货量=\frac{各物品年拣货量}{年发货天数} \tag{6-48}$$

⑤AC 分析。对各物品进行年发货量和平均发货天数的拣货量 AC 分析。根据分析,可确定拣货量高、中、低档的等级和范围。在后续的设计阶段,可根据高、中、低档等级的物品类别进行物性分析和分类。这样,根据发货高、中、低档的类别,可确定不同拣货区存量水平。将各类产品的品项数乘以拣货区存量水平,便是拣货区储存量的初估值。

一般来说,假设某物流中心年工作天数为 300 天,把发货天数分成三个等级:200 天以上,30~200 天和 30 天以下三类。把各类物品发货天数分为高、中、低档三组。实际上天数分类范围是根据发货天数分布范围而定的。表 6-9 所示为综合发货天数的物品发货量分类情况。

物品发货量分类情况 表 6-9

发货天数 \ 发货量分类	高 200 天以上	中 30~200 天	低 30 天以下
A.年发货和平均日发货量很大	1	1	5
B.年发货量大,但平均日发货量较小	2	8	—
C.年发货量小,但平均日发货量较大	—	—	6
D.年发货量小,平均日发货量小	3	8	6
E.年发货量中,平均日发货量小	4	8	7

此表中有 8 类,现在对各类说明如下:

分类 1:年发货量和平均日发货的发货量均很大,发货天数很高。这是发货最多的主力物品群,要求拣货区存储量应有固定储位和大的存量水平。

分类 2:年发货量大,平均发货的发货量较小,但是发货天数很多。虽然单日的发货量不大,但是发货天数很频繁。为此,仍以固定储位方式为主,但存量水平可取较低一些。

分类 3:年发货量和平均日发货的发货量都小。虽然发货量不高,但是发货天数超过 200 天,是最频繁的少量物品。处理方法是少量存货,单品发货。

分类 4:年发货量中等,平均日发货的发货量较小,但是发货天数很多,处理烦琐,以少量存货、单品发货为主。

分类 5:年发货量和平均日发货的发货量均很大,但发货天数很少,可集中在少数几天内发货。这种情况可视为发货特例,应以临时储位方式处理为主,避免全年占用储位和浪费资金。

分类 6:年发货量和发货天数都较小,但品项多。为避免占用过多的储位,可按临时储位或弹性储位的方式来处理。

分类 7:年发货量中等,平均日发货的发货量较小,发货天数也少。对于这种情况,可视为特例,以临时储位方式处理,避免全年占用储位。

分类 8:发货天数在 30~200 天之间,发货量中等。对于这种情况,以固定储位方式为主,但存量水平亦为中等。

上述8种分类是参考性的指标，在实际规划过程中仍要根据发货特性来调整分类范围和类型。

订单发货资料经过分类之后，可对各类产品存量定出基本水平。例如分类1的产品，存量水平高，估计需要较大的拣选空间，为此，应提高放宽比。而分类2的产品的存量水平较低，在估算拣货空间时应减小放宽比，从而减少多余的拣货空间。如果在实际拣货时，缺货影响发货时，则以补货方式来补足拣货区的货存量。

对于年发货量较小的商品，在规划中可省略拣货区。在这种情况，可与仓储区一起规划，即仓储区兼拣货作业区。若采用批量拣货时，则批量处理的品项应加以考虑。上述分类1较适合于批量拣货配合分类系统的方式进行。因为自动化分类输送设备能满足规模较大的发货要求。分类3和分类4较适合于一边批量拣取，一边分类的方式。因为种类多数量小，易于在拣货台车上一次完成拣货与分货处理。

5）理货区计算

理货区涉及的操作较多，如理货、拣货、补货、分类、集货、验货、配货等作业，影响因素也各有不同。在规划理货区的各个区域时，需针对不同需求情况分别考虑。无论何种情况，首先应确定在该区域的货物作业量，一般以单日进出货品所需理货区空间大小为依据进行估算。

（1）影响因素。计算理货区时需要考虑以下影响因素：

①理货作业时间。

②进货品检工作内容。

③品检作业时间。

④容器流通程度。

⑤有无装卸托盘配合设施。

（2）理货区的面积可按以下公式计算：

$$S_T = S_{m1} + S_{a1} \tag{6-49}$$

式中：S_T——理货区面积；

S_{m1}——理货设备占用空间面积；

S_{a1}——操作活动空间。

6）流通加工区计算

（1）影响因素。计算流通加工区空间时需要考虑的影响因素有流通加工作业量、加工作业方式、加工设备规格等。

（2）流通加工区的面积

$$S_P = S_{m2} + S_{a2} \tag{6-50}$$

式中：S_P——流通加工区面积；

S_{m2}——加工设备占用空间面积；

S_{a2}——操作活动空间。

7）分类区计算

设每日拣货箱数为n个，拣货方面数为N（每方面2m宽），拣货时间为7h，峰值系数为1.5，单位时间拣货数为$1.5n/7$，则分类区必要面积A为：

$$A = (L + 2) \times (6 \sim 10) \quad (\mathrm{m}^2) \tag{6-51}$$

8）发货区储存区计算

设每天的发货方面数为n_1，一个方面宽度为1.2m，面积利用率为0.7，则发货储存区必要面积A为：

$$A = [12 \times (1.2 \times n_1 + 3)/0.7] \quad (\mathrm{m}^2) \tag{6-52}$$

3.其他面积计算

1）行政区的面积计算

主要指非直接从事生产、物流、仓储或流通加工部门，如办公室、会议室、福利休闲设施等的设计。

(1)办公室、会客室、会议室等。办公室分为一般办公室和现场办公室两种;会议室分为有办公桌和无办公桌两类,所有具有不同功能的房间面积决定于人数和内部设备。

(2)休息室、驾驶员休息室。休息室应根据员工人数和作息时间而定。在物流中心工作,不允许吸烟,为此可在特定地方设立吸烟室。休息室所需面积应该根据实际情况而定。

在入出库作业区附近可设立驾驶员休息室,以便驾驶员装卸或等待表单。驾驶员休息室所需面积应根据实际情况而定。

(3)膳食间、洗手间。除餐厅外,还应设有小卖部之类,为员工提供生活方便。餐厅按高峰期人数考虑,每人 $0.8\sim1.5\text{m}^2$。厨房面积约为餐厅面积 22%~35%。

良好的卫生设备使员工工作愉快、精神饱满。

2)停车场面积

物流中心需要为运输车辆提供停车场地。另外,对于转运、分货功能较强的物流中心,在驾乘人员休息过程中,也需要为其他单位长途运输车辆提供停放场地。此类停车场一般停放大型货车。

停车场面积可按下式计算:

$$T = K \times S \times N \tag{6-53}$$

式中:T——停车场面积;

K——车辆换算系数,按面积 $K=2\sim3$;

S——单车投影面积(m^2);

N——停车场容量。

说明:单车投影面积根据选取主要车型的投影面积来确定。

第五节 平面布置案例

一、零担货运站平面布置

图 6-9 为汽车零担货运站示意图。该站承担零担、中转等运输业务,货运吞吐量较大,设计年度的货物吞吐量为 $10\times10^6\text{t}$,属于一级站。

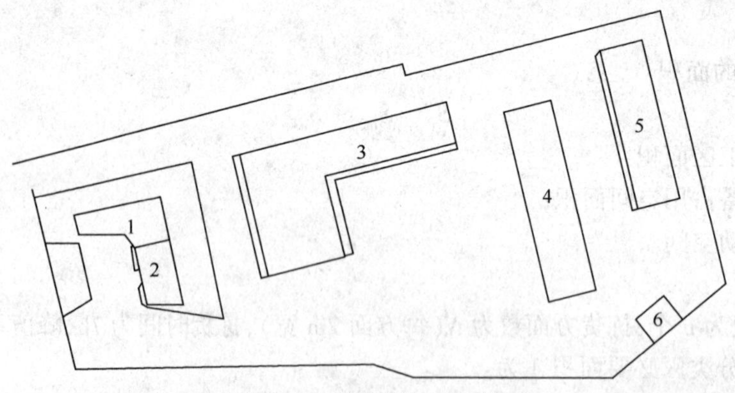

图 6-9 汽车零担货运站示意图

1-食堂;2-办公楼;3-发送仓库;4-露天堆场;5-到达仓库;6-危险品库

该站占地总面积为 22150m^2,其中房屋建筑面积 13550m^2,露天堆货场地(包括车辆停放)及车道共约 8000m^2。

发货仓库及到达仓库分开设置,且采用双层建筑,其底层仓库为高台式。发货仓库呈"L"形,仓库的净空高度均为 4.50m,层间共设升降机 5 台,以解决货物的竖向移动。沿"L"形仓库的内侧设置装卸站台,为货物装卸作业提供方便,且托运处也设在仓库内一侧,避免了货物的中间运输过程。装卸站台上面均设有挑出 5m 的雨篷。

该站设有危险品仓库，并在站内西南角单独建造，以满足消防安全要求。

综合办公楼内设有业务、行政、医务等部门的工作间和业务场所，与仓库只一路之隔，比较方便。楼的高层部分作为驾助人员宿舍，为驻站车辆的驾驶员和理货人员提供了方便。办公楼与食堂毗连，同时备有锅炉、浴室灯设施，为站内职工创造了良好的生活环境。

站内车辆的进出口分开设置，有利于组织车辆的单向运动。

露天堆场及停车处占地面积较大，为今后发展留有一定余地。

二、集装箱货运站平面布置案例

图6-10为集装箱中转站的平面布置示意图。该站位于铁路货场附近，交通方便，但站址形状复杂，给平面布置增加了难度。

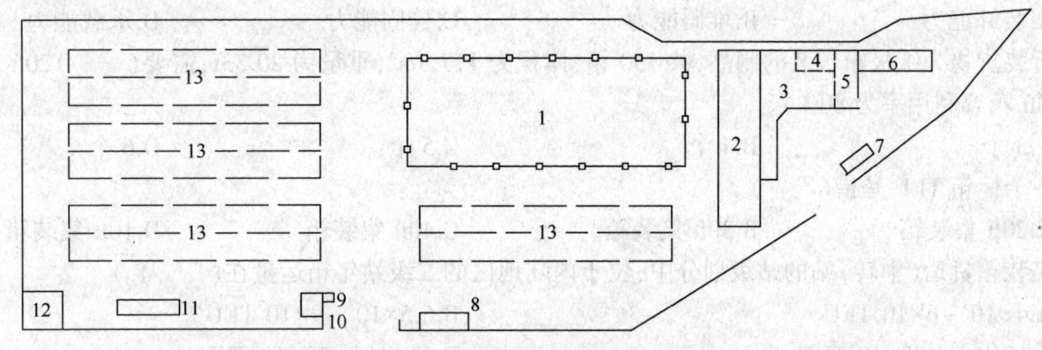

图6-10　汽车集装箱平面示意图

1-仓库；2-综合办公楼；3-停车库；4-维修间；5-配合车间；6-餐厅；7-传达室；8-配电室；9-地中衡；10-门；11-卫生间；12-地下油库；13-集装箱堆场

该站主要承担集装箱中转任务，同时兼营零担运输业务，开展拼装箱、集装箱形式的零担运输，属二级集装箱中转站。

该站年度设计货物吞吐量为30×10^4t，其中承担集装箱中转任务15×10^4t，零担货物改为适箱货物8×10^4t，公路集零为整集装箱运输7×10^4t。该站以5D箱为基本箱型，集装箱堆场日均堆存箱数为654箱。

该站占地总面积为20667m^2，总建筑面积10225m^2。根据站址特点，站内划分为生产区及生产辅助区两部分。其中生产区布置在西侧的矩形场地，生产辅助区布置在东侧的三角形场地。

生产作业区主要包括仓库和集装箱堆场。双层库房布置在站内中部，长84m，宽30m，建筑面积5155m^2，底层及二层的层高分别为6m和5m。层高设有一部楼梯及二部载货电梯。仓库房四周均设有拆装箱作业平台，台高1.2m，与高台式库房相配合。四周布置10个拆装箱工位，并与道路相同，便于作业。

集装箱采用露天堆放，背靠背，门朝外，双层码垛式。箱位采用斜置单元成行式，分区布置，便于管理和作业。场区内集装箱分8行堆放，按中转箱、拼装箱、周转箱等性质分为三个堆放区。道路以环形为主，减少交叉作业，便于装运。道路转弯半径不小于15m，扫空距离较大。集装箱堆场有效面积3383m^2，辅助面积9718m^2。堆场实际可存放箱位总数704箱，为今后发展留有余地。

集装箱堆场内的其中运输机械采用汽车吊和叉车相配合；拼装箱库内则以2t、1t叉车和载货电梯配合进行货物的升降、装卸和运输作业。

生产辅助区以综合楼为主题，并另设有停车、维修以及其他生活和生产辅助设施。6层办公楼通过单层车库、维修车间与二层职工食堂、会议室、开水房等构成了中转站生产辅助区整体。综合楼和库房之间用墙隔开，使库场和办公、辅助非生产等设施分区，便于管理和安全。一层停车场房屋屋面可适当配置花卉盆景作为屋顶花园，并在四周种植较高达的阔叶类树木，使建筑物处在绿树环绕之中，为人们创造良好的工作、生活环境。

思 考 题

一、判断题

1.站内道路应采用无交叉的环形行驶路线,组织车辆双向流动。 ( )

2.集装箱货运中集装箱不可以重复利用。 ( )

3.同一批次货达到 360 件,可以采用零担运输。 ( )

4.二级零担货运站货物吞吐量至少在 1 万吨以上。 ( )

二、选择题

1.集装箱能力不包括( )。

A.装卸能力 B.堆码能力 C.栓固能力 D.承载能力

2.所装货物为纸板箱包装的制品,共 750 箱,体积为 $117.3m^3$,重量为 20.33t,需要( )20ft 杂货集装箱(20ft 箱容利用率为 80%)。

A.3 个 B.4 个 C.5 个 D.6 个

3.一个标箱 TEU 是指( )。

A.20ft 集装箱 B.30ft 集装箱 C.40ft 集装箱 D.10ft 集装箱

4.集装箱货运(中转)站的站级划分中,位于内陆地区的二级站年箱运量在( )。

A.$4\times10^3\sim6\times10^3$TEU B.$6.5\times10^3\sim9\times10^3$TEU

C.$10\times10^3\sim20\times10^3$TEU D.$16\times10^3\sim30\times10^3$TEU

三、填空题

1.集装箱计算单位简称( )。

2.集装箱货物运输可以分为( )和( )。

3.零担货运站工作的内容及其程序是:承运货物受理;( );( );( );编配货单;( );( );货物提取或送达等。

4.零担站月均货物吞吐量 800t 的业务人员应该配备( )人。

5.年集装箱堆存量中,满足直接中转所需堆存的集装箱数量 D_3 =( )。

四、名词解释

1.日均货物吞吐量系数 α

2.公路集装箱货运站

3.当量物流量

4.日均货物受理量系数 β

五、简答及计算题

1.简述公路货运枢纽的定义。

2.公路零担货运站平面设计的原则是什么?

3.集装箱站的业务有哪些?

4.简述集装箱的生产工艺流程。

5.某零担货运站统计年度货物吞吐量为 200×10^3t,托运处、提货处当班工作人员均为 10 人,货物平均堆存期 3d,装卸站台长宽分别为 20m、15m;日均驻站的车辆数为 20 辆,每辆车按 2 位行车人员计算,计算设计此零担站未来 10 年主要设施面积分别是多少?(取货物吞吐量预计每年递增幅度为 0.7%,日均货物吞吐量系数 1.23,日均货物受理量系数为 1.20 ,车辆投影面积 $18m^2$)

6.已知年集装箱箱运量为 30×10^3TEU/年,货物平均运距为 1km 车辆完好率 70%,箱位利用率为0.8,平均车日行程 20km/日,每车每次运送的箱数 3TEU/辆,求集装箱专用运输车需要量。

第七章　公路运输枢纽规划方案评价

第一节　公路运输枢纽规划方案评价概述

评价是在一定的运输需求和运输环境的条件下，按照一定的评价标准与方法，对被评判对象从某一方面或各方面的综合状况做出优劣评定。

公路运输枢纽规划方案的设计过程需要考虑到众多因素的影响，其中相当部分为定性因素，因而依靠数学模型计算进行方案设计所得到的结果往往不能与实际完全吻合，需要根据实际情况对所有方案进行分析，才能确定可操作性强的公路运输枢纽规划方案。作为公路运输枢纽规划的重要组成部分，方案评价是在不同方案的基础上对公路运输枢纽规划方案所涉及的项目规模、功能、位置、投资、社会与环境影响等方面进行全方位比选，通过建立单项评价指标或综合性指标，运用"定量—定性"相结合的方法，将客观准确的评价结论呈现出来，从而为决策者最终确定公路运输枢纽建设方案提供依据。

一、评价目的

枢纽规划方案的评价是交通枢纽规划工作程序中的一个关键环节，规划工作所利用的信息、所输出的结果都汇集于此，以便制订出最终准备付诸实施的运输枢纽发展建设方案。运输枢纽规划方案评价的目的侧重于规划的科学性、准确性、连接程度，判断规划能否实现各种运输方式的衔接、优化和协调，能否使交通运输系统成为具有综合性、系统性和整体性的一体化运输网络。评价分析研究的主要任务有两个：一是建立合理、科学的评价指标体系；二是研究评价的手段与方法。

二、评价内容

公路运输枢纽规划方案评价应从规划方案的技术、经济、社会环境三方面进行综合评价。技术评价是对公路运输枢纽规划方案的内部技术先进性、系统适应性和布局合理性的综合评价。经济评价主要对公路运输枢纽的整体效益进行分析，通过比较各规划方案的场站及服务系统建设投资水平、运行成本和效益，对方案所产生的国民经济效益等方面进行论证；社会环境评价主要讨论公路运输枢纽规划将给区域/城市的经济与社会各方面的发展带来什么样的影响。

三、评价原则

1.适应需求

公路运输枢纽规划的场站布局方案要适应城市功能、产业定位，要符合载体城市的城市总体规划及城市综合交通规划，与城市交通规划配套。公路运输枢纽总体规划要与铁路、航空、水运、管道等运输方式的枢纽基础设施相衔接，适应区域及城市的经济地理布局和环境、安全等方面的需要。

综合运输枢纽规划设计方案评价的内容，包括定量和定性两个方面。其中定量评价主要对一些可以通过量化计算得到的指标，如枢纽的负荷度、枢纽的发生吸引范围等，评价方法和评价结果都比较直观；而定性评价则针对一些无法量化的指标，如枢纽布局方案与城市总体规划的协调程度、枢纽布局与交通网络布局的相互关系等，其评价方法和评价准则相对模糊。

2.效益明显

进行公路运输枢纽总体规划方案评价时，必须要以提高公路运输枢纽综合经济效益为基本出发点，既要考虑公路运输枢纽建设所产生的宏观经济效益，又要考虑到公路运输枢纽场站建设的微观经济效益；既要考虑近期效益，又要考虑长远效益；既要考虑直接经济效益，又要考虑间接经济效益；既要考虑定量的经济效益，又要考虑定性的经济效益。

3.公正合理

由于公路运输枢纽规划一般由地方政府或交通主管部门委托咨询单位编写，受局部利益制约或影响，容易在诸如技术经济指标（尤其是投资指标）中产生数据及结论的“失真”现象，所以进行公路运输枢纽规划方案评价要站在公正立场评价“规划”的可靠性和科学性。因此，评价枢纽规划时必须坚持公正性、科学性、客观性，使评估结果真正成为投资决策的重要依据。

四、评价步骤

虽然不同区域、不同城市进行公路运输枢纽总体规划评价时，所考察的服务对象、技术要素、影响因素、评价方法等方面存在明显差异，但公路运输枢纽规划方案评价时一般共同遵循以下步骤：

(1)明确评价的目的和评价内容；

(2)确定影响方案实施的因素；

(3)确定评价的指标体系；

(4)确定指标量化方法；

(5)确定可行的评价方法；

(6)进行方案评价。

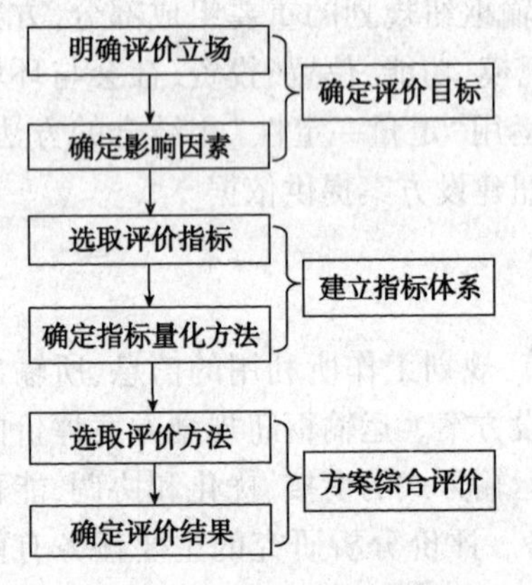

图 7-1 公路运输枢纽规划方案评价工作流程

对备选方案进行综合评价首先要制定评价指标，即根据指标间的关系及其对总目标的贡献，确定各指标的计算方法；再根据各指标对总目标贡献的相对重要程度，确定指标权重；然后就可以进行单项和综合评价。评价的流程如图 7-1 所示。

第二节 评价指标体系

一、综合评价指标体系的建立原则

方案评价首先需要一套衡量标准，即评价指标体系。它是在对方案评价的影响因素进行分析和研究的基础上，按照影响因素的主次之分，对各因素具体化后的结果。由于评价对象的复杂性，导致了方案评价指标的多样性，同时各指标之间互相制约、互相影响，因此建立一套层次清晰、关系合理的评价指标体系，是保证方案评价成功的前提。在建立方案评价的指标体系时，应该遵循以下原则：

(1)科学性

评价标准和理论必须建立在科学的基础上，才能反映客观实际，对实践具有指导作用。

(2)简明性

拟定的评价指标体系应当条理清楚、层次分明，评价标准应该简单明确，便于理解、应用和推广。

(3)可操作性

评价指标的测定必须有良好的可操作性，才能保证准确、快速地获取评价指标值，以确保评价工作的正常进行。

(4)可比性

拟定的评价指标体系，既能客观地评价同一城市在不同时期的交通规划或设计方案，又能比较同一时期不同城市的交通规划或设计方案。

(5)统一性

评价指标的名称、测定方法、评判标准等应尽量与有关规范、行业标准等保持一致,便于理解和操作。

(6)系统性

评价的指标体系是由若干单项指标组成的整体,它应该包括方案目标所涉及的一切方面,并且对定性的问题要有恰当的定量评价指标,以保证评价的全面性。

二、评价指标体系

从技术、社会经济与环境三方面制定完善的公路运输枢纽评价指标体系,使评价指标具体化,然后确定所制定指标体系量化的方法,以便得到准确的评价结果。根据实际需要,本章将公路运输枢纽规划方案评价指标体系分为3个层次。

1.技术性指标

主要包括:枢纽的运输总能力、枢纽规模适应性、枢纽发展余地、枢纽服务范围、换乘方便性。

(1)枢纽的运输总能力 C_1

枢纽在单位时间内能够发送的最大客货运量。

(2)规模适应度 C_2

公路运输枢纽规划方案所确定的总规模适应度,反映其对经济发展需求的适应程度,通过公路运输枢纽规划方案中需求规模与各公路运输场站最大生产能力总和之比表示。该系数值越小,说明公路运输场站的生产能力越能满足要求。

$$C_2 = \frac{F_h}{\sum_{i=1}^{n} F_i} \tag{7-1}$$

式中:F_h——枢纽规模总需求预测值;

F_i——枢纽规划方案中场站 i 的可利用最大生产能力;

n——枢纽规划方案中的场站数量。

(3)发展余地指数 C_3

该指标描述公路运输枢纽规划中场站用地向外扩展的可能性。站场周围用地易扩展则发展余地大。该系数值越大,说明枢纽向外扩展性越好。

$$C_3 = \frac{S_p + S_d}{S_p} \tag{7-2}$$

式中:S_p——枢纽规划用地总面积;

S_d——枢纽规划中各站场周边可扩展用地面积。

(4)枢纽服务范围 C_4

可用枢纽服务范围的当量半径衡量。

(5)换乘方便性 C_5

主要从客货运的换乘或转运所需时间、环节的多少来衡量。

2.社会经济指标

主要包括工程投资总额、换算运营费用、对城市发展的促进作用等。

(1)工程投资 C_6

指枢纽建设的投资,是衡量枢纽规划的重要经济指标。

(2)运营费用 C_7

指各种方案条件下,枢纽系统内部运营的总费用,包括车小时费用、车公里费用、线路维修费用、员工工资支出等项目。在枢纽的综合评价中,它们也具有宏观的相对比较价值。

(3)对区域经济的促进作用 C_8

这一指标用以衡量枢纽的规划对带动所在地区经济的发展的影响作用的大小。

(4)土地增值能力 C_9

指枢纽的建立对周边土地价值的增加而产生的影响。

(5)促进就业 C_{10}

该指标可以用枢纽建成后产生的新增就业岗位来衡量。

3.环境效益指标

主要指环境适应度指数,它综合反映了公路运输枢纽对居民生活的影响、对城市交通的影响、对生态环境的影响等。

环境适应度指数 C_{11} 计算如下:

$$C_{11} = \frac{\sum_{i=1}^{n}\sum_{j=1}^{n} U_j F_j r_{ij}}{m} \tag{7-3}$$

式中:F_j——第 j 个站场的规模大小;

r_{ij}——每个小区 i 质心到第 j 个站场的距离;

U_j——出入口道路服务水平;

m——每个方案中的枢纽数;

n——每个枢纽服务范围内的小区数。

公路运输枢纽评价指标的选取往往根据不同区域、不同城市进行公路运输枢纽规划的具体要求的差异而不同,上述评价指标可作为规划实践选取方案评价指标的参考。公路运输枢纽评价的指标体系如图7-2所示。

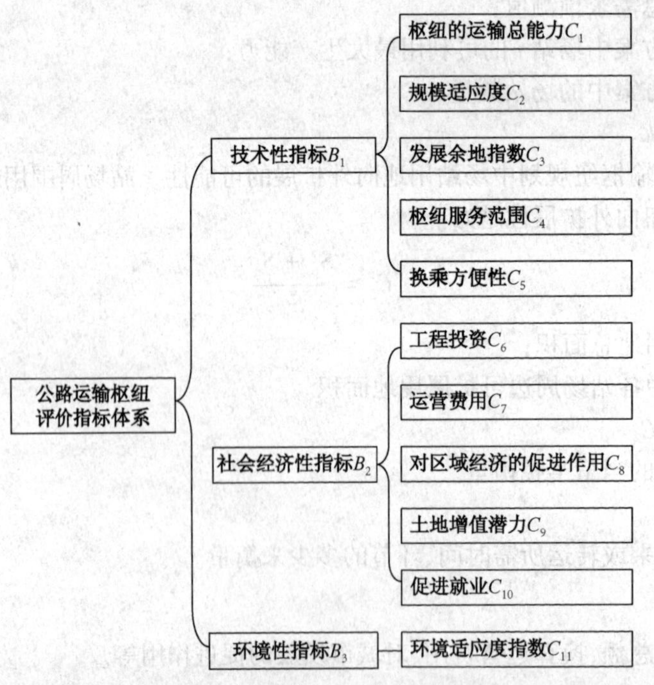

图 7-2 公路运输枢纽评价的指标体系

值得注意的是,上述的评价指标均属于宏观层次的评价,关注的是公路运输枢纽与运输网络需求及城市经济发展的适应性等外部系统的适应性。从系统的观点出发,在公路运输网络中,公路运输枢纽作为运输网络上的点,是一个特定的系统,其内部由不同的部分组成,自身的服务水平和运作效率也将深刻地影响系统的整体效率,因而也有必要从微观层面对其自身的服务水平、技术先进性和系统效率等方面进行客观的评价。

表 7-1 为进行微观评价时可供参考的一些评价指标。

公路运输枢纽微观评价体系

表 7-1

目标层	准则层	指标层	
		指　标	单　位
微观评价	技术水平	机械化作业率	%
		计算机或网络售票率	%
		设备平均服役年限	年
	运行效率	平均枢纽停泊时间	小时
		非作业停泊时间所占比重	%
	服务质量	货物完好率	%
		行包事故率	%
		人均候车室面积	平方米/人
		始发正点率	%
		平均等待服务排队时间	分钟

第三节　评价模型与方法

公路运输枢纽规划方案评价,常用的定性与定量相结合的方法主要有层次分析法、灰色关联系数法、模糊综合评价法、数据包络分析法、主成分分析法等。本节主要介绍公路运输枢纽规划方案评价常用的层次分析法、模糊评价法两种方案评价方法。

一、层次分析法

层次分析法(AHP)是美国运筹学家匹茨堡大学教授萨蒂(T.L.Saaty)于 20 世纪 70 年代初,为美国国防部研究"根据各个工业部门对国家福利的贡献大小而进行电力分配"课题时,应用网络系统理论和多目标综合评价方法,提出的一种层次权重决策分析方法。这种方法的特点是在对复杂的决策问题的本质、影响因素及其内在关系等进行深入分析的基础上,利用较少的定量信息使决策的思维过程数学化,从而为多目标、多准则或无结构特性的复杂决策问题提供简便的决策方法,是对难于完全定量的复杂系统作出决策的模型和方法。

层次分析法是社会、经济系统决策中的有效工具。其特征是合理地将定性与定量的决策结合起来,按照思维、心理的规律把决策过程层次化、数量化,是系统科学中常用的一种系统分析方法。该方法自 1982 年被介绍到我国以来,以其定性与定量相结合地处理各种决策因素的特点,以及其系统灵活简洁的优点,迅速地在我国社会经济各个领域内,如工程计划、资源分配、方案排序、政策制定、冲突问题、性能评价、能源系统分析、城市规划、经济管理、科研评价等,得到了广泛的重视和应用。

用层次分析法进行公路运输枢纽总体规划方案评价时分为以下 5 个步骤:

(1)明确问题,建立层次结构

将决策的目标、考虑的因素(决策准则)和决策对象按它们之间的相互关系分为最高层、中间层和最低层,绘出层次结构图。最高层:决策的目的、要解决的问题。最低层:决策时的备选方案。中间层:考虑的因素、决策的准则。层次分析结构模型如图 7-3 所示。

公路运输枢纽规划方案评价层次结构由方案选取的目标决策层、中间准则与指标层和方案层组成,表示实现总目标所可能采用的不同方案,各层间用直线表示彼此的联系。如果某因素与下一层次中的所有因素都有联系,则称为完全层次关系,否则称为不完全层次关系。

一般说来,因评价目标的差异,方案的评价准则与指标也不同,应根据具体情况分析确定。对公路运输枢纽规划方案进行评价时,结合宏观评价与微观评价,提出了适应性、协调性、需求性、技术水平、运行效率、服务质量6个准则,一般在公路运输枢纽规划中会提出两个或两个以上的可行方案供比选。评价的目的是使系统的综合效果最佳,即系统的目标是以尽可能少的投资、以尽可能小的环境污染获得尽可能多的综合服务功能及尽可能好的经济效益。

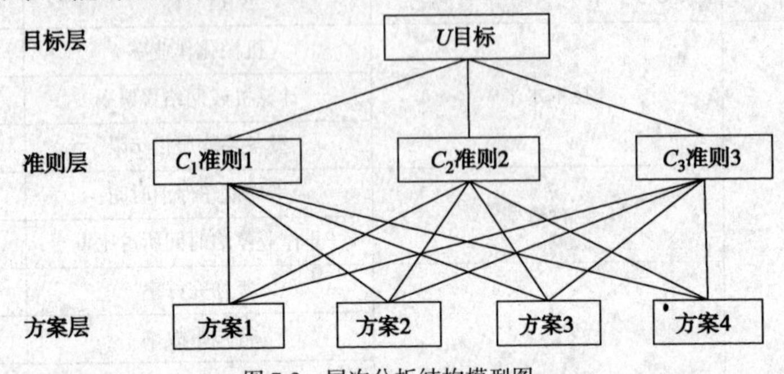

图7-3 层次分析结构模型图

(2)构造判断矩阵

公路运输枢纽规划方案评价所采用的层次分析法的信息基础,是评价者对每一层元素重要性的判断。这些判断用数值表示出来,写成矩阵形式,即所谓的判断矩阵。判断矩阵可以表示上层某一元素所支配的下层有关元素之间的相对重要性。设元素 A 层第 k 个元素与下层中的元素 B_1、B_2、$\cdots B_n$ 有联系,则可构造对于 A_k 而言 B 层的判断矩阵,如表7-2所示。

判断矩阵　表7-2

A_k	B_1	B_2	…	B_n
B_1	b_{11}	b_{12}	…	b_{1n}
B_2	b_{21}	b_{22}	…	b_{2n}
…	…	…	…	…
B_n	b_{n1}	b_{n2}	…	b_{nn}

表7-2中,b_{ij} 表示对于 A_k 而言,判断 B_i 对 B_j 的相对重要性,通常取1,2,…,9及它们的倒数,这种方法称为9标度法,见表7-3。显然所构造判断矩阵是对称矩阵,其对角线上的元素均等于1。

标度数值　表7-3

标　度	含　义
1	表示两个元素相比,具有同样重要性
3	表示两个元素相比,前者比后者稍重要
5	表示两个元素相比,前者比后者明显重要
7	表示两个元素相比,前者比后者强烈重要
9	表示两个元素相比,前者比后者极端重要
2,4,6,8	表示上述相邻判断的中间值
倒数	若元素 i 与 j 的重要性之比为 a_{ij},那么元素 j 与元素 i 重要性之比为 $a_{ji}-1/a_{ij}$

(3)层次中的单排序

得到判断矩阵以后,可以用数学方法求得某一层中各因素对上一层中某个因素的影响程度,并排出次序来,可以运用数学方法求出判断矩阵的最大特征根和它的特征向量。特征向量就代表了该层各因素对上一层某因素影响大小的权重值。权重值代表了各因素的排序,这种排序称为层次单排序。

由于判断矩阵本身存在误差,而层次单排序中各因素的权重值,从本质上讲是表达某种定性的概念,

因此可以采用较为简便的近似求解法来求解 W 和 λ_{max}。这里介绍几何平均法,其步骤如下:

①计算判断矩阵每一行元素的乘积 M_i。

$$M_i = \prod_{j=1}^{n} b_{ij} \quad (j = 1,2,\cdots,n) \tag{7-4}$$

②计算 M_i 的 n 次方根 m_i。

$$m_i = \sqrt[n]{M_i} \tag{7-5}$$

③对向量 $M=[m_1,m_2,\cdots,m_n]^T$ 作归一化处理,即

$$W_i = \frac{m_i}{\sum_{i=1}^{n} m_i} \tag{7-6}$$

向量 $W=[w_1,w_2,\cdots,w_n]^T$ 即所求的权重向量。

④计算判断矩阵的最大特征根 λ_{max}。

$$\lambda_{max} = \sum_{i=1}^{n} \frac{(BM)_i}{n\omega_i} = \frac{1}{n}\sum_{i=1}^{n} \frac{\sum_{j=1}^{n} b_{ij}\omega_j}{\omega_i} \tag{7-7}$$

(4)判断矩阵一致性检验

在构造判断矩阵过程中引入了 9 标度法,使定性问题转为定量化。在判断过程中保持思维一致性很重要。若因素 1 比因素 2 稍微重要而因素 1 比因素 3 强烈重要,则有 $b_{12}=3$,$b_{13}=5$。那么因素 2 一定比因素 3 重要,即应该有 $b_{23}=5/3$。如果决策者仍用 9 标度法,使 $b_{23}=2$,则存在着判断偏差;如果使 $b_{23}=1/2$,则不仅仅是判断偏差,而是判断出现前后矛盾。

在实际应用中,决策者不可能非常精确地判定矩阵各元素数值,只能进行估计判断,所以实际给出的 b_{ij} 值难免和理想值有偏差,不能保证判断矩阵具有完全一致性,因此它的特征根也将产生偏差。

根据矩阵理论,n 阶判断矩阵若完全满足上述一致性条件,则矩阵的最大特征根 $\lambda_{max}=n$,而且除 λ_{max} 外,其余特征根均为零。当判断矩阵具有较满意的一致性的条件时,运用层次分析法得出的结论才是基本正确的。对于因素多、规模大、关系复杂的问题,用 9 标度法构造判断矩阵,应进行一致性检验。

当矩阵不具有一致性时,$1<\lambda_{max}<n$,其余的特征根有如下关系:

$$\lambda_{max} - n = -\sum \lambda_i \tag{7-8}$$

引入判断矩阵最大特征根以外的其余特征根的负平均值 C.I.,作为度量判断矩阵偏离一致性的指标:

$$\text{C.I.} = \frac{\lambda_{max} - n}{n - 1} \tag{7-9}$$

判断矩阵的平均随机一致性指标 R.I.,可以度量不同阶判断矩阵是否具有满意的一致性。R.I.值见表 7-4。判断矩阵的一致性指标 C.R.,可以反映判断矩阵的一致性,C.R.计算公式如下:

$$\text{C.R.} = \frac{\text{C.I.}}{\text{R.I.}} \tag{7-10}$$

平均随机一致性指标　　表 7-4

矩阵阶数	1	2	3	4	5	6	7	8
RI	0	0	0.52	0.89	1.12	1.26	1.36	1.41

当 C.R.<0.1 时,则认为判断矩阵具有满意的一致性;否则,应调整判断矩阵,使之具有满意的一致性。

(5)层次总排序

层次总排序就是利用同一层次中所有层次单排序的结果,计算针对上一层而言,本层所有元素重要性的组合权值。层次总排序需要从上至下逐层进行。对于最高层下面的第二层,其层次单排序即为层次总排序。应该注意,层次总排序也应作一致性检验。

$$\mathrm{C.I.}^{(k)} = (\mathrm{C.I.}_1^{(k)}, \cdots, \mathrm{C.I.}_{n_{k-1}}^{(k)}) \cdot W^{(k-1)} \tag{7-11}$$

$$\mathrm{R.I.}^{(k)} = (\mathrm{R.I.}_1^{(k)}, \cdots, \mathrm{R.I.}_{n_{k-1}}^{(k)}) \cdot W^{(k-1)} \tag{7-12}$$

$\mathrm{C.R.}^{(k)}$值应小于0.1,说明认为递阶层次结构在k层水平的所有判断具有整体满意的一致性,否则应对前面各判断矩阵进行调整。

在层次分析法确定权重的基础上,仍然可以利用层次分析原理继续计算得到评价对象的得分,从而确定最优方案。

二、模糊综合评价法

模糊综合评价法又称模糊决策法,它是应用模糊关系合成原理,从多个因素对被评价事物的隶属等级状态进行综合评价的方法。虽然对一个方案可以用综合评价指标体系下的一组指标值来反映,但可能没有一个方案各个指标均为最优,就需要寻求一个能起到综合作用的评价指标值,再按评价指标值的大小,从中选择最优方案。模糊综合评价法基本步骤如图7-4所示。

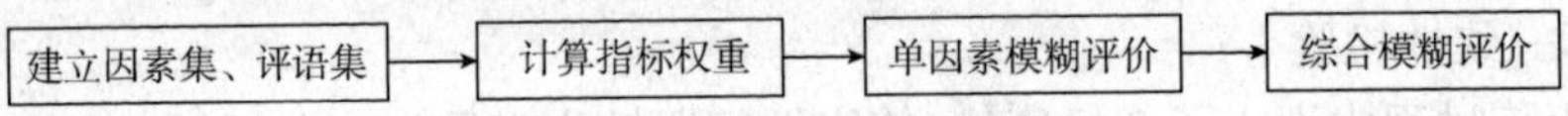

建立因素集、评语集 → 计算指标权重 → 单因素模糊评价 → 综合模糊评价

图7-4 模糊综合评价法基本流程图

1.建立因素集

因素集是以影响评判对象的各种因素为元素所组成的一个普通集合,通常用大写字母U表示,即

$$U = (u_1, u_2, \cdots, u_m) \tag{7-13}$$

2.建立评价集

评价集是评判者对评判对象可能做出的各种总的评判结果所组成的普通集合,通常用大写字母V表示,即

$$V = (v_1, v_2, \cdots, v_m) \tag{7-14}$$

各因素v_i是模糊的,代表着各种可能的总评判目的,例如:评价集V={很好、较好、一般、较差、很差}有5个因素。模糊综合评判的目的,就是在综合考虑所有影响因素的基础上,从评价集中得出一个最佳的评判结果。

3.建立权重集

各个因素的重要程度是不一样的。为了反映各因素的重要程度,对各因素u_i应赋予一定的权重a_i,由各权重值所组成的模糊集合称为因素权重集,简称权重集。

$$A = (a_1, a_2, a_3, \cdots, a_m) \tag{7-15}$$

通常,各权数a_i应满足归一性和非负性条件,即

$$\sum_{i=1}^{m} a_i = 1, a_i \geqslant 0 \quad (i = 1,2,\cdots,m) \tag{7-16}$$

各权重a_i可视为各因素u_i对"重要"的隶属度。因此,权重集可视为因素集上的模糊子集,即可表示为:

$$A = \frac{a_1}{u_1} + \frac{a_2}{u_2} + \cdots + \frac{a_m}{u_m} \tag{7-17}$$

公式中的加号无和的含义,除号也没有商的含义,他们只是表明元素u_i以及u_i对模糊子集A的隶属程度。

权重值可由主观评断法,或按确定隶属度的方法加以确定。同样的因素,如果权重不同,评判的最后结果也不同。

4.单因素模糊评判

单独从一个因素出发进行评判,以确定评判对象对评判集元素的隶属程度,称为单因素模糊评判。

设评判对象按因素集中第 i 个因素 u_i 进行评判,对评判集中第 j 个元素 v_j 的隶属程度为 r_{ij},则按第 i 个因素 u_i 评判的结果,可用模糊集合来表示。

$$R_i = \frac{r_{i1}}{v_1} + \frac{r_{i2}}{v_2} + \cdots + \frac{r_{in}}{v_n} \tag{7-18}$$

R_i简称单因素评判集,是评价集 V 上的一个模糊子集,可以简单地表达为:

$$R_i = (r_{i1}, r_{i2}, \cdots, r_{in}) \tag{7-19}$$

因此,可得相应于每个因素的单因素评判集如下:

$$\begin{aligned} R_1 &= (r_{11}, r_{12}, \cdots, r_{1n}) \\ R_2 &= (r_{21}, r_{22}, \cdots, r_{2n}) \\ &\cdots \\ R_m &= (r_{m1}, r_{m2}, \cdots, r_{mn}) \end{aligned} \tag{7-20}$$

以各单因素评判集的隶属度为行组成的矩阵 R 称为单因素评判矩阵,其表达式为:

$$R = \begin{vmatrix} r_{11}, r_{12}, \cdots, r_{1n} \\ r_{21}, r_{22}, \cdots, r_{2n} \\ \cdots \\ r_{m1}, r_{m2}, \cdots, r_{mn} \end{vmatrix} \tag{7-21}$$

单因素评判集中的隶属度 r_{ij} 是根据各因素 u_i 对评价因素 v_j 的隶属函数来确定的。

设各等级范围内,各因素的隶属函数均按正态分布,即

$$\mu(x) = \exp\left[-\left(\frac{x-m}{c}\right)^2\right] \tag{7-22}$$

式中:$\mu(x)$——因素为 x 的隶属函数,当 x 为某一数值时,$\mu(x)$为相应的隶属度;

exp——自然对数的底 e;

m、c——常数,可由下式确定:

$$m = \frac{x_s - x_1}{c}$$

$$c \approx \sqrt{\frac{(x_s - x_1)^2}{-4 \times \ln 0.5}} \tag{7-23}$$

式中:x_s、x_1——各等级中因素 x 的下界值和上界值。

若知道各因素的实际数值,便可计算出各因素的隶属度。

5.模糊综合评判

设评价集 V 上的等级模糊子集为 B,则有:

$$B = \frac{b_1}{v_1} + \frac{b_2}{v_2} + \cdots + \frac{b_n}{v_n} \tag{7-24}$$

根据模糊理论，则有

$$B = A \cdot R \tag{7-25}$$

上式可以写成：

$$B = (a_1, a_2, a_3, \cdots, a_m)\begin{vmatrix} r_{11}, r_{12}, \cdots, r_{1n} \\ r_{21}, r_{22}, \cdots, r_{2n} \\ \vdots \\ r_{m1}, r_{m2}, \cdots, r_{mn} \end{vmatrix} = (b_1, b_2, \cdots, b_n) \tag{7-26}$$

式(7-26)称为模糊综合评判集。

式右边的A·R称为fuzzy算子。一般说来，它与常规的矩阵运算有所不同，关于fuzzy算子有多种计算模型，下面介绍两种。

(1)模型$M(\wedge,\vee)$

采用该模型时，则式中有：

$$b_j = \vee(a_i \wedge r_{ij}) \quad (j = 1,2,\cdots,n) \tag{7-27}$$

式中：$a_i \wedge r_{ij}$——取小运算，即取a_i、r_{ij}两数之中的小者；

$\vee$——取大运算符号，即从取小运算后所得的数中取最大者。

(2)模型$M(\cdot,+)$

采用该模型时，则有：

$$b_j = \sum_{i=1}^{m}(a_i \cdot r_{ij}) \quad (j = 1,2,\cdots,n) \tag{7-28}$$

且

$$\sum_{i=1}^{m} a_i = 1$$

当因素太多或太少时，模型$M(\wedge,\vee)$的取小取大运算会丢失大量信息，模型$M(\cdot,+)$则不仅考虑所有因素的影响，而且保留了单因素评判的全部信息。

6.给出模糊综合评价结论

得到模糊综合评判指标b_j之后，将$b_L(b_L=maxb_j)$相对应的评价元素u_L作为评判的结论。

从以上过程得出，模糊综合评判可以对不同的方案进行比较。事实上，模糊综合评判在技术评价中已得到广泛的应用，将其用于公路运输枢纽规划方案综合评价，关键在于选择合适的评价因素并正确地确定隶属度，因此，应仔细加以研究。

第四节　公路运输枢纽衔接性与协调性评价

公路运输枢纽作为城市对外交通的重要组成部分，其衔接性与协调性的好坏对于整个交通运输网络的运行效率及其自身的服务质量都会产生重大的影响。因此，对于公路运输枢纽的衔接协调性评价就显得尤为重要，一个好的公路运输枢纽规划与设计方案，其衔接性设计也应该是合理的、高效的。

一、公路运输枢纽衔接系统的规划原则

1.“以人为本”的原则(服务人性化)

旅客运输是一条连续的运输服务链条，通过不同交通方式的有机衔接，将运输服务在不同交通方式的转换过程连接起来，以满足运输服务在时间上、空间上的连贯性和便捷性。因此在整个服务过程中，要贯彻“以人为本”的思想，达到枢纽换乘的便捷和流畅的服务功能，便捷换乘，顺畅连接各种交通工具，使

不同运输工具之间的换乘距离最小化，换乘冲突最低，以及旅客能够全面、准确、方便地获取交通信息。

2.系统性原则(系统层次化)

处理好运输枢纽不同层次的交通衔接关系，使得公路运输枢纽成为综合运输体系的一个有机组成部分，并集各种要素为一体，具有较强的系统性。公路运输枢纽系统化交通衔接应有效集合各功能要素，高度融合各种交通设施，发挥枢纽在交通体系和城市中的整体功能；同时还要以需求为导向，合理整合和共享公共交通资源，在枢纽交通规划上形成便捷的换乘通道，同时充分体现服务流畅以及枢纽交通衔接布局的一体化。

3.综合协调原则(方式多元化)

枢纽的交通衔接规划应与交通方式发展和城市规划相衔接，充分发挥综合交通优势，正确处理新建与利用既有设施的关系；综合城市交通、铁路、航空、公路等交通方式的发展，使各种交通方式协调配合，提高综合交通的效率，保证枢纽各种换乘设施的能力协调、各种设施的运营组织有序，满足不同时期枢纽旅客的换乘要求。

4.衔接优化原则(衔接高效化)

公路交通枢纽交通衔接，应实现各层次优化衔接，体现整个综合交通枢纽的系统高效。一是交通方式衔接上突出便捷性，重点布局综合性、一体化运输枢纽，并形成以高速、快速交通为主的衔接骨架系统；二是优先发展大容量、快速公共交通系统，减轻枢纽集散客流对城市交通的压力，强化公共交通与轨道交通规划建设；三是枢纽交通衔接上满足具体衔接要求和衔接标准。

二、公路运输枢纽衔接规划的目标

使交通运输系统的各个组成部分更加紧密地联系在一起，成为一个有机整体，从而提高整个系统的运行效率，产生更大的效益。为了达到这一目标，我们既要从空间上尽可能地缩短各交通方式之间的换乘距离，又要从时间上使各运输方式的运营时间保持协调一致，因此，在具体设计的时候，要注意各种交通方式之间的换乘通道设计、车辆联合运行及票价与信息的整合等。

使公路客运枢纽系统提供的服务更加人性化。旅客是枢纽主要服务对象，公路客运枢纽所提供的各项服务应该以为旅客提供更人性化，更优质的服务为其终极目标，为了达到这一目标，在枢纽的规划设计过程中，我们要注意以下几点：换乘诱导标志的合理设置；枢纽出入口尽可能地提供动态的、及时的、集各种运输方式的综合服务信息，方便旅客了解各种交通信息；对于一些特殊人群，如残疾人、孕妇等，设置专门的通道和专用的设施。

使公路货运枢纽系统内各运输方式之间更加高效地配合，达到系统整体最优化。货运过程中的换装和转运环节的优化，对于降低运输成本，提高运输企业的经济效益具有重要的意义。为了优化货运系统，在其衔接性与协调性设计时，我们一方面要建立综合的货运信息平台，另一方面，相关部门要近一步地规范化各种运输方式装卸和搬运设备，使得各种设备技术参数统一化、标准化。

三、公路运输枢纽衔接协调的主要内容

在规划与设计公路运输枢纽时，我们要衔接与协调的内容主要有以下4个方面：

(1)技术作业协调

当枢纽内各种交通方式的技术作业统一，并且实现了技术作业标准化，车辆的衔接以及综合性工作计划时，技术作业的协调才有可能。这种协调的目的在于保证客货流的最优通过方式。枢纽内不同交通方式实现技术作业协调的途径如下：

①采用公路、地铁、公交和其他交通方式车辆运行的联合运行图。

②采用统一的计划，在各衔接方式间组织直达服务。

综合枢纽内各交通方式间技术作业方面的有效协作可以减少乘车时间的损耗。当缩短乘车时间和

在换乘过程中的等车时间,具有很大的社会意义和经济意义。通过信息技术的采用对于实现技术作业的协调也变得更加容易。

(2)信息协调

信息协调包括:信息的共享;在信息提供的方式上要统一;时间上要统一;在信息的提供和获取上要及时,以利于各运输方式间的决策,尤其是公共交通与公路的信息协调。实现信息的协调应该从建立统一的信息集成系统出发,可更加全面地掌握各交通方式的状况,获取客流的动态资料,客流的换乘数据等;信息的协调将是综合枢纽改善换乘运行效率的一个重要的发展方向。

(3)管理协调

由于各运输方式分属于不同的职能部门,相互间缺乏统一的管理,各自为政,不利于各运输方式间的合作,通过管理上的协调,改革目前运输行业多头管理的现状、建立统一的行业行政协调机构,明确分工,且遵守共同的协定,编制统一的运输行业产业政策和各种规章管理制度以及统一的运输规程,并在各种交通运输方式间建立统一的工作指标体系和统一的收费管理系统以及制定统一的运输票据等。

(4)经济协调

经济协调以上述各种协调形式为基础,并为它们的实施可行性提供经济方面的保障。为更好地实行经济协调,需要统一编制各种交通运输方式发展的总体规划和实施计划,建立统一投资分配体系,制定统一的运输计划、协调一致的运价表以及联运运输企业都认同的运输成本分担方案和运输利润分配方案等。

四、公路运输枢纽衔接协调性评价

公路运输枢纽衔接性与协调性的好坏,从宏观方面来讲主要体现在与公路运输系统外的系统,如城市系统,市内交通系统,其他城市对外交通系统,周围环境等的协调性;从微观方面来讲主要体现在枢纽的换乘效率上,而换乘功能又是公路运输枢纽的最主要的功能之一,因此,在项目投建之前,对公路运输枢纽衔接协调性进行评价,对于公路运输枢纽的功能优化及建成后公路运输枢纽的运行效率都具有重要意义。

结合公路运输枢纽衔接系统的目标及相关内涵,建立了一套可供参考的公路运输枢纽衔接协调性评价指标体系,如图7-5所示。在具体的工作实际中,根据具体需要和具体目标,工作人员可以有所调整,使其更加适应项目的具体要求。

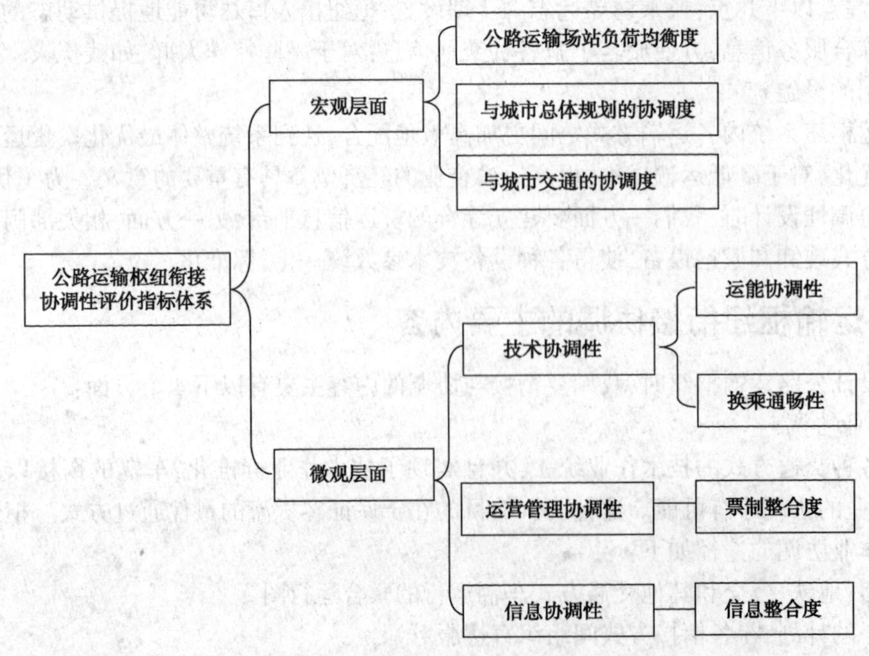

图7-5 公路运输枢纽衔接协调性评价指标体系

1.宏观层面

(1)公路运输站场负荷均衡度 C_1

公路运输枢纽总体规划中的各站场之间的协调性,可以通过各站场负荷均衡度来衡量。如果各站场负荷比较均衡,则说明站场布局是合理的。公路运输站场负荷均衡度可通过各站场负荷度的标准差与平均负荷度之比确定,即

$$C_1 = 1 - \sqrt{\frac{1}{\lambda_\alpha}\sum_{i=1}^{n}\left(\frac{(\alpha_i - \lambda_\alpha)}{\sum_{i=1}^{n} Q_i}\right)} \tag{7-29}$$

式中:α_i——第 i 个对外客运枢纽场站高峰小时负荷度;

Q_i——第 i 个对外客运枢纽场站高峰小时客流量;

λ_α——所有对外客运枢纽场站高峰小时负荷度的平均值;

n——规划对外客运站场的个数。

(2)与城市总体规划的协调度 C_2

公路运输枢纽总体规划方案与城市总体规划的协调性,主要考虑公路运输枢纽用地与城市总体规划中用地规划的协调性。即

$$C_2 = \frac{S_t}{S_p} \tag{7-30}$$

式中:S_t——城市总体规划中可供公路运输枢纽总体规划中各站场所使用的用地;

S_p——城市总体规划用地。

(3)与城市交通的协调度 C_3

与城市交通的协调性可以用出行者在市内交通的集散及出城的便利性来衡量,包括从出发地到各站场以及从各站场出城的方便程度,可以通过从出发地到各站场的汇集时间以及从各站场到城市主要出入口的疏散时间来确定。

以客运站为例,设市内交通小区 i 公路旅客出行量占全市公路客运总出行量比例为 d_i,小区 i 到达枢纽总体规划中的站场 k 的时间为 m_{ik},则所有旅客到达枢纽内各站场的市内时间为 t_{ik};客运班车从站场 k 到城市出入点 $h(h=1,2,3,\cdots,r)$ 的时间为 t_{kh},则总时间 T_{ih} 为:

$$t_{ik} = \sum_i d_i \cdot m_{ik} \tag{7-31}$$

$$T_{ih} = t_{ik} + t_{kh} \quad (i = 1,2,3,\cdots h; k = 1,2,\cdots,m) \tag{7-32}$$

一般情况下,T_{ih} 越小,公路运输枢纽与城市交通协调度越高。

2.微观层面

(1)运能的协调性

运能协调性指标用来衡量公路运输枢纽内轨道交通、常规公交等为公路运输枢纽集散客流的能力,可以用运能匹配度加以量化。

运能匹配度可用公路运输枢纽客流密集到达时枢纽内换乘市内公交(包括轨道交通和常规公交,下同)的客流与市内公交总运输能力的比值来表示。即

$$\frac{C_4(Q_b + Q_r)}{(C_b\beta_b + C_r\beta_r)} \tag{7-33}$$

式中：C_4——运能匹配度；

Q_b、Q_r——公路客运枢纽换乘常规公交、轨道交通的客流量；

β_b、β_r——换乘常规公交、轨道交通客流占全部常规公交、轨道交通上车客流的比例；

C_b、C_r——公路客运枢纽内常规公交、轨道交通的运能。

(2)换乘的通畅性

通畅性是衡量换乘过程的连续性和公路运输枢纽与其他运输方式之间衔接紧密性的一个重要指标。可以用换乘时间来作为衡量换乘通畅性的一个重要量化指标，它使不同的衔接换乘枢纽和不同的衔接换乘布局模式具有一定的可比性。

乘客平均换乘时间主要包括步行换乘时间和换乘等待时间，可用下式计算而得。

$$C_5 = \sum_{i=1}^{m} P_i \left(\frac{l_i}{\bar{v}} + T_i \right) \Big/ \sum_{i=1}^{m} P_i \tag{7-34}$$

式中：C_5——平均换乘时间；

l_i——对外客运枢纽出入口与枢纽内第 i 对换乘点之间的步行距离；

$\bar{v}$——换乘客流平均步行速度；

T_i——对外客运枢纽与第 i 个换乘点换乘客流的平均候车时间，公共交通可取为发车间隔的一半，其他交通方式(开车接送等)接近于零；

P_i——对外客运枢纽与枢纽内第 i 个换乘点的换乘客流量；

m——对外客运枢纽内换乘点的个数。

(3)运营管理协调性

①票制整合度。票制整合度是指与公路运输枢纽相衔接的各种交通运输方式之间的票务作业整合情况(如一卡通的应用)。用 C_6 表示票价整合度，即

$$C_6 = \sum_{i=1}^{n} P_i \tag{7-35}$$

式中：P_i——第 i 种交通运输方式是否整合，已整合 $P_i = 1$，否则为 0。

②信息整合度。信息整合度是指与公路运输枢纽相衔接的各种交通运输方式之间的信息整合情况。用 C_7 表示信息整合度，即

$$C_7 = \sum_{i=1}^{n} q_i \tag{7-36}$$

式中：q_i——第 i 种交通运输方式是否整合，已整合 $p_i = 1$，否则为 0。

思 考 题

一、选择题

1.从系统角度来讲，公路客运枢纽是一个复杂的系统，在对其进行评价时要从多个不同的方面进行。一般地，我们在进行公路客运枢纽规划方案宏观方面的评价时，从以下(　　)方面进行。

A.技术方面　　B.经济方面　　C.社会环境方面　　D.服务质量方面

2.对公路客运枢纽规划方案进行评价时，应遵循(　　)原则？

A.适应需求　　B.效益明显　　C.定性与定量相结合　　D.公正合理

3.下列公路运输枢纽评价指标中，不属于技术性指标的是(　　)。

A.枢纽的运输总能力　　B.枢纽发展余地　　C.枢纽的规模适应度　　D.环境适应度指数

4.公路运输枢纽的衔接协调性对其运行效率产生很大的影响，在进行衔接协调性规划时，我们应该考虑(　　)方面？

A.技术作业协调　　B.信息协调　　C.管理协调　　D.经济协调

二、简答题

1.公路运输枢纽规划与设计方案评价主要步骤有哪些？

2.建立公路运输枢纽规划与设计方案评价体系的基本原则是什么？

3.建立公路运输枢纽规划与设计方案评价指标体系具体包括哪些方面的内容？每方面又分哪些具体的指标？

4.如何运用层次分析法和模糊综合评价法进行方案的评价？其步骤主要有哪些？

5.公路客运枢纽衔接性规划的原则是什么？

三、论述题

公路运输枢纽作为城市内外交通的衔接点，是交通运输网络中的重要节点，其与其他运输方式有效的有效衔接，不仅对其自身运行效率，而且对整个运输网络的运行效率、服务质量的提升都有重要意义。结合本章内容，谈谈你对公路运输枢纽的衔接协调性的认识，应从哪几个方面对其衔接协调性进行评价？

第八章　公路运输管理信息系统

第一节　公路运输信息系统概述

一、公路运输信息系统的概念

公路运输信息系统是智能运输系统的重要组成部分,也是发展智能交通系统的基础和关键技术。它是建立在完善的信息网络基础上的,通过设置在道路、车、场站等上的各种检测器采集交通信息,通过传输设备将采集的交通信息传到信息中心,由交通信息中心对信息加以处理后向外界发布,供道路交通的使用者、管理者和研究者使用。

二、公路运输信息系统的服务对象

根据服务对象的不同,主要将公路运输信息的需求分为3部分,分别是出行者的信息需求、交通管理部门的信息需求和政府规划部门的信息需求,其中以出行者的信息需求为主。

1.交通出行者的信息需求

(1)出发前的信息。出发前的信息了解,为出行者提供出行的选择,包括最优路线、交通工具、行车时刻表、票价和合乘信息、气象情况、道路情况等。

(2)目的地的信息。沿途和目的地的环境信息,如加油站、医院、办公时间、重要活动、停车条件、天气状况等。

(3)公共交通信息。公交换乘线路信息、换乘时间信息、乘车费用信息、线路图、时刻表、下班车等待时间、下班车满载率、常用线路突发事件通知、与打车成本比较以及目的地周边信息。

(4)交通与道路状况信息。道路几何形状、收费站、交叉口、道路交通状况等信息,尤其要提供相关的视觉信息和听觉信息。

(5)驾驶导航信息。根据交通系统的实时信息直接为驾驶人指示抵达某目的地的行驶路线及方向如路径查询、实时路况、行程时间等信息。

(6)出行人员服务信息。餐馆、停车场、汽车修理厂、医院等的地址、电话号码、营业或办公时间等。

以上信息主要面对出行者,而出行者对交通信息的需求很广,依据这些信息做出合理的出行选择,完成出行前、出行中的决策,从而达到节约出行时间缓解交通拥堵的目的。

2.交通管理部门信息需求

对交通管理部门而言,对交通运输信息系统的信息需求主要有路网车速、占有率、交通流量、行程时间、交通事件等的实时信息和历史信息、道路的等级、车道数和机非分隔情况等道路信息以及延误、饱和度等反映道路交通状况的信息。交通管理部门依据这些信息进行交通流的控制诱导,指挥城市交通合理运行并对出行者进行交通信息发布。

3.政府规划部门信息需求

对政府规划部门而言,主要的信息需求有路网OD信息,交通流静态数据、交通地理信息、车辆保有量及增长情况信息、交通事故信息以及交通流动态数据。政府规划部门依赖这些信息为道路网规划以及现有交通设施的改造完善等交通项目提供决策支持。

三、公路运输信息系统的组成

根据数据流程，首先由公路交通外场信息采集系统负责采集交通信息，并通过信息传输系统将信息传输到信息中心的处理系统，然后由公路交通信息中心的信息处理子系统负责对采集来的交通信息应用挖掘、融合等方式进行处理并存储在数据库中，最后由信息发布系统从数据库中调用这些信息，将信息发送到客户端。

1.公路交通信息采集子系统

公路交通信息采集子系统是构建交通信息系统的前提和基础，它对交通实时状况和静态数据进行采集，并将采集后的信息存储在交通信息数据库中供信息中心和其他子系统共同使用。交通信息系统的信息来源主要有道路等（包括公路与轨道交通）动态、交通信息、静态交通信息（包括车站码头信息以及其他相关信息）和其他交通信息。道路动态交通信息包括交通管理中心的环形线圈检测器、路口摄像机、浮动车提供的流量车速和占有率和行程时间等交通数据，以及来自交通警察和交通信息提供者的关于交通事故事件、阻塞的交通信息。目前，最大的道路动态交通信息来自线圈检测系统，这些系统通常由交通管理部门拥有、运行和维护。典型情况下，在城市道路上，线圈检测器每隔一定距离安装一个，或者安装在交叉口以收集交通流数据，线圈采集的信息都以一定的数据格式传输，反映交通流量、车道占用率等状况。静态交通信息则主要是基础地理信息，道路交通地理信息、交通管理设施信息以及车辆、出行者、用户等的相关信息。其他交通信息主要是民航航班、铁路列车时刻表的动态信息和票务信息，铁路列车到发及铁路客票信息，城市公交汽车、地铁、轨道交通等信息、高速公路交通信息、物流、货运等信息。图8-1为TIS信息来源。

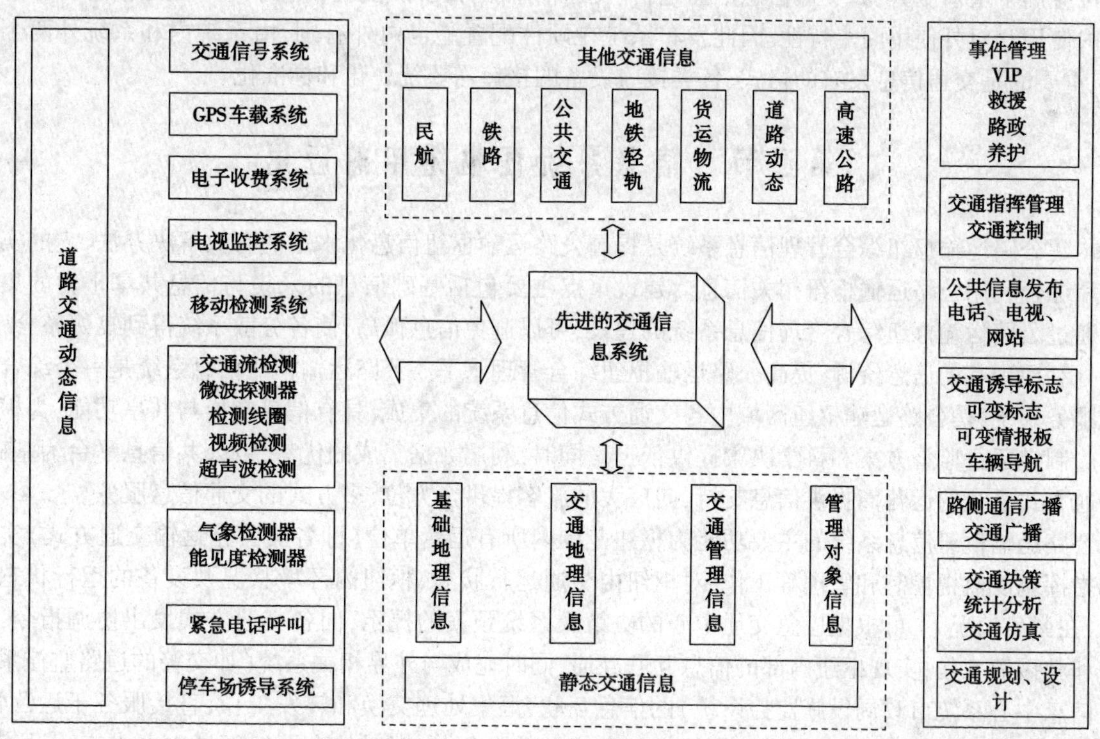

图8-1　TIS信息来源

2.公路交通信息传输子系统

对于交通工程师而言，交通信息传输子系统在交通信息系统中不是关注的重点，但它是实现交通信息系统功能不可缺少的重要环节。交通信息传输子系统主要是通过光纤电缆、微波等传输媒介，在交通信息采集点和数据库之间以及数据库与信息发布子系统之间传输数据语音和图像等信息。在行业内部的交通信息传输可使用专用网络,对公众进行交通信息发布时可以考虑用公网。

3.公路交通信息的处理子系统

交通信息的分析处理是在交通信息中心完成,交通信息中心是整个交通信息系统的中枢,通过对来自线圈检测器、浮动车、交通管理人员等信息的加工处理,生成有效的发布信息。同时建立公共数据平台,供各子系统查询。交通信息中心依赖于一个实时、统一的交通信息数据库,该数据库中的数据由不同的信息采集方式获取。所以,交通信息中心数据的实时性、可靠性必须得到保证,以确保加工后信息的准确性和可靠性。交通信息的分析处理主要是基于交通工程的相关模型和算法,再运用各种先进的信息处理技术如数据融合、人工智能、决策支持、专家系统等技术将采集到的交通信息进行处理得到全面可靠的交通信息。交通信息中心对不同来源的交通数据首先进行数据的预处理,再进行数据的集成和智能化处理,不仅包括对数据的统计、分析、融合,还包括对初始数据的再加工,即结合现有的经验 数学模型等生成更高层次的决策支持信息。

4.公路交通信息的发布子系统

信息发布系统是把各种交通信息通过各种传播媒介实时地传递给信息的需求者。交通信息发布子系统分为两部分:一部分是为交通管理人员使用的内部信息发布,主要是通过内部网络向城市交通管理部门、道路养护部门、路网规划部门、交通工程科研人员提供交通信息,为管理决策、控制协调、勤务组织、紧急事件处置和科学研究等服务;另一部分是对外交通信息发布,主要是面对一般的出行者,通过信息发布手段使出行者在出行途中者得到交通诱导信息常用的对外交通信息发布方式主要有传统媒体信息发布(广播和电视)、移动通信信息发布。现场 LED 显示屏信息发布和互联网信息发布。另外,交通信息发布还可应用于增值服务,如交通信息广播电台、交通信息服务网站、交通信息亭等。交通信息发布系统具有对内使用和对外使用两个特性,因此发布系统在硬件配置上也内外有别,由系统内和系统外两个方面构成,重要的是交通信息发布的格式、各类接收设备的接口需要统一化和标准化。

第二节　信息系统在枢纽中的应用

构建公路运输枢纽综合管理信息系统是提高公路运输枢纽信息化水平的有效解决办法,它的实质是共享和综合利用公路运输枢纽相关信息。建设重点主要包括基础信息的采集与信息共享平台的集成建设。通过公路运输枢纽综合管理信息系统的建设,可以避免信息孤岛,使各分散系统得到良好整合,有效地充分利用现有的信息资源,提高公路运输枢纽综合管理水平。公路运输枢纽信息系统是一个综合交通信息服务系统,是公路运输枢纽区域内各交通方式信息系统的集成,具有信息交换与共享功能,为枢纽管理部门制定运行监督方案和科学决策提供依据。同时,利用数据集成的优势,以公共信息平台为基础,向各交通方式系统的运营商提供信息支持,向广大的旅客提供全方位、多方式的交通信息服务。

公路运输枢纽信息系统的主要功能为枢纽范围内所有运营单位(即各类公路运输交通方式)实施集中的指挥调度监视控制和管理等工作,对枢纽内交通运行状态、枢纽内环境状况及设备的运行状态实现监视,在紧急情况下,可根据应急交通中心的决策及系统预案的提示,向各交通方式发出协调指令,辅助抢修和救援等工作,实现枢纽内部的信息互联互通,同时完成与外界相关系统(如交警的道路监控系统市交通信息中心系统市政局设施监控系统)的信息互联、汇集处理交换和转发工作,直接服务于运营管理。通过旅客信息发布系统,向枢纽内旅客提供各类信息的服务,实现对整个枢纽区域内电力市政设施等系统的远程集中控制等工完成与外界相关系统(如交警的道路监控系统市交通信息中心系统市政局设施监控系统)的信息互联、汇集处理交换和转发工作,直接服务于运营管理。通过旅客信息发布系统,向枢纽内旅客提供各类信息的服务,实现对整个枢纽区域内电力市政设施等系统的远程集中控制等工作。向旅客提供服务向运营商提供服务与各交通方式运营管理主体之间的管理信息共享界面。

在日常运营管理中,公路运输枢纽交通中心通过交通中心工程信息系统向旅客提供信息服务,并与各交通方式运营管理主体之间界定明确的分工。具体为：

(1)向旅客提供服务

公路运输枢纽交通中心是基于公用信息平台整体一致地对旅客发布各种交通工具的班次信息、地面交通信息等即时的枢纽运作信息，并提供枢纽的自动控制的设施配套服务，使各交通方式运营管理主体在正常情况下为旅客公众提供舒适便捷的服务，并在应急情况下为旅客提供明确的指引信息。

(2)向运营商提供服务

枢纽运行交通中心借助指挥调度模块进行信息组织，并通过公用信息平台将交通信息发送给各交通方式，以实现信息共享的服务。

(3)与各交通方式运营管理主体之间的管理信息共享界面

公路运输枢纽交通中心，通过公用信息平台交换机场、磁浮、地铁、高铁、城铁、公交、出租车管理等运输方式的各种班次信息和交通信息自控系统状态信息。对于这些信息，公路运输枢纽交通中心作为信息的接收者只接收发布不控制，而信息提供者(各交通方式、市政或电信)将负责控制信息，实现自己运输系统的运营管理。

第三节　系统分析与设计

一、系统调研

系统调研指明确当前的基础和条件，确定系统建设的目标和定位，以及明确所有即将开展的工作内容。开发任何软件，在正式开发管理信息系统之前，均需要进行系统调研，其必要性主要表现在以下几个方面：

(1)明确用户及当前的要求，以根据调查结果进行可行性分析，确认系统的开发是否可行。

(2)提出新系统的人员并不都是系统研究人员，有些人对于其功能和处理数据的方法没有明确的认识，用户根据自己业务工作的需要提出了要求，系统开发人员要对此进行详细的调查和分析，确认用户的要求可以通过现有的计算机技术实现，使系统具备良好的操作性能和友好的交互性能，保证开发的管理信息系统的功能与用户提出的要求相吻合，合乎实际，又要保留扩展模块，为系统增加新的功能。

(3)公路运输枢纽的现行系统可能是手工系统，也可能是使用计算机系统，无论是何种情况，都要详细地调查现行系统中信息处理的具体情况，系统内部功能结构，以便设计出一个合理的、好的新系统逻辑模型，为新系统的设计工作打好基础，保证整个系统开发的质量。

二、可行性分析

可行性分析是在用户的要求和系统调研的基础上进行的。对新系统的开发，从社会、技术、经济、管理等方面进行分析，并得出新系统的开发工作可行、不可行、需要修改、追加投资、暂缓开发、分步实施等方案和结论，最后完成可行性分析。

可行性分析阶段的主要工作包括以下几个方面：

(1)系统目标可行性分析。分析系统的目标是否符合当今社会发展和交通管理部门发展的需要，有没有必要性。

(2)社会可行性分析。社会可行性分析主要是指管理信息系统的开发是否符合国家法律、政策，是否能够与社会大系统实现良好的对接。本系统的开发符合国家法律、政策，完全与社会发展趋势接轨，为大交通管理部门带来管理的便捷和时效。

(3)技术可行性分析。技术可行性分析是根据新系统的目标来衡量是否具备所需要的技术，包括系统开发人员数量和水平、硬件方面、软件方面及其他应用技术。包括系统开发使用的程序语言、服务器、数据库等。

(4)经济可行性分析。经济可行性分析主要是对开发新系统所投入的资金与系统投入使用后所带来的经济效益进行比较,确认新系统是否会给企业带来一定的经济效益。

三、系统需求分析

系统需求分析是开发管理信息系统的关键性阶段,是一个从不断认识和逐步细化的过程,是下一阶段的工作基础,是为下一阶段进行物理方案设计、解决怎么做提供依据,关键性主要体现在理解需求和表达需求两方面,这些需求主要包括:

(1)功能需求。本系统主要任务是实现对交通枢纽中各部门的分层次系统管理和实现部门信息的安全性管理。例如基于角色的分层次权限访问模型,实现系统的安全性。

(2)性能需求。本系统对存储容量、运行时间无特殊要求。

(3)系统开发和环境需求。系统采用的架构、前端 Web 页面和业务逻辑层使用技术、数据库和服务器等、系统对电脑和服务器的硬件需求。

(4)未来需求。这类要求是指目前不属于系统开发的范围,但将来随着外界环境的变化以及系统的发展可能会提出的要求,了解这类要求的目的是在开发过程中,可对系统将来可能的扩展与修改做准备,一旦需要时,就比较容易进行补充和修改。

四、系统框架

枢纽信息系统服务系统总体结构为:2 个层次(道路运输服务、行业管理服务),3 个中心(公路信息服务中心、客运调度指挥中心、货运调度指挥中心),4 个系统(客运联网信息系统、货运信息系统、联网智能收费系统和交通网络服务系统),3 个层次的系统结构,系统总体结构如图 8-2 所示。

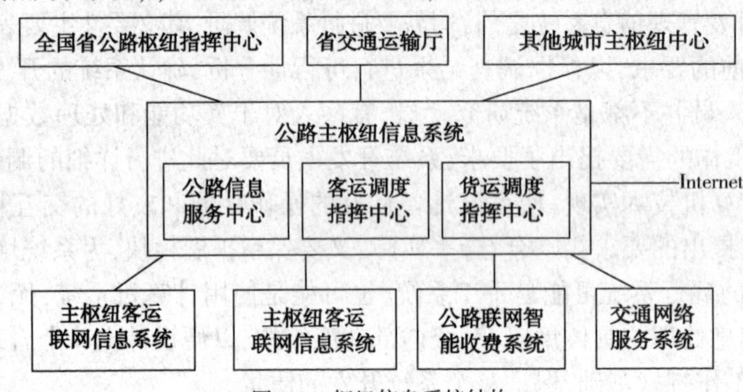

图 8-2　枢纽信息系统结构

五、系统关键功能

枢纽信息系统可以由以下 4 个子系统构成。

(1)枢纽客运联网信息系统。系统将实现多个客运站联网、互联网售票、结算和服务功能。

(2)枢纽货运信息系统。系统将实现多个货运站联网,网上配载、结算、信息服务等功能。

(3)联网智能收费系统。采集各个收费处信息,实现公路收费的集中管理、联网收费。

(4)交通网络服务系统。通过 INTERNET 为客户提供实时在线服务,包括客运售票、货运配载、网上结算等功能。

第四节　客运站管理信息系统

一、系统分析

长途汽车客运在我国交通运输业中占据着举足轻重的地位。随着社会经济的迅猛发展,运用计算机技术作为业务管理手段,提高了运营管理水平,并为企业领导提供了科学、准确的决策依据。

研制开发公路客运管理信息系统,需考察国内长途客运业务的实际需求并综合考虑客运业务未来业务发展之需要。

二、系统目标

1.功能齐全

本系统集售票、营运管理和结算统计于一身,真正做到客运管理准确科学,旅客出乘轻松便捷。

2.容量大

本系统可支持多达500个工作站,可预售任意天数的车票,每天发车数不受限制。

3.远程功能

通过远程售票控制模块,经由公用通信媒质,可实现几十公里甚至更远距离的售票业务,以及广域的互联,实现异地售票业务。

4.可靠性高

本系统以网络系统的多级容错功能和SPXT软件本身的自修复功能来确保整个系统的正常运转。

5.操作方便

本系统的模块式设计简洁合理,界面清晰,易于学习、操作简便。

6.易于维护

系统功能模块划分清晰、故障定位简捷,便于安装、维护。

7.适用性广

大到30个窗口的超大型站,小到2~3个窗口的县级站,均可使用本系统。

8.扩展性好

本系统为不同需求的用户提供必要的扩展模块接口,如远程售票、与同城其他售票系统或总公司联网等。

三、系统设计

客运站管理信息系统是在网络平台上开发的快速有效的分布式实现系统。它由系统管理主模块、本地售票模块、检票模块、路单统计结算模块、远程售票模块、行包模块、综合查询、站牌导向控制等模块组成。如图8-3所示。

四、案例——客运站计算机售票子系统

客运站一般设若干个售票窗口,分不同方向、不同车次售票,售票员手工填写到站地名、标价和座位,容易造成排队不匀、差错率高。采用计算机售票后,乘客可在任何一个窗口买需要的票。售票员将车次、到站地名输入计算机后,立即打印出车票,同时显示出应收金额,有效减少了票款不符、座位重号漏号等问题。

1.子系统主要功能

(1)登记每个窗口的售票情况,建立售票文件。

(2)实时查询各车次的售票,以免积压票或超出定额售票。

(3)打印车票,显示应收金额。

(4)退票功能。

(5)强大的查询功能,为乘客提供足够的咨询服务。

(6)能对各个项目统计分析,并打印报表。

(7)保存数据,便于今后查询、规划和预测使用。

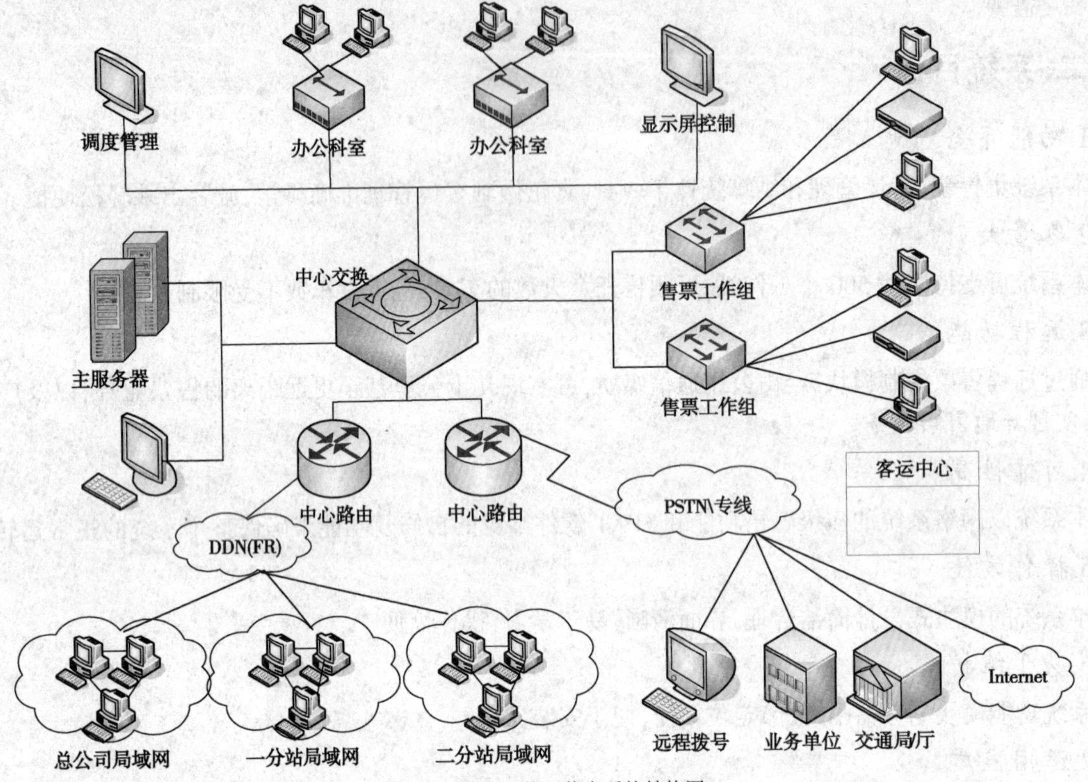

图 8-3　客运站管理信息系统结构图

2.数据库设计

(1)车辆数据库(表 8-1)

车辆数据库　　表 8-1

序　号	字段名	类型	宽度	小数	序　号	字段名	类型	宽度	小数
1	牌照	C	8		3	座位数	N	2	0
2	车次	C	4		4	发车时间	C	5	

(2)车次数据库(表 8-2)

车次数据库　　表 8-2

序　号	字段名	类　型	宽　度	小　数
1	到站	C	8	
2	票价	N	6	1

(3)车票数据库(表 8-3)

车票数据库　　表 8-3

序　号	字段名	类型	宽度	小数	序　号	字段名	类型	宽度	小数
1	票号	N	8	0	5	到站	C	8	
2	车次	C	4		6	票价	N	6	1
3	发车时间	C	5		7	售票员	C	5	
4	座号	N	2	0	8	售票窗口	C	2	

第五节　货运站管理信息系统

一、系统分析

货运场站作为物流、信息流和商流的节点，是整个社会经济中的关键点，急需提高自身的技术与经营管理水平。而真正实质上促进货运场站向更高水平前进的是现代的计算机技术、通信技术、网络技术的飞速发展，并最终促进货运场站的信息化过程，信息化的直接结果是信息流动的加快、信息流动的及时准确，而信息的迅速流动直接关系到场站的工作流程的平衡。例如，80 年代的条形码技术与各种扫描技术、电子数据交换(electronic data interchange ,EDI)及便利商务数据传输;90 年代，随着传输图像、声音和文字和信息能力越来越普遍而经济，许多货运场站、物流公司开始用声控技术、卫星通信的实时跟踪技术等最新现代技术改变物流作业过程。快速、精确和全面的信息通信技术的引进开拓了以时间和空间为基本条件的物流业，为物流新战略提供了基础，新的物流经营思想也如雨后春笋般不断破土而出，如准时化战略(just in time ,JIT)、快速反应战略(quick response ,QR)、连续补货战略(continues replenishment ,CR)、自动化补货战略(automatic replenishment ,AR)、销售时点技术(point of sale ,POS)、实时跟踪技术等。这些物流战略和技术的出现都与通信技术的发展息息相关，货运场站的发展也正是利益于此。这一点对我国当前货运场站的发展的认识非常重要，即货运场站的发展必须依靠一些实实在在的技术改进为前提。

货运场站是一个系统，它所肩负的使命是用其运营成本与服务水平来衡量的。服务水平涉及货物的可得性、作业能力和工作质量等。但我们知道运营成本与服务水平间存在着“二律背反”原理，就是说，在一般情况下，对服务水平期望越大，必须以牺牲较高的运营成本为代价。因此，有效的场站作业表现为服务水平与运营成本之间的平衡关系。

图 8-4 是货运场站与其他公司协作的整个物流流程。从这一个物流流程图中，我们可以看出，物流信息在整个物流流程起决定性作用：厂商与物流公司(接发货通知、信息反馈)、物流公司与货运场站(下达指令、信息反馈)、货运场站与收货人(配送、信息反馈)等所有环节都必须用现代的通信网络技术予以快速高效地达到。物流信息网络增加了用户和供方、供方和供方的信息联系，这使我们能以一种快捷方式提供企业及其产品的信息及客户所需的服务。厂家也能利用交互式的网络渠道及时得到市场反馈，改进产品、质量、服务及时适应市场需求。从这一点也可以看出物流信息化与物流流程重组最终将不仅仅影响物流环节，而是改变到整个企业、整个社会。

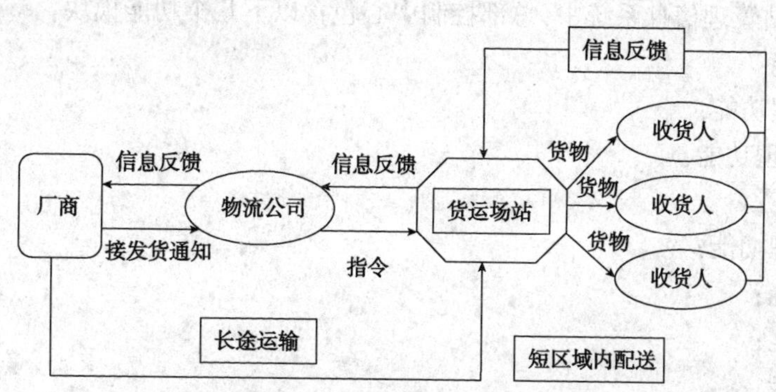

图 8-4　货运场站物流流程图

物流信息化除了以上涉及的各个部门间的网络化、信息化这外，另外一个重要的方面就是物流业务各个作业部门内部的信息化，即物流管理信息系统部分，这一点对整个流程很重要。如果把各个部门间(包括企业与企业之间)的联络看成一系列线的话，那么物流各个作业部门就是这些线上的结点，只有通过线的信息化、点的信息化，物流过程才能完成，物流信息化才得以实现，整个物流系统或者说物流网络才得以构成。

在物流各个部门即物流系统的物流结点中，不管是传统的货运场站、仓库，还是现代流行的配送中心、物流中心、流通中心，仓库的信息化与流程重组是一切的重中之重。因为除了运输之外，在物流作业流程之中，有70%的作业任务是在仓库里完成的，如理货、盘点、流通加工、配货等。

在物流结点的信息化与流程重组设计过程中有一点需要注意的是，必须保持与整个物流系统仍至整个企业系统各种流程和信息网络的统一，如信息的格式上、信息的传输上等，以避免各种接口不一致，为以后与整个互联网的链接上制造不必要的麻烦。

货运场仓库一般接受客户托运的货物，安排车辆后运往指定地点或外地；运到的货物暂时存放，由货主提货。人工管理仓库凭经验分配仓位，不仅易错，而且查询困难；应用计算机管理后，只需键入货物重量、体积等数据，计算机即自动分配仓位，计算应会保管费，若逾期提货，刚按天缴纳所欠费用，这使仓库利用率明显提高，人工劳动强度减小，差错率大为降低。

二、系统设计

图8-5是一个典型的现代仓库作业流程。

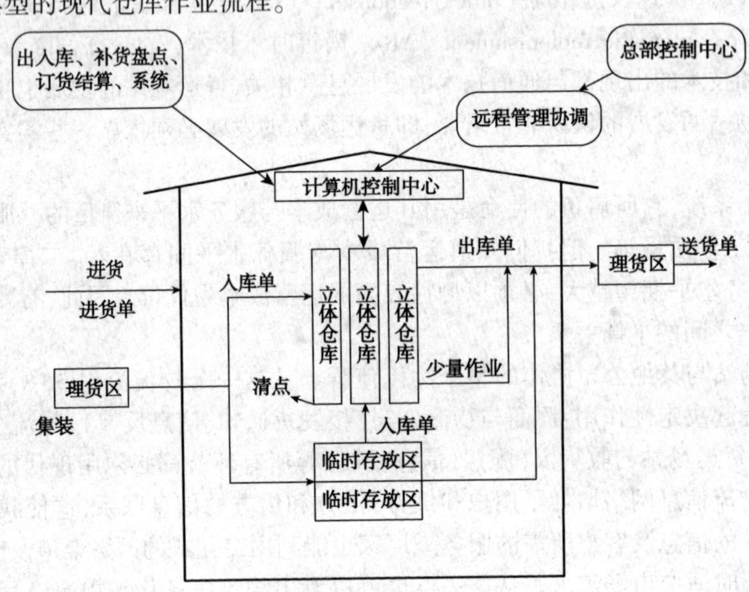

图8-5 货运场站仓库作业流程图

在一般的货运场站管理信息系统中，总部控制中心包含以下几个功能模块：

(1)集中控制功能；

(2)运输流程管理功能；

(3)车、货高度管理功能；

(4)仓储管理功能；

(5)统计报表管理功能；

(6)财务管理功能；

(7)客户管理功能；

(8)客户查询功能。

在仓库控制中心中，则包含以下几个功能模块：

(1)接货功能；

(2)入库功能；

(3)盘点功能；

(4)查询功能；

(5)分类汇总功能；
(6)订货功能；
(7)补货功能；
(8)拣货、配送功能；
(9)结算功能；
(10)系统管理功能等。

三、数据库设计

1.货物数据库(表 8-4)

货物数据库　表 8-4

序号	字段名	类型	宽度	小数	序号	字段名	类型	宽度	小数
1	货号	C	8		10	保管费	N	4	0
2	货名	C	8		11	存货人	C	16	
3	质量	N	6	0	12	存货日期	D	8	
4	体积	N	3	0	13	收货人	C	16	
5	危险品	L	1		14	提货日期	D	8	
6	保险金额	N	5	0	15	欠费	N	4	0
7	仓位 1	N	3	0	16	收货员	C	8	
8	仓位 2	N	3	0	17	发货员	C	8	
9	仓位 3	N	3	0					

2.仓库数据库(表 8-5)

仓库数据库　表 8-5

序号	字段名	类型	宽度	小数	序号	字段名	类型	宽度	小数
1	仓位	N	3	0	3	体积	N	2	0
2	质量	N	5	0	4	满空	L	1	

思　考　题

一、填空题

1.公路运输信息的需求根据服务对象的不同主要分(　　　)、(　　　)和(　　　)。

2.公路运输信息系统由(　　　)、(　　　)、(　　　)和(　　　)组成。

二、选择题

1.交通出行者的信息需求主要包括(　　)。

A.出发前的信息　　B.公共交通信息　　C.交通与道路状况信息
D.出行人员服务信息　　E.驾驶导航信息

2.枢纽信息系统主要由(　　)子系统构成?

A.枢纽客运联网信息系统　　B.枢纽货运信息系统
C.交通网络服务系统　　D.联网智能收费系统

三、试论述信息系统在枢纽中的应用。

四、简述枢纽信息系统结构。

五、简述货运场站物流流程。

六、你所了解的公路运输管理信息系统用到哪些新技术?

第九章　公路运输枢纽仿真技术

第一节　计算机仿真方法

一、仿真及仿真特点

计算机仿真是利用模型对实际系统进行试验研究的过程或通过建立和运行实际系统的仿真模型,来模拟系统的运行状态和规律,以实现在计算机上进行试验的全过程。对实际系统进行真实的物理试验很困难或者跟踪记录试验数据难以实现时,仿真技术就成为必不可少的工具。在我国,目前仿真技术已经渗透到国民经济建设的各个领域,包括社会经济、交通运输、生态环境、军事装备、企业管理等,还包括最近兴起的网络仿真技术等。

计算机仿真具有如下特点:

(1)系统仿真模型是面向实际过程和系统性问题。

(2)系统仿真技术是一种试验手段,可以在短时间内通过计算机获得对系统运行规律以及未来特性的认识。

(3)系统仿真研究由多次独立的重复模拟过程所组成,需要进行多次实验的统计推断,并对系统的性能和变化规律进行多因素的综合评价。

(4)系统仿真只能得到问题的一个特解或可行解,而不能得到问题的通解或最优解。

二、系统仿真及分类

仿真方法的一个突出优点是能够解决用解析方法难以解决的十分复杂的问题。有些问题不仅难以求解,甚至难以建立数学模型,当然也就无法得到分析解。仿真可以用于动态过程。可以通过反复试验(Trial-and-error)求优。与实体试验相比,仿真的费用是比较低的,而且可以在较短的时间内得到结果。

仿真方法是建立系统的数学模型并将它转换为适合在计算机上编程的仿真模型,然后对模型进行仿真试验的方法。由于连续系统和离散事件系统的数学模型有很大差别,所以仿真方法基本上分为连续系统仿真方法和离散事件系统仿真方法两大类。

连续系统的数学模型一般是用微分方程来描述的,模型中的变量随时间连续变化。根据仿真时所采用的计算机不同,可分为模拟仿真法、数字仿真法和混合仿真法三类。模拟仿真法是采用模拟计算机对连续系统进行仿真的方法,主要包括建立模拟电路图,确定仿真的幅度比例尺和时间比例尺,并根据这些比例尺修改仿真模型中的参数。数字仿真法是采用数字计算机对连续系统进行仿真的方法,主要是将连续系统的数学模型转换为适合在数字计算机上处理的递推计算形式。混合仿真法是采用混合计算机对连续系统进行仿真的方法,还包括采用混合模拟计算机的仿真方法。除上述仿真方法的内容外,还需要解决仿真任务的分配、采样周期的选择和误差的补偿等特殊问题。

离散事件系统的状态只在离散时刻发生变化,通常用“离散事件”这一术语来表示这样的变化。离散事件系统中的实体依其在系统中存在的时间特性可分为临时实体(或称顾客)和永久实体(或称服务台)。临时实体的到达和永久实体为临时实体服务完毕,都构成离散事件。描述这类系统的数学模型一般不是一组数学表达式,而是一幅表示数量关系和逻辑关系的流程图,可分为到达模型、服务模型和排队模型三部分。前两者一般用一组不同概率分布的随机数来描述,而包括排队模型在内的系统活动则由一个运行程序来描述。对这类系统,主要使用数字计算机进行仿真。仿真方法解决的问题是:产生不同概率分布的随机数和设计描述系统活动的程序。

三、仿真步骤

公路运输枢纽仿真的对象是含有多种随机成分和各种逻辑关系的复杂的交通系统,因此,它本身就是一个复杂的系统工程。它包括问题分析、模型建立、数据采集、程序编制、仿真时段运行、输出结果处理等过程,必须按一定的程序和步骤进行。图 9-1 为仿真流程图。其中包括 11 个步骤,对此在后面分别进行讨论。

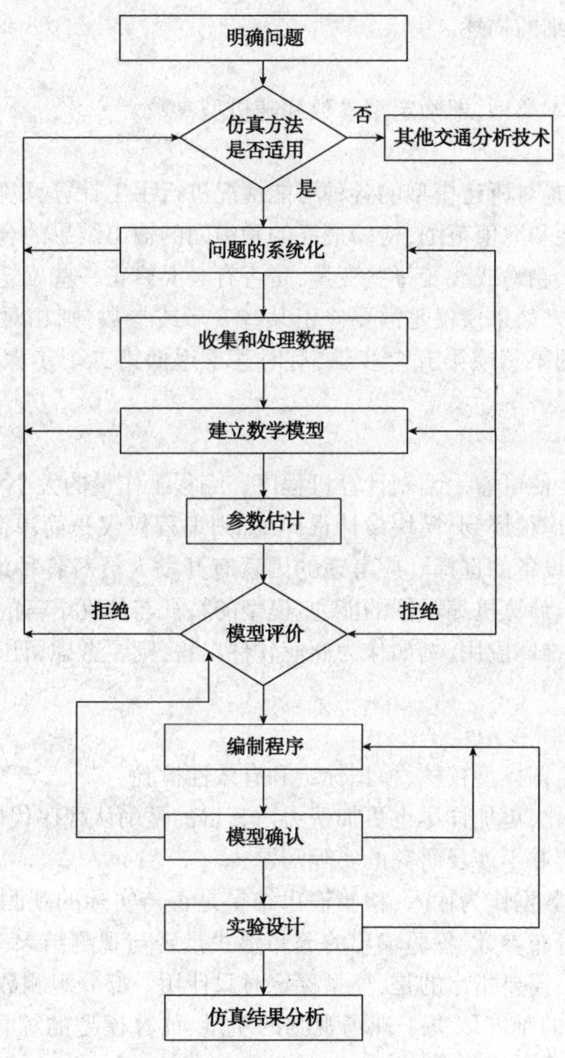

图 9-1　交通系统的仿真流程图

第一步:明确问题。

仿真的第一个步骤是对拟要研究的问题进行详细的了解和描述,明确研究目的,划定系统的范围和边界,以便对各种交通分析技术的适应性作出判断。

第二步:确定仿真方法的适用性。

这一步工作的核心是确定在各种交通系统分析技术中,系统仿真对于所讨论问题是最适宜的方法。

第三步:问题的系统化。

一旦确定系统仿真对于所讨论问题是最好的解决方法,就要着手构造一个仿真模型的第一级流程图,其中包括输入、处理、输出三个组成部分。特别要对输入和输出进行详尽的说明,以便手机和处理下一步的数据。

第四步:数据的收集和处理。

这一步工作的主要内容是根据输入和输出要求,收集和处理所需的数据。为此,应当制定观测计划,确保满足最小样本量要求,以便于模型进行标定和有效性检验。接下来是对所收集的数据进行处理,使之符合仿真模型的需要。

第五步:建立数学模型。

建立数学模型是系统仿真中最关键的一步,也是最费时间的一项工作。通常采用自上而下循序渐进的方法进行。以前面提到的第一级流程图出发,将注意力放在连接输入和输出的处理过程上,建立第二级流程图,确定构成处理过程的主要模块及相互关系,每一模块的输入和输出;然后,建立第三级流程图,对每一个模块的功能进行详细的描述。

第六步:参数估计。

模型中的参数有两种基本类型,即确定型参数和随机型参数。

第七步:模型评价。

这一步工作的首要任务是对所建模型的各种可能情况进行手工计算,以确定流程中是否出现中断或回路、检验数据输入的适应性和取值范围、检验最终的和中间的输出结果的合理性。其次,还需要做出一些判断。如是否有必要增加、删除或改变一些变量,是否有必要修正一些确定型或随机型参数,是否有必要对模型的结构进行修改等。如果仅仅是需要修正某些变量或参数,则相对来说要简单,而一旦模型本身被拒绝,则需要返回前面的第三或第五个步骤,有时甚至返回第二个步骤,以至于可能放弃系统仿真方法。

第八步:编制程序。

一旦所建的模型被接受,便可着手编制计算机程序。编程工作量的大小和难度取决于前面建立的流程图的质量。如果流程图考虑很周到,模块设计很详细,则编程仅仅是简单劳动。这步工作中最重要的一点是对编程语言和计算机设备的选择。应考虑的因素有开发人员对各种编程语言包括通用高级语言和专用仿真语言的熟悉程度、计算机编辑器的能力、模型的特征与仿真语言的相容性、仿真程序的可扩展性等。如果所编制的程序将推广应用,例如作为商业软件出售,则要考虑留出修改和扩充的余地,同时还加入必要的注释。

第九步:模型确认。

模型确认包括三项内容,即模型校核、模型标定和有效性检验。

模型校核与程序调试相比,更加详尽也更加费力。其目的是确认程序代码所执行的正是流程图所规定的任务,此时的工作和内容并不涉及研究的实际问题。

模型标定是以现场观测数据作为输入,检验输出结果是否与实际的观测结果相吻合,检验的重点为输入变量。例如,输入随机分布参数,检验输出的分布形式是否与观测结果一致,如果不一致,则需进行调整,直至与实际情况吻合。需要指出的是,模型标定时只使用一部分观测数据,必须留下一些观测数据用于有效性检验。模型标定的难度取决于现场观测的质量、计算模型的综合能力和所讨论问题的复杂程度。

有效性检验是将其余未使用的现场观测数据输入仿真程序,并将计算结果与相应的观测结果进行比较。这时,不能再对模型参数进行调整,输出结果与实际观测之间的差异表明了整个仿真程序在所检验条件下的误差。如果这一误差可以接受,说明仿真程序是可用的,否则就要重新进行标定和有效性检验。

第十步:实验设计。

一旦仿真程序通过了有效性检验,便可用来进行仿真实验,在此期间,实验设计是不可忽视的一个步骤。实验设计的难度取决于仿真程序的规模和灵活性以及所讨论问题的复杂性和状态变化程度。

第十一步:仿真结果分析。

这一步骤包括三项工作内容,即仿真运行、结果分析和形成文档。仿真运行过程应当有详细的记录。

以上介绍了开发交通系统仿真程序的一般步骤,当然,这11个步骤并不是一成不变的。根据开发者风格的不同、问题的复杂程度和软件应用范围的大小,可能会增加或减少一些步骤,用时需根据情况灵活掌握。

四、仿真在公路运输枢纽中的作用

公路运输枢纽作为一个复杂的交通体，在规划及设计阶段，尤其是在多方案比选过程中，很难采用一种简单抽象的数学模型来描述其各自的优缺点，也很难采用一种单一的技术指标来衡量。而与此对应的是，设计者及决策者往往希望用一种简单明了的效率值来衡量各个方案的利弊，从而做出最优的选择。因此，如何能够在设计方案的同时又能体现这些方案综合效率的高低是采用交通仿真技术所关注的核心问题。

公路运输枢纽的效率包括两大部分：一是枢纽本身的效率，即枢纽直接服务区域内部各种交通方式的衔接、流线组织、空间换乘效率等。二是枢纽与外部环境相互融合的效率。以往的公路运输枢纽往往关注枢纽本身，对枢纽本身的效率要求较高，而在城市高速发展的今天，公路运输枢纽建设往往离不开与整个交通体系的协调。只有把公路运输枢纽与整个交通系统紧密结合起来，才能发挥最大的效率。因此，研究公路运输枢纽系统的效率，二者缺一不可。

目前的交通仿真技术，其核心关注的问题仍然是以车辆与道路为主体的单一交通模式，从实际运用来看，对于整个交通体系，如道路上运营的车辆、道路的交通组织以及各类交通行为仿真方面效果较好，但对于整个运输枢纽效率而言，仿真技术仍然存在一些明显的不足，如对于人流的仿真、对各类交通方式之间的换乘衔接，对铁路、轨道交通等具有较强计划性和运营组织模式的交通方式仿真，现有系统无法进行描述和评估。公路运输枢纽本身就是一个复杂的交通系统，是多种交通方式、多种交通行为的复合体。因此，只有在利用仿真技术进行枢纽效率评估的过程中，充分认识到其系统本身的特点，了解仿真技术的适用对象，才能使得二者紧密结合。

第二节　仿真系统功能需求分析

城市综合交通枢纽仿真系统的研发，改进了枢纽规划设计及方案的传统评价方法与技术，从微观角度仿真枢纽内各静态设施功能与构成、动态移动单元与行人行为、交通流组织管理与控制，并基于构建的综合交通枢纽运行效能的评价体系，可为综合交通枢纽的规划、设计者或运营管理者提供各种设计、管理方案的定量分析结果数据。这些数据可用于评估枢纽的交通能力与效益、各种交通方式之间的协调性、局部与整体之间的关系，发现规划、设计或交通组织方案存在的问题，从而引导用户及时改善方案，以增强枢纽整体服务水平。为了进一步明确仿真系统所需具备的功能，以下分析种类用户对仿真系统功能的需求。

一、用户需求

将用户分为三类，分别是综合交通枢纽的规划设计人员、项目评估人员以及运营管理人员。各类用户对应综合交通枢纽规划、设计及运营等不同的阶段，对所使用的仿真系统功能都有着自身的需求，即希望通过使用仿真系统输出数据辅助其达到工作目标。

1.规划与设计阶段

这一阶段用户主要是项目评估及设计人员。这两类用户需要仿真系统提供各个设计方案的仿真分析结果，辅助其了解不同方案的枢纽运行状况及规律，进而找出各方案的优缺点进行改进或选择，最终确定出最优方案。

2.运营管理阶段

在运营管理阶段，管理者需要考虑的问题是：由于局部改建、固定节假日、临时大型活动以及高峰时段行人换乘需求量的急剧增加，很可能会出现服务水平严重下降、换乘时间大幅增加等交通拥堵。仿真系统需要辅助运营管理人员了解：

①综合交通枢纽改建或设备更新；

②行人流组织方案和车辆调度方案实施情况下的枢纽运行状况及规律。

将仿真系统应用的研究范畴分为以下4类：

①新枢纽建设方案的设计与评估；

②已有枢纽的改扩建或设施设备更新；

③特殊事件行人组织方案的检验；

④提高高峰时段的服务性能。不同应用的各类用户需求分析结果如表9-1所示。

在给出不同应用阶段的用户期望分析之后，为进一步确定用户对数值试验系统的选择倾向，需要针对此类系统的技术特点对一系列的关键因素进行分析，这些因素是用户选择数值实验系统的决定性因素。关键因素分析及不同应用阶段中用户对各类因素的选择如表9-2和表9-3所示。

用户的仿真系统功能期望分析 表9-1

应用类型		用户类型	用户期望			使用频率	用户开展工作的方式	模拟区域
			使用目的	获得信息	获得参数			
规划设计阶段	新枢纽建设	规划、设计人员/市政规划部门	空间利用；提高服务性能；最大限度提高信息有效性	预测行人类型及流量	服务水平、空间利用率	每隔几年重复1次	案头研究	整个枢纽
	已有枢纽改建或设施设备更新	运营管理部门/评价项目承接人员	空间利用；提高乘客满意度；最大限度调高信息有效性；增加收入；减少服务中断	目前行人行为与预测的变化	服务水平、空间利用率、流率	每隔几年重复1次（改建）、至少每隔一年重复1次（更新）	案头研究结合对目前行人流的调查，专家评审	整个枢纽/局部区域（项目特定）
运行阶段	提高服务性能	运营管理部门/评价项目承接人员	改善服务性能；增加收入	目前行人行为与预测的变化	总量和流率、从A到B的时间	多年重复1次	案头研究	局部区域（月台等）
	检验特定时间的行人流组织方案	运营管理部门	最大限度提高信息有效性，改善服务性能	预测行人行为及类型	总量和流率、服务水平	1或2次重复	案头研究	整个枢纽

主要的技术特点及关键因素分析 表9-2

技术特点	关键因素	作为关键因素的原因
实用性	既有模块或需要外部扩展	在长期项目中，项目组可多次重复内部的行人流模拟过程
模拟过程	粗略、详细或连续	所需的模拟过程依据要评价的区域以及需求的详细程度而变化
建筑设计图	输入图样或建立内部模型	在一个具有反复过程的综合项目中，建筑物数据应该可以在设计方案与行人流模拟软件之间无缝交换
行人的定义及行为	详细的知识或有限的知识	软件包能够定义详细的行人属性及行为参数，当时应用项目可能只有有限数量的正确数据来支持这项功能
行人到达	软件包内部定义或从电子表格中输入	对综合交通客运枢纽进行模拟是，有必要在某一层面（微观、中观或宏观）定义乘客的到达模式，最简单的方法是在局部区域采用行人到达率来描述行人的到达特性
目标点选择	事件驱动、多目标点或但目标点	在大型综合交通客运枢纽内，有必要定义一系列行人移动的目标。在小区域目标比较简单，选择少

续上表

技术特点	关键因素	作为关键因素的原因
路径选择	是或否	在综合交通客运枢纽内,允许行人在不同路径之间选择以满足其目标是很重要的
行人组	是或否	在繁忙的、交叉的行人流的场景中,群体行为如家庭会影响行人的移动
多层建筑模拟	是或否	大型综合交通客运枢纽可以具有两层或多层,如与其他交通方式的换乘
适用范围	正常状态或紧急疏散	如果某个软件仅能作为模拟紧急疏散的工具,那么用其评价政策运营是不合适的
随机过程	是或否	在与性能相关的情形下,判断一系列可能的结果而不仅仅是单一的结果是重要的
参数测量	仿真输出的参数	在技术支持的范围内,只需要根据仿真目的测量特定参数的项目

不同应用阶段考虑的关键因素　　表 9-3

技术特点	新枢纽建设	已有枢纽改建或设施设备更新	提高服务性能	检查待定事件
实用性	既有模块	既有模块	既有模块	既有模块
模拟过程	粗略的或详细的	粗略的或详细的(改建)/粗略的或详细的(更新)	连续	详细的或连续的
建筑规划	输入	输入	软件包中建立	软件包中建立
行人定义及行为	有限的知识	详细的知识	详细的知识	有限的知识
行人到达	软件包内定义	软件包内定义	输入数据	软件包内定义
目标点选择	多点	多点	单点	多点
路径选择	是	是	是	无要求
行人组	无要求	无要求	无要求	无要求
多层建筑模拟	是	是	无要求	是
适用范围	正常状态及紧急疏散	正常状态及紧急疏散	正常状态及紧急疏散	正常状态及紧急疏散
随机过程	是	是	是	是
参数测量	服务水平、空间利用率	服务水平、流率、空间利用率	服务水平、流率	流率
完全适应的软件包	building EXODUS STEPS	STEPS	LEGION	building EXODUS STEPS

综合交通枢纽功能与结构数值实验系统,应用于综合枢纽的规划设计和运行两个阶段。在应用到运行阶段时,以“提高服务性能”为主要应用类型,“已有枢纽改建或设施设备更新”以及“检查特定事件”则作为本系统的附加功能,对这两类应用只作简单模拟。

根据上述用户期望分析,数值实验系统与用户期望相关的输入与输出如图 9-2 所示。

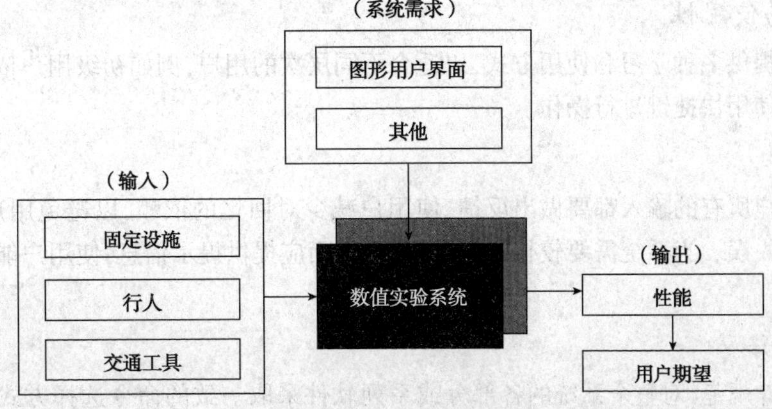

图 9-2　数值实验系统与用户期望相关的输入与输出

二、仿真系统的功能需求

仿真系统的功能需求主要涉及实验系统要模拟的过程和要素。与综合交通客运枢纽数值仿真相关的过程和要素如下：

(1)行人在通道、楼梯、站台等设施上的水平和垂直移动。这些过程不仅描述行人与设施之间的相互作用,也描述行人相互之间及行人与设施及障碍物的相互作用。

(2)行人通过连接两个区域的设施,如“门”类设施。

(3)行人路径选择及导航。

(4)行人执行各类活动,包括购票、检票、购物等。

(5)行人在站台上等待车辆以及排队行为,等待过程模拟的关键是等待位置的选择。

(6)行人上下车行为。这里是指车辆到达之后行人的行为;如上车过程中的拥挤、上下车行人流交叉、行人动态更换上车位置等。通常需要考虑车辆属性及运行特点对行人行为的影响。

三、图形用户界面

关于图形用户界面的主要需求是用户友好。所谓用户友好是指应用软件的界面对操作者而言是直观的和可以理解的。基于人机工程学的用户友好界面开发的基本原则是:用户界面应具备高的可靠性、简单性、易学习和易使用性,以及立即反馈性。

1.可靠性

界面对用户的操作应能做出适当的反应,并且能够容忍用户的误操作。即界面应该具有检测用户操作,并作出相应处理的机制。除这些之外,界面还应该能够容忍系统内部某些部分可能发生的错误。

2.简单性

简单性反映在系统的输入和输出两个方面。

输入方面:对于枢纽内数据量较大的行人数据以及车辆时间表等数据应该可以采用电子表格直接输入;对于枢纽设计结构的输入必须给出一个与目前枢纽设计过程中通常使用的绘图工具相似的表现形式;对于已有的仿真方案进行局部调整时,可以通过较少的工作来实现。此外,实验系统必须提供关键参数的缺省值,当需要时可以由用户改变。

输出方面:输出的信息以简单和易理解的形式呈现给用户。仿真系统应具备一个详细而精确的分析子系统。为了支撑用户的分析需求,仿真系统的输出需要在所有发生的过程上广泛而详细,只要它们是有用的、能够增加信息的,如产生相应的图、表等。但是同时又要避免冗繁的信息,界面应对大量细节进行抽象,对用户隐藏尽可能多的不必要的信息。

3.易学习和易使用性

用户界面应当提供多种学习和使用方式,以适合不同层次的用户,例如初级用户依赖于菜单功能,而高级用户则更愿意使用快捷键进行操作。

4.立即反馈性

用户界面对用户所有的输入都要做出反馈,使用户减少对回忆的依赖,以避免用户由于对当前状态不了解而引起操作失误。当系统需要较长时间处理时,界面应提供提示信息,使用户能够估计等待时间,处理其他事务。

5.一致性

遵循流行的设计规范,对整个系统的各部分或系列软件采取一致的命令选择方式、对话、提示等,以减少用户操作错误。

四、其他系统需求

1.运行环境

仿真系统是为上述三类用户提供服务的，这些用户主要使用的操作环境大都是个人计算机的Windows环境，这就要求仿真系统必须能够在个人计算机上运行，且界面必须看起来类似Windows。

2.可视化显示

为了验证仿真的结果并向用户显示在仿真期间发生了什么，被模拟对象的各种活动过程应满足可视化要求，因为动画技术在仿真过程中是不可缺少的部分，通常在仿真软件中优先选择三维动画，如使用虚拟现实技术来建立三维空间中的仿真场景以及行人实体。同时，为了区分或突出枢纽内部设施或设施的某一部分的重要特征，需要对其使用不同的颜色显示。

3.仿真时间

为了将一个仿真研究的持续时间在合理的限度内，仿真模型的速度一般应比实际时间快，这就要求实验系统对设施结构的尺寸、行人和交通工具的数量具有较低的敏感度，即这些设施的大小、实体的数量增减对实验系统运行的影响程度较低。

第三节　PSSITH系统简介

综合交通客运枢纽功能与结构数值实验（PSSITH）系统是一个城市客运交通枢纽的仿真与实验平台，主要包括仿真建模、二维仿真、分析实验和三维仿真4项功能。PSSITH系统适用于各城市的火车站、地铁站、客运站及由它们组成的综合交通枢纽的交通行为仿真、设计方案的评价和实验。PSSITH基于对行人交通行为和设施环境建模方法的研究，模拟行人流在综合交通客运枢纽环境下的演变过程，并输出相应的仿真结果和分析数据，从而对综合交通客运枢纽及其设施的设计做出评价，提高枢纽的运行效率。

一、系统总体功能需求

实验系统由以下4个模块构成：建模系统、二维仿真系统、分析实验系统和三维仿真系统。系统总体框架如图9-3所示。

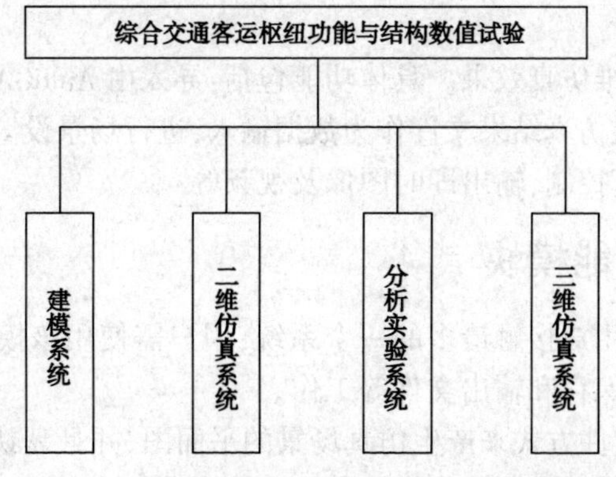

图9-3　系统总体框架图

首先使用建模系统进行场景和实体建模，即导入由AutoCAD绘制好的枢纽平面图，修改后作为场景，通过建模系统提供的各项功能最后输出一个无误模型文件。仿真系统导入无误模型文件后进行仿真，同时可以输出仿真结果文件。分析实验系统可以导入无误模型文件，可以进行仿真的实时在线分析，也可以导入仿真结果文件进行分析，并可产生一个分析结果文件。三维仿真系统是个相对独立的模块，具有建模与仿真的功能，但不具备分析的功能，它导入 AutoCAD 制作好的 3DS 文件作为场景，导入无误模型文件或仿真结果文件作为数据，来产生模型进行三维仿真。4 个模块关系如图 9-4 所示。

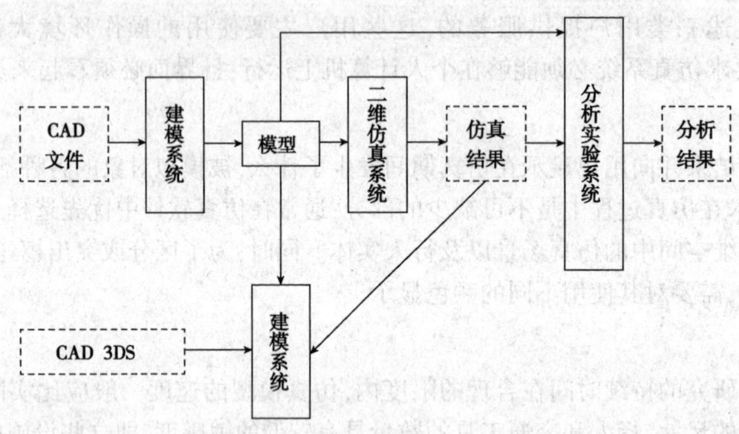

图 9-4　系统各模块的关系框图

1.建模系统

建模系统实现仿真系统的建模功能。具体功能有：CAD 数据的导入，对 CAD 文件的编辑，各种空间对象的绘制，相关参数的输入，相关数据库的链接，对各图层的编辑，对各对象的编辑，对模型进行分析与检测，打开与保存文件，保存用来仿真的无误模型文件等。

2.二维仿真系统

仿真系统实现对建模子系统产生的模型进行仿真。具体有功能有：导入建模系统输出的无误模型文件，对模型进行仿真显示，对仿真过程进行控制，记录仿真过程与数据，输出仿真结果文件供分析实验系统分析，输出仿真即时图像与仿真视频等。

3.分析实验系统

分析实验系统是进行结构数值分析的实验平台。主要功能是对枢纽交通行为进行分析，对枢纽布局设计进行评价。具体功能主要有：导入仿真结果文件，进行仿真回放，从分析的角度改变仿真显示方式，输出即时图像与视频，保存分析结果文件，输出多样式的图表或数据表等。

4.三维仿真系统

三维仿真系统用来显示三维仿真效果。具体功能包括：导入由 AutoCAD 等第三方软件制作好的 3DS 格式文件，导入无误模型文件或仿真结果文件作为数据输入，进行场景设置，参数输入，保存及打开文件，分析检测模型文件，仿真及仿真控制，输出即时图像及视频等。

二、建模子系统的功能模块

建模子系统是整个系统中用户接触最多的一个系统，用户需使用该模块进行建立仿真场景、输入相关参数、设置相关数据库链接、保存和输出文件等工作。

建模系统采用导入 CAD 文件方式来产生仿真场景的平面图，并且默认 CAD 文件中的线是车辆和行人不能穿越的静态实体，因此需要在建模系统内对 CAD 文件进行相应的编辑，删除 CAD 图中非建筑物及设施边界等不必要的线段或图形。然后设置动态实体属性，绘制相应的空间对象，并为其设置相应的属性，为其链接相应的数据表，最后设置各对象之间的邻接。场景设置完毕需要进行检测分析，找出场景中设置上可能存在的逻辑错误的地方并改正，最终建模子系统导出一个无逻辑错误的场景模型文件，以供仿真系统使用。建模系统所包括的具体功能模块如图 9-5 所示。

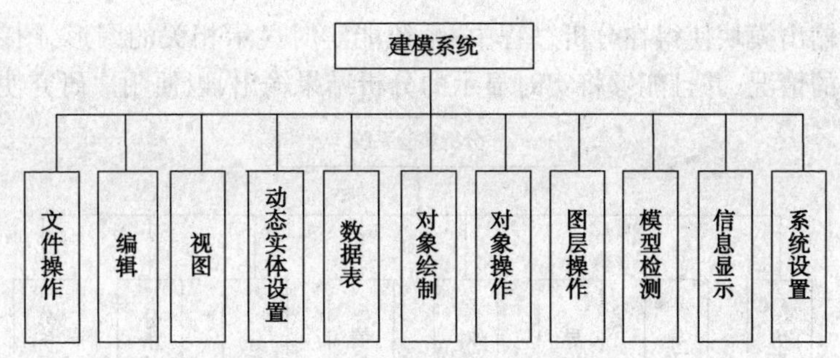

图 9-5　建模系统包括的功能模块需求框图

三、仿真系统的结构功能图

建模系统最终建立了通过检测无误的模型文件，仿真系统打开模型文件来进行仿真，并记录所有仿真数据，保存为相关文件，以供分析系统进行分析实验。仿真系统包括的具体功能模块如图 9-6 所示。

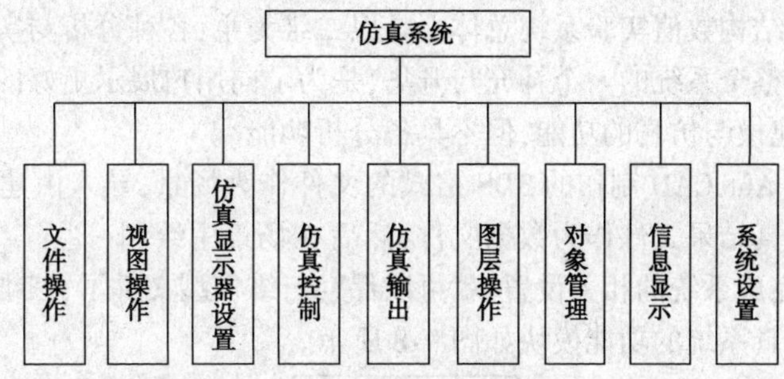

图 9-6　仿真系统包括的功能模块需求框图

其中仿真控制模块主要负责仿真过程中的相关控制操作，如播放、暂停等。仿真系统通过“播放”功能开始进行仿真，过程中可以使用“暂停”“停止”等功能，用“加速”“减速”来控制仿真速度，通过时间轴设置对某一时间段进行仿真。

仿真系统在仿真过程中会实时记录所有仿真数据，并可对其进行输出。仿真系统主要可以输出三种类型的文件，分别为仿真结果文件、视频文件和即时图像文件。输出仿真结果文件用于记录仿真过程中动态实体的所有数据，被分析实验系统导入后，可以进行各种实验与分析。输出的仿真视频文件供用户直观分析，输出的仿真即时图像用于仿真效果的即时输出和打印。

四、分析实验系统的结构功能图

建模系统建立了无误的模型文件，仿真系统进行仿真后保存为仿真结果文件，分析实验系统导入仿真结果文件后可以进行非在线分析。分析实验系统还有另一种工作模式即直接导入无误模型文件在仿真的同时进行分析实验，这种工作模式是为了满足用户在进行实验时修改模型的需要。因此分析实验系统兼有仿真系统的功能，这样用户可以进行在线仿真分析，使用方便且利于观察。分析实验系统可以为用户提供各种详细的指标或结果，支持多种显示与输出方式，并能进行相关的实验测试。分析实验系统包括的具体功能模块如图 9-7 所示。

关于导入文件，分析实验系统可以导入仿真系统生成的结果文件，来进行分析，可以称之为非在线分析；也可以导入无误模型文件，在仿真的同时来进行分析，称之为在线分析。

对于导出文件，分析实验系统在设置好分析选项后，可以完成一次分析过程，并形成一个分析模板文件，该文件记录了所有需要分析的数据，它包含有所有图、图表、数据表，各种分析选项的信息。

分析设置用于帮助用户建立分析内容的名称，确立分析地点，确定分析对象，确定分析时间范围、设置图形、图表等属性格式，选择输出图形、图表、数据表，选择颜色范围、选择值域范围等。

分析结果显示与输出模块使得在分析过程中，系统能实时显示相关的图形、图表、数据表等，让用户监视整个仿真过程中的情况，并且能够将实时显示的分析结果输出，以便用户研究使用。

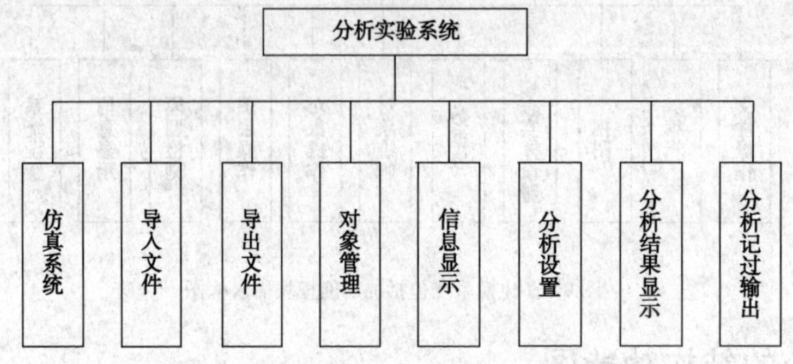

图 9-7　分析实验系统包括的功能模块需求框图

五、三维仿真系统的结构功能图

综合交通枢纽功能与结构数值实验系统总体上是以二维为主，各种分析与实验都建立在二维仿真的基础上。三维仿真系统是整个系统的一个补充与升华，是为了向用户展示更好的仿真效果。三维仿真系统是个独立的模块，兼有建模与仿真的功能，但不具备分析功能。

三维仿真系统导入由 AutoCAD 制作的 3DS 格式的文件作为场景，导入由建模系统制作的无误模型文件或仿真系统导出的仿真结果文件作为数据文件，然后在场景中绘制一些三维空间对象，在场景中放置并编辑相关摄像机，再完成系统的相关设置，就可以保存三维模型文件了，三维仿真系统可以对三维模型文件进行仿真。三维仿真系统的功能模块如图 9-8 所示。

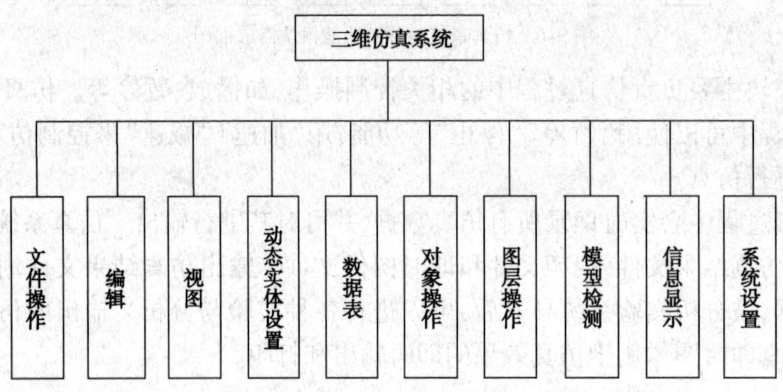

图 9-8　三维仿真系统模块包括的功能模块需求框图

思　考　题

一、根据仿真时所采用的计算机不同系统仿真可分为(　　　　)、(　　　　)和(　　　　)。

二、PSSITH 系统由(　　　　)、(　　　　)、(　　　　)和(　　　　)4 个模块构成。

三、计算机仿真技术有哪些特点？

四、试论仿真技术在公路运输枢纽中的作用。

参考文献

[1] 张三省.公路运输枢纽规划与设计[M].北京:人民交通出版社,2007.
[2] 胡大伟.公路运输枢纽规划[M].北京:人民交通出版社,2008.
[3] 周爱莲.交通枢纽规划与设计[M].北京:人民交通出版社,2013.
[4] 张超.交通港站与枢纽[M].北京:中国铁道出版社,2004.
[5] 胡永举.交通港站与枢纽设计[M].北京:人民交通出版社,2012.
[6] 刘灿齐.现代交通规划学[M].北京:人民交通出版社,2001.
[7] 张远.运输港站与枢纽[M].南京:东南大学出版社,2008.
[8] 胡列格.交通枢纽与港站[M].北京:人民交出版社,2003.
[9] 戴洁.谈交通区位及交通区位线[J].内蒙古公路与运输 2009(2).
[10] 中华人民共和国国家统计局网站.http://data.stats.gov.cn/workspace/index? m=hgnd.
[11] 中华人民共和国交通运输部网站. http://www. moc. gov. cn/zhuzhan/zaixianfangtan/jiaotongxunli/guihuaxunli/xiangguanziliao/200908/t20090831_615112.html.
[12] 中国交通统计信息网.http://www.jttj.gov.cn/index.asp.
[13] 谭晓伟.公路货运站分类分级研究[D].西安:长安大学硕士论文.2012.
[14] 崔学军.交通区位问题的分析与解答[J].青年与社会:中外教育研究 2010(7).
[15] 陈子侠.物流中心规划设计[M].北京:高等教育出版社,2005.
[16] 章玉.交通规划模型——TransCAD 的操作与应用[M].北京:中国建筑工业出版社,2011.
[17] 闫小勇.交通规划软件实验教程(TransCAD4.x)[M].北京:机械工业出版社,2010.
[18] 贾洪飞.综合交通客运枢纽仿真建模关键理论与方法[M].北京:科学出版社,2011.
[19] 张欣.综合公共交通系统优化组织与协调运营[M].北京:中国建筑工业出版社,2011.
[20] 严余松.基于 ITS-R 的枢纽车流组织优化[M].北京:科学出版社,2010.
[21] 黄桂兴.天津综合交通枢纽工程设计—建设—运营集成管理[M].北京:人民交通出版社,2012.
[22] 韩印.公共客运系统换乘枢纽规划设计[M].北京:中国铁道出版社,2009.
[23] 孙小年.一体化客运换乘系统[M].北京:人民交通出版社,2007.
[24] 陈方红.城市对外交通综合换乘枢纽布局规划与设计理论研究[D].西南交通大学博士论文,2009.
[25] 葛亮.城市客运换乘枢纽规划及设计方法研究[J].中国学术期刊电子出版社.2004 年第 10 期第 20 卷.
[26] 邱丽丽.国外典型综合交通枢纽布局设计实例剖析[J].城市轨道交通研究,2006.
[27] 郭峰.城市综合交通枢纽的衔接换乘研究[D].西安:华中科技大学硕士论文,2004.
[28] 胡伶俐.城市综合交通枢纽评价指标与方法研究[D].武汉:武汉理工大学硕士论文,2008.
[29] 单连龙.武汉客运枢纽交通衔接规划思路及总体构架[J].综合交通,2012(2):43-46.
[30] 陈大伟.大城市对外客运枢纽规划与设计理论研究[D].南京:东南大学博士论文,2006.
[31] 黄莉莉.公路客运站选址及平面布置研究[D].西安:长安大学硕士论文,2013.
[32] 何世伟.综合交通枢纽规划—理论与方法[M].北京:人民交通出版社,2012.
[33] 吴娇蓉.交通系统仿真及应用[M].上海:同济大学出版社,2012.
相关国家标准、设计规范与要求
(1)《汽车客运站(场)级别划分和建设要求》(JT 200—2004);
(2)《汽车客运站建筑设计规范》(JGJ 60—1999);
(3)《汽车货运站(场)级别划分和建设要求》(JT/T 402—2004);
(4)《停车场规划设计规则(试行)》;
(5)《汽车货运站(场)级别划分和建设要求》(JT T402—1999);
(6)《集装箱公路中转站站级划分及设备配备》(GB T12419—1990)。